満洲——交錯する歴史

玉野井麻利子◉編
山本武利◉監訳

藤原書店

Crossed Histories

Manchuria in the Age of Empire

Edited by Mariko Asano Tamanoi

Japanese translation published by arrangement with
University of Hawai'i Press
through The English Agency (Japan) Ltd.

満洲——交錯する歴史　目次

第七章　汎アジア主義——【森崎湊から三島由紀夫まで】——玉野井麻利子　299

満洲——交錯する歴史

凡例

一　本書は Mariko Asano Tamanoi ed., *Crossed Histories: Manchuria in the Age of Empire*（University of Hawai'i Press, 2005）の翻訳である。

一　［　］は引用者による補足を示す。

一　原注は（1）（2）……、訳注は＊1、＊2で示し、それぞれ各論文末に配した。

日本語版への序

玉野井麻利子

『満洲とは何だったのか』（藤原書店、二〇〇六年）の中で中見立夫氏は次のように述べている。「ことと日本人にとって、〝満洲〟ということばは、論ずるものの関心と立場、あるいは世代によって、異なった意味あいと響きをもつ。」[1]今、この引用句の中の「日本人」を「中国人」のみならず「満洲族」、「朝鮮人」、「ドイツ人」、「ポーランド人」、「ユダヤ人」、さらに「アメリカ人」といった様々な民族、国籍におきかえてみるとどうだろう。実は、私は、長い間アメリカ合衆国で人類学を学び、教えてきた一日本人として、二一世紀に入ったこの「大国」で〝満洲〟を論じることがどういう結果を生むのか、全く見当がつかなかった。実際、もう三〇年近くにもなるアメリカ滞在でメディアが〝満洲〟という言葉をおそらく初めて使ったのはごく最近のこと、つまり米軍のイラク侵略の時である。数々の新聞紙上で「米軍の日本占領」と「日本の満洲国建設」が、奇妙なことに時間の順序を逆にされ、「米軍のイラク侵攻」と「アメリカの新イラク建設」に置きかえられると、満洲国は米軍の日本占領以前に崩壊した、という事実すら話題にのぼらぬ有様であった。この国の学界では〝満洲〟はあまりにも小さい、あるいは意味のない研究対象なのではないか。そうであるならば〝満洲〟を云々する私など学者として認めてもらえないのではないか。こうした懸念が常に私の心の中にあった。

おまけに、アメリカにおける中国史という分野は中国東北地方、つまり〝満洲〟をつい最近まで本格的にとり扱おうとはしなかった。満洲で生まれた清朝が万里の長城をこえて北京に王朝を打ち立てたあとは、満洲が空っぽになってしまったような感さえあった。もっともアメリカには「満洲族研究」(manchurian studies)という分野が中国史とは少し距離をおいて存在し、研究にたずさわる者の条件として満洲語の読解力が求められる。しかし、この満洲族研究はタタール人とも呼ばれる満洲族のヨーロッパへの関わりがひとつの主題でもある。従って日本統治下の満洲は研究の一部ではあるものの、すでに「中国人化」してしまった満洲族の研究は妙に軽視される、という傾向がある。こういうわけで、私のアメリカにおける満洲研究は、すでに確立された学問分野よりも、むしろ様々な「アメリカ人」との出会いから始まったように思う。言い換えれば、そうした出会いの中に、私の満洲への興味が絡めとられていったような気がするのだ。

たとえば一九九八年に初めてお会いしたピーター・バートンさん、という方がいる。彼は南カリフォルニア大学の政治学部を数年前に引退した政治学者である。しかし私が彼を知ったのは〝満洲〟を通してであった。彼は一九一八年、一時的な独立を得て誕生したポーランド共和国とほぼ時を同じくして、その地に「ユダヤ人」として生まれた。バートンさんに言わせると当時、ポーランドには「ポーランド人」（カソリック教徒）と「ユダヤ人」（ユダヤ教徒）がいて、「ユダヤ人」の多くは後のポーランドへのナチス・ドイツ侵攻とソビエトによる占領の犠牲にならなければ彼と同様の運命――移住――をたどったのである。バートンさんは家族と共に満洲国のハルビンに移った。そして一九三九年、日中戦争開始から二年たった日本を訪問する。

ハルビンでまだ一〇代の学生であったバートンさんはこの町の交響楽団の第一バイオリン奏者でもあった。ポーランド人、チェコ人、そしてドイツ、ポーランド、あるいはロシア（後にソビエト）をのがれてきたユダヤ人、ロシア革命をのがれたロシア人、そして一人の日本人のチェロ奏者からなるこの楽団は、一九三九年、満洲国のあちこちで演奏をした後、日本統治下の朝鮮半島を南下し、釜山経由で下関に到着、東京、大阪、名古屋、長崎で一一回にわたる公演をした。一九九八年、バートンさんにお会いした時、彼はその時のプログラムを見せてくれた。表紙には英文で、Grand Concert by Harbin Symphony Orchestra とある。しかし日本語では「日満防共親善芸術使節来たる」とある。つまり「防共」ということばは英文では訳されていない。主催は大日本音楽協会、及び毎日新聞社。東京での初日の演奏会の曲目は、日本国国歌、満洲国国歌、そしてベートーベンの交響曲「英雄」の葬送進行曲と続く。そしてこの「葬送進行曲」のあとにバートンさんには当時判読不可能であった日本語でこう記してある。「満洲事変の戦没日本兵に捧ぐ」と。[2]

ところで日本でのハルビン交響楽団の批評はさんざんであったらしい。「ラジオの調子が悪い」のかと思うような音で、演奏は「バラバラ」、頼まれても「指揮はしない」、つまり楽団は「飛んで火に入る夏の虫」であったそうだ。ただそれを補ってくれたのが当時、日本ですでに活躍していた世界の、そして日本の一流アーティストたち――アレクサンダー・モギレフスキー、レオナード・クロイツァー、藤原義江、等――であった。[3] バートンさんは満洲国崩壊の後、日本を経由してアメリカに移り、日露関係を専門とする国際政治学者になる。私は、アメリカにいながらこうした彼の経験を聞きつつ、この移民の国にも、いや、移民の国であるからこそ、〝満洲〟の記憶が脈々と生きていることに驚いた。

もうひとりのピーター（これは全くの偶然にすぎないのだが）は、日系二世のピーター・イワオ・サノ（日本名は佐野巌）さんである。彼は一九二四年、私の住むロス・アンジェルスの南、メキシコとの国境に近いインペリアル・ヴァレーで日系二世として生まれた。そして、これも全く偶然にすぎないのだが、バートンさんが満洲国ハルビンから日本を訪れた一九三九年に、サノさんもアメリカから日本へ渡った。彼の言うには、日本に残った伯父の一人に子供ができず、そこに養子にやられたのだそうだ。私はこのサノさんを直接には知らない。もう一〇年ぐらい前にロス・アンジェルスで彼の講演があり、私はその時の聴衆の一人であった。彼のたどった人生は複雑でここには書ききれないが、略歴を記すとこうである。終戦も近い一九四五年の春にサノさんは徴兵され、満洲に送られる。しかし関東軍の初年兵となるもつかの間ソ連軍に捕われシベリアに抑留される。サノさんはシベリアの工場、農場、そして炭坑で働き、一九四八年にようやく日本に引き揚げるのである。その後アメリカ占領軍情報部で働いたあと、一度は失なった「アメリカ国籍」を回復する決心をし、一九五二年にアメリカに帰国、今もカリフォルニアに住んでいらっしゃる。[4]

ソビエトの満洲侵攻の数ヶ月前に国境近くのハイラルに到着し、そこからそのまま捕虜としてシベリアに連行されたサノさんの経験は、シベリア抑留のそれであって、満洲国のそれではない。しかし私はその後サノさん以外にも、約二千人の日系人がアメリカでのアジア人差別を経験し、「五族協和」を信じて満洲国に渡ったことを知った。そのうちの多くは日本軍に徴兵され、満洲、中国、そして東南アジアに送られ、ある意味で、サノさんのように「アメリカ」とは直接戦わなくてすんだ。しかしそのためにアメリカの国籍を喪失し、戦後苦労するのである。そして彼らの歴史は今だに十分に知られてはいない。[5]

このように私の知人の中で〝満洲〟と何らかの関わりを持つ「アメリカ人」を挙げるとなるときりがない。私の大学での同僚のオルガ・ヨコヤマさん（言語学）はハルビン生まれだ。彼女のお母さんは革命をのがれて一九一九年に満洲へとわたったロシア人である。後に歯科医となり、東京から一九三〇年代半ばにやってきた判事であるオルガさんのお父さんと出会って結婚する。しかし彼はサノさんと同様にソビエトにつかまり、シベリアに送られ、行方不明となる。オルガさんがお父さんを捜しあてたのはＮＨＫの「たずね人」というラジオ番組を通してであった。そして一九五六年お父さんが日本に引き揚げたことを確認した後、母親と共にハルビンを離れ、日本にむかったのである。そして本書の第五章を担当して頂いたトーマス・ラウーゼンさんも又満洲国と関わりを持っている。彼の母方の家族は「ユダヤ人」である。しかし彼のおばあさんはユダヤ人ではないドイツ人と結婚したため、ナチの惨禍をのがれることができた。他はアメリカへの逃亡を企てたが、アメリカ大使館からビザをとれなかったものは、ハルビン、そして東京を経てアメリカに移住した。彼がよく皮肉をこめて言う「日本のおかげで」という言葉を私は何度も聞いている。そのたびに私は何と受け答えしていいかわからない。

二〇〇一年の冬に本書の下地となった会議を私の勤務するカリフォルニア大学ロス・アンジェルス校で開催した時、こうした「アメリカ人」が多数参加してくれた。そしてそこには私がその時まで一度も会ったことのない一群の人々がいた。車で七時間ばかり離れた、サンフランシスコからわざわざやってきたユダヤ系のアメリカ人である。私はその一人一人と充分に話をすることができなかったが、彼らはやはりバートンさん、サノさん、ヨコヤマさん、そしてラウーゼンさんと同じような経験をした人たちなのだろう。アメリカでも〝満洲〟は十分検討され得る主題であるということ、そしてここでも〝満洲〟は決して過去にのみ属するのではなく、現代にも属するものであること、このことを確信した時に本書が生まれたのである。

＊　＊　＊

昭和十（一九三五）年、当時の東洋協会において満洲への農業移民を奨励すべく、官僚、実業家、そして知識人を招いて座談会が開かれた。(6) 出席者の一人である永雄策郎は経済学者であり、当時大連にある満鉄本社に所属していた。彼はこの座談会で、満洲への農業移民が南米への移民といかにちがうかを強調すべく次のように述べている。

南米移民は日本帝国に対する観念が満洲移民とは大変違うのであります。英国の有名な歴史家シーレーは、その名著エキスパンション・オブ・イングランドに於て、「移民という者は彼と共に国家を運ぶものだ」と云って居ります。併しこれを説明して、「彼と共に国家を運ぶ」移民とはその背景に国家の権力が伴って居る場合に限るのである。であるからイギリス人がアメリカに行って作った所を、ニュー・イングランドと云ひ、フランス人がアメリカに行って作った所を、ニュー・フランスと云ったのである。……この意味に於きまして南米移民は日本帝国を運ぶものではない。尤も日本の商権の発展にはなるのであるから、南米移民は不必要だなどと私はそんな馬鹿なことは絶対に言わない。南米移民も必要に相違ないのであります。然るに満洲に対する農業移民は日本帝国を運んでいく。この意味に於て南米移民とは全然別種類のものであります。(7)

この引用が示唆していることは多い。まず永雄は、当時の日本を、イギリスとフランスと同様に「植民帝国」として扱っていること、ドイツと異なり、満洲への日本移民は「国家（ステイト）」を同時に運んでいること、[8]それ故、そうした自覚を持つ人々が増えれば、今だ低調な満洲への農業移民も展望が開けるだろう、ということである。しかし私がここで強調したいことはこういった政治的なこととは少し趣旨を異にする。つまり、満洲国の時代には、日本はすでに翻訳文化になじんでいた、ということである。ジョン・ロバート・シーリーの著、*The Expansion of England: Two Courses of Lectures* は一八八三年、ロンドンで出版された。日本でこの書がいわゆる植民政策にたずさわる者にとっての、ひとつの重要なテキスト・ブックとなったのは日露戦争以後である。原著の最初の邦訳は加藤政司郎により一九一八年、興亡史論刊行会というところから『英国膨張史論』として出版され、さらに一九三〇年、世界興亡史論第五巻として平凡社から再版されている。さらに一九四二年に吉田保の訳で『英国発展史論』として第一書房より出版され、この時「シーレー」がより英語の発音に近い「シーリー」にかわっている。

ところで「国家を運ぶ」移民というイメージは、特に満洲移民像をつくるために使われた。そして永雄が引用したこの著の別の箇所で、シーリーは次のようにも述べている。

国家がその領土の外に進展する時、その国家の持つ力は弱く、且人工的な力になる。これはたいていの帝国が直面する事態である。そして大英帝国もこうした事態にインドで直面した。つまり英国の国家はそこでも強力な力をもっているのだが、英国の国民はというと何億ものアジア人種の中に落とされた一滴の水玉のようなものなのだ。つまり、国民が他人の土地におしかければ、そしてこの他人をどこか別の場所に追いやるか、殺さなければ、たとえこの土地を帝国にくみこむことができても、（英国）国民は様々な異人種と共存するというはめに落ち入る。……英国がこのような目に合わずにすんだ、ということはまことに幸いである。というのも英国はこの地球の上で、ほとんど人の住まない土地を帝国にくみ入れたのだから。それ故、そこに植民することは極めて容易だったのである。(9)

この引用文が実は矛盾している、ということはここでは触れない。問題なのは東洋協会での座談会に出席した知識人が、永雄を含め、満洲を「インド」とは見なさず、むしろ北アメリカと見なしたことである。つまりシーリーの日本の読者が満洲と北アメリカを重ね合わせたとすると、シーリーの言説は三百万人以上の漢族を始め、様々な北方諸民族の住んだ満洲を「空っぽ」にしてしまう。満洲のこのイメージ、つまり人間の住まない広大な大地、をつくりあげるのに、翻訳されたシーリーの著書はひと役買った、というわけだ。

さて前置きが長くなってしまった。ここで私が言いたいのは、満洲国も又、翻訳文化の上に成りたっていた、いや、成り立っていたはずだ、ということである。治めるべきは、日本人ではなく、中国人であった。そして「五族協和」というスローガンが実行されるためには、朝鮮族、蒙古族、ロシア人、その他満洲に流れこんだ様々な民族、国籍の人々を彼らの言語を通じて治めなければならなかったはずだ。そうならば様々な疑問がおこってくる。たとえば満洲国の建国宣言は何ヶ国語に翻訳されたのだろう。そして日本語から中国語への、あるいは朝鮮語やロシア語への翻訳は意識的にも無意識的にも、ゆがめられる、ということがなかったのだろうか。そして新たに翻訳された文章の意味がゆがめられる、ということはなかったのだろうか[10]。

帝国時代の満洲の研究はそれぞれの学者の言語的バックグラウンドのためどうしても制約を受けてしまう。アメリカで日本研究にたずさわる者が満洲に目を向ける時、読む文書はほとんどすべて日本語の文献である。その内容が満洲に住んだ日本人以外の様々な民族集団にどう伝えられ、どう解釈されたかには注意を払わない。しかしこれが従来の満洲研究の主流であった。本書の第二章でラナ・ミターが日本人の満洲史観は大体わかった、でも中国人の満洲史観はまだまだ未踏の分野ではないかと問う時、我々には反論するすべがない[11]。しかしひとつ我々日本研究者にできることは、そして願わくは本書の読者にできることは、満洲の様々な言語空間に入りこんでみる、ということであろう。本書の原著は英文であり、本書はその日本語への翻訳版である。しかし原著の英文は、単なる英文というわけではなく、それは又、帝国時代の満洲で使われた様々な言語の翻訳が入りこんだ英文なのである。こうした様々な言語が、少なくとも「意識的に」意味をかえて翻訳されるということのない時代に生きている我々は、帝国時代の翻訳文化の中で生きた人々に比べて、はるかに幸せだ、と考えざるを得ない。私を含め、本書の著者は日本の読者の方々に満洲の様々な言語がつくりあげた豊かな空間、そしてそれ故におきた悲劇の一片を少しでもお伝えできたら、と思う。

＊　＊　＊

本書の下地となった会議は二〇〇一年の一月一二日に、カリフォルニア大学ロス・アンジェルス校の「日本研究センター」、同大学の「アジア比較、学際的研究センター」、そして日系・ブルーイン・ファンド[12]の協賛で開かれた。こうしたセンターの協力に心より感謝する。原著は、Asian interactions and comparisons というハワイ大学出版会、及び全米アジア研究学会から出版されているシリーズの一冊として二〇〇五年に出版された。このシリーズ・エディターのジョシュア・フォーゲル教授にも感謝を捧げたい。三〇年近くアメリカに住んでいるとはいえ日本語は私の母語である。そのため、翻訳者の方々が骨を折ってくださっているにもかかわらず、必要以上にそのプロセスに入りこんでしまったようで今でも心苦しい気持ちでいっぱいである。ありがとうございました。そして最終原稿に丁寧に目をとおしてくださった山本武利先生に心からお礼を申し上げる。最後にこの本の翻訳を快く引き受けてくださった藤原書店の藤原良雄社長、そして、とにかく最初から最後までお世話になった刈屋琢氏に深くお礼を申し上げる。

ロス・アンジェルスにて
玉野井麻利子

注

（1）中見立夫「歴史のなかの〝満洲〟像」『満洲とは何だったのか』所収、一一三頁。
（2）ピーター・バートンさんは二〇〇五年の春に出版された『国際文化会館会報』に短い自伝を書い

ている。「戦前、占領下、主権回復後の日本・三つの寸描」を参照のこと。

（3）モギレフスキーは帝政ロシアでセルゲイ・ラフマニノフと共演した有名なバイオリニスト。クロイツァーは有名なピアニストで、ハルビン交響楽団と共演した時はベートーベンのピアノ協奏曲全曲でピアノを弾きながら指揮したという。ハルビン交響楽団についての詳細は、岩野裕一『王道楽土の交響楽　満洲——知られざる音楽史』（一九九九年　音楽之友社）を参照のこと。

（4）ピーター・イワオ・サノの伝記は *One Thousand Days in Siberia: The Odyssey of a Japanese-American POW*（1997, University of Nebraska Press）として一九九七年に出版された。この伝記はサノ・ミナコの訳で一九九九年、『シベリア抑留一〇〇〇日・ある日系二世の体験記』と題して彩流社から出版されている。

（5）満洲国に渡った日系人の研究はほとんどない。しかし次のジョン・ステファンの論文は非常に有益である。John J. Stephan, "Hijacked by Utopia: American Nikkei in Manchuria," *Amerasia Journal* 23:3:1-42.

（6）東洋協会は当時、水野錬太郎を会長とし、「支那、満洲、台湾、朝鮮その他の東洋諸国に関する学術上、並に経済上の調査」、「植民地並に海外における公私の業務に従事すべき人材養成のための学校の設立」、「東洋文化の宣揚、植民思想の作興、及び海外に関する知識の普及」、そして「東洋に関する研究資料を蒐集展覧すべき図書館の設立」にたずさわった。

（7）『満洲農業移民座談記事』昭和十年、東洋協会発行、五九頁。この引用文では旧かな使いを新かな使いに直した。

（8）引用では省略した部分で、永雄はドイツの移民政策の失敗について次のように述べている。「ドイツという国は基の勃興するやあまりに遅かった。植民界に発展することがあまりに遅かった。ドイツの移民には、その背景としての国家の権力が伴っていない。それ故にドイツの移民は、彼と共に国家を運んでいないと云うのであります」（五九頁）。もちろんこれはシーリーの意見の受け売りでもある。

（9）原文はシーリーの *The Expansion of England*（1883）、四六ページ。翻訳は著者による。

（10）満洲国内の、そしてひいては日本帝国内の言語統一、つまり日本語ではなく、共通語としてのそれ（エスペラント語のようなもの）を創り出す動きは小規模ながらもあったらしいが、実現されることはなかった。この運動については、安田敏朗の研究に詳しい。たとえば「『満洲国』の『国語』政策」上・下、『しにか』六巻一〇―一一号（一九九五）、「『東亜共通語』の系譜――上田万年・『満洲国』・『大東亜共栄国』」『地域文化研究会』（一九九五）、『帝国日本の言語編制』（一九九七）等多数。

（11）しかし、中国共産党の下で、中国人の満洲史観を研究することはまだまだ多くの困難を伴なう。近年、主に一九八〇年代、九〇年代に県や市を単位として国家主導で編纂された「文史資料」が日本でも注目され始めた。いわゆる「一般の」中国人民の自伝、あるいはインタビューを集めたものであるが、その内容は中国共産党のナショナリズムの路線にそったものである。ナショナリズムによって生み出された白か黒かといった歴史観に、日本人の手による「加害」を忘れることなく、いかに挑戦するかは我々満洲研究者にとっての大きな課題である。

（12）日系・ブルーイン・ファンドとはカリフォルニア大学ロス・アンジェルス校の日系人卒業生から受けた寄附金につけられた名前である。満洲国では「満系」「日系」という分類が様々な分野で使われた。前述したように、二千人にものぼるアメリカ日系人は、この「日系」から脱出し、「日本人」になるべく満洲へ渡ったのである。それ故、私はこの「日系」という言葉を聞くたびに、満洲へ渡り、おそらくその夢も破れたであろう日系人のことを思う。

序章　満洲——交錯する歴史

玉野井麻利子

満洲、モンゴル、及び中国領トルキスタンは、かつて非常に重要な地域であった。というのも、ここでは中国辺境の「北狄」が戦争と移住のどちらをとるか常に画策していたからである。でなければ彼らは確実に中国による征服に屈しなければならなかった。しかしこれらの地域は現在、三つの型の文明、すなわち中国文明、ロシア文明、西洋文明が競争する場となっている。我々の世代では、最も激しい競争は満洲にあり、そこでの西洋文明の第一の主役は日本である。なぜなら西洋世界への熱烈な関心から西洋文化を借用し、解釈し、その適用を試みた日本は、自らの固有の文化と、ロシアと西洋という征服者側の文化との間でどちらを選ぶかという、まだ他のどの民族も選択の必要に迫られていない状況に全面的に向き合っているからである。

（Lattimore 1935, ix）

満洲に関わった植民勢力は中国、ロシア、日本であり、それぞれ満洲という地域における政治的ヘゲモニーを手に入れるために幾度となく野心を起している。国際的に定められた国境があり、平和的な共存下にある現在でさえも、その水面下ではそうした野心は多分に生きており、中ロ間だけでなく、日ロ間の国境もまた地政学的には安定しているとはいえないのである。

(Janhunen 1996, 31)

満洲は今日、間違いなく中華人民共和国が支配する領土の一部であり、工業化が進む中心地のひとつである。一九三〇年代と一九九〇年代にそれぞれ書かれた上述の二節は、「満洲」が昔も今も複数の国家や民族集団の間で繰り広げられた競争の地であることを十分に示唆している。オーウェン・ラティモアは一九二九年から三〇年にかけて満洲を旅したアメリカ人ジャーナリストで、『満洲——闘争のゆりかご』の著者である。一九三五年に出版されたこの本でラティモアは、満洲を中国、ロシア、西洋の文明間の抗争の場として紹介した。しかしながら、西欧文明の主な担い手はその「文化」を借用し、取り込みつつある日本であった。ラティモアによれば、それら三つの文明は「北方諸部族」、特に何世紀もの間、東へ西へと征伐を繰り返していた満洲族、モンゴル族の存在を覆い隠してしまった。一方、『満洲——エスニック・ヒストリー』の著者、ユハ・ヤンハウエンは現代のフィンランド出身の地理学者、歴史学者である。上述の文章で彼は「満洲」のポスト植民地としての現実を紹介した。そこでは中国やロシア、日本の利害関心がいまだに現存していること、「満洲」の植民地時代はまだ終わっていないし、またすぐには終わらないであろうことを強調した。ラティモアとヤンハウエンの引用が合わせて示唆しているのは、隠喩的に言えば、十七世紀以降「満洲」は、満洲の植民地化に関心を持っていた（もしくは持つ）あらゆる民族集団にとって、「空白地」であったということである。これは一九四二年ごろ日本の官僚集団によって書かれた、『満洲国建国十年史』のなかで最も明白に表現されている。この本の中で著者は、満洲は特定の民族集団には属さず、中国人、朝鮮人、日本人、モンゴル人を含む全ての人々に開かれた土地であったと主張する。満洲族でさえ、満洲の合法的な占拠者とは認められがたいと著者は主張する。なぜなら、彼らはかつて中国を治めるために長城の南へと去ったのであり、この点では彼らもまた満洲へ戻ってきた「出戻り新参」なのである、と（滝川・衛藤編 1969, 6）。

「満洲を空にした」のは日本人だけではない。他にもそうした民族集団がいくつもあった。本書はそうした集団のいくつかと、それらに属する諸個人にも光をあて、どのように彼らが帝国時代（十九世紀後半から一九四五年まで）の「満洲」を思い描いていたか、そしてそれ以降「満洲」をどのように記憶しているのかを考察する。それゆえに、本書の「満洲」は、地政学上の用語というよりは、さまざまな個人や集団が帝国主義、植民地主義、汎アジア主義、ポスト植民地主義、そしてグローバリゼーションの影響を受けながら思い描いた満洲である。ここで「満洲」に引用符を付しているのは、戦争よりも不吉な「生存圏」を求める古い帝国主義的欲望がいまだこの地に渦巻いていることを示唆するためである（ラウーゼン、本書参照）。今日、そのような「満洲」をめぐる論争は中国と日本との間で最も明白に表れている。中華人民共和国政府が「満洲」を使うのを拒み、東北地方（中国東北部）もしくは「偽満《ウェイマン》」と呼んでいるのは、「満洲」が日本帝国主義の産物であり、その地域を「満洲」と呼ぶのは日本の植民地の遺物を無批判に受け入れることになるという明確な理由からである。対照的に、戦後の日本では、「満洲」について、「満洲」、「満洲国」、「満蒙」、またその逆の「蒙満」といった複数の名前が共存している。日本人、特に帝国時代に満洲に移住し、その後一九四五年以降日本に引き揚げた日本人は、まるで彼らがまだ「満洲」を所有しているかのように、こうした語をほとんど互換的に使っている。つまり一九四五年以来、「満洲」は中国と日本において積極的に思い出され、論議され、研究されてきた。この点で、「満洲」は過去だけでなく現在にも属している。こうした理由のため、「満洲」は常に括弧つきであるべきだが、以下本章では引用符なしで使用する。

本書ではまず、ラナ・ミターが、一九三〇年代中国東北部に生まれた企業家でジャーナリスト、そして中国ナショナリズムの旗手でもある杜重远《ドゥ・ツォンヤン》が描いた満洲、そして彼の記事の読者たち、つまり満洲の外に住んでいた上海の中国人下層都市生活者たちが想像した満洲を検討している。デービッド・タッカーは、一九三〇年代の日本の主要な都市計画の立案者や建築家が構想した満洲を論じている。ダン・シャオは、一九四八年に中国国民党政府によって処刑された満洲の王女である愛新覚羅顕玗や、彼女に興味を持った中国人、日本人、アメリカ人が思い描いた満洲を検討している。マイケル・バスケットは、一九三〇—四〇年代に日本人が経営した満洲映画協会（満映）によって製作された「親善映画」を見た日本人と中国人の観客が想像した満洲を検討している。トーマス・ラウーゼンは十九世紀の終りから二十世紀の始めに満洲北部のハルビンに移住した約七千人のポーランド人が描いた満洲を考察している。ソクジョン・ハンは、(日本人と中国人両方を含む)満洲国指導者や冷戦時代の南北朝鮮の指導者がその国家儀礼をつくり出すにあたって模倣した満洲について論じている。そして私は一九四二年から四四年の間、満洲建国大学の学生であった森崎湊が空想し、そして経験した満洲について検討している。

この序章の残りの部分は、二つのセクションからなる。一つ目は、本書の読者が主題について必ずしも精通していないと思われるので、満洲の歴史の概要を簡単に紹介する。幸運にも、帝国時代の満洲の歴史に関する英語の書籍は一九七〇年代以降、いくつか出版されているが、ここでは主に人口統計学的な面を強調したい[1]。私は中国語や韓国語、ロシア語、その他の言語によって書かれた満洲に関する文書には十分な注意を払えなかったが、第一章以下で私の共同研究者が補完してくれることを期待している。二つ目は、我々の共同研究の過程で浮上した三つの主要なテーマ、すなわち、汎アジア主義、ナショナリズム、記憶について簡単な議論を提供する。

満洲の歴史の概観

近年の研究によれば、十七世紀頃には満洲族や中国人は満洲という言葉も概念もすでに持っていたという。パメラ・クロスレイ（Crossley 1997, 6）は、満洲族は清の皇帝が中国で王朝を築いた十七世紀の初めに、「満洲」文化や満洲族としてのアイデンティティを築いたと記している。同じく、マーク・エリオット（Elliot 2000）も、同じ頃、清朝の支配者たちが万里の長城以北の、当時は識別されていなかった辺境に数々の地名を満洲語でつけることによって、満洲を自分たちの故郷であると主張したという。言い換えれば、十七世紀初頭以降、清の皇帝は「自らの故郷を、中国人や他の民族の移入によって損なわれることのない、満洲族の遺産保護区に変えようとしたのである」（Duara 2003, 41）。しかし、彼らの努力も長城の南から満洲へ移入してくる漢民族をくい止めることはできなかった。実際ラティモアが満洲にやって来た一九三〇年代初頭には、漢民族が人口の多数を占めたので、彼は「歴史的に満洲は何世紀もの間、漢民族にとって広大な移住の地であった」と記している（Lattimore 1935, 3）。加えて、十九世紀後半、ロシア、イギリス、アメリカ、日本が公然とその地域に対する権益を主張し始めた。このためロバート・リー（Lee 1970, 60）は、「満洲」は「帝国主義的な野心を持った西洋人や日本人が勝手に作った近代の偽物」であると主張している。それは何もリーが満洲研究の学識がなかったというわけではない。彼はただ、満洲をそこで巨大な影響力を発揮していた帝国主義勢力の観点から見たのである。

二十世紀初頭までに、満洲は「帝国主義のるつぼ」、つまり多国籍、多民族を抱える場所となった（ミター、本書）。この事実は、一九三三年満洲国政府によってまとめられた、満洲北部の主要都市のひとつ、ハルビンの人口調査によく反映されている。この調査で使われている民族・国籍名称は三十を超え、次のような集団を含んでいた——中国人、台湾人、ソビエト人、ロシア人、（日本本土からの）日本人、朝鮮人、イギリス人、アメリカ人、ドイツ人、フランス人、イタリア人、ポーランド人、ユダヤ人、ギリシア人、オランダ人、トルコ人、オーストリア人、ハンガリー人、デンマーク人、ラトヴィア人、ポルトガル人、チェコ人、アルメニア人、ベルギー人、セルビア人、スウェーデン人、ラテン系民族、ルーマニア人、スイス人、インド人等（大ハルピン案内社編 1933, 4-6）。ハルビンのような大都市の人口はそうでない地域より民族的により多様であろう。しかし、この調査には満洲族、モンゴル人、他のツングース諸族の名称は含まれていない。また、最初アメリカやハワイに移住し、一九三二年以降、そこから満洲へ再び移住した約二千人の日系人も含まれていない。ジョン・ステファンによれば、日系人は満洲で「日系」となったが、アメリカ合衆国に残されたその家族は後に強制収容所に送られたという（Stephan 1997; Sano 1997 も参照）。さて、これらの民族集団がすべて満洲に同化したかどうかは、別に問うべき問題である。しかし、このようなあきれるほど多様な国々とエスニシティの名称の羅列は、帝国時代の満洲が確かに帝国主義のるつぼであったことを充分に示している。

しかしながら、満洲の大多数の住民は昔も今も漢民族であるということは常に心に留めておくべきである。十九世紀後半以降、漢民族は大きな波となって満洲に移住した。そのため、世界最大の人口移動と言われることがある。二十世紀初頭に長城の南から満洲へ流入した漢民族は年平均五十万人から二百万人と算定されている。たとえば、一九三〇年、W・H・ヒントンは、「ロシア革命以来数年間の様々な歴史的出来事がつくり出した不協和音のなかで、深く底流に繰り返すベースの低音のように響くのは、外国の諸勢力によって支配された中国の空白地である満洲に流れ込む人々の、ナイアガラの滝のようなとどろきである」（Chang 1936, 1 から引用）。V・A・リットンやA・J・トインビー、J・E・オーチャードをはじめとする西洋人ジャーナリスト、政治家、学者も同じような見解を表明している（Gottschang 1987; Gottschang and Lary 2000 も参照）。

こうした満洲の人口状況を念頭に置いて、今度は十九世紀後半から一九四五年までの「日本の満洲」の形成に目を向けよう。大日本帝国に向けての動きは、日本の隣接地域の植民支配とともに始まった（Peattie 1984, 7）。この動きは、最初は弱く、時を経るにしたがい強くなった（Matsusaka 2001, 1）。一八九五年の中国に対する勝利は、日本にその最初の植民地、台湾をもたらした。次に一九〇五年、ロシアに勝つと、日本は南満洲の遼東半島南端、関東租借地の支配権を手に入れた。この二つの勝利は、事実上朝鮮半島から中国とロシアの勢力を排除した。続いて、日本は朝鮮を、最初は一九〇五年に保護国として、それから一九一〇年に植民地として占領した。こうして朝鮮半島は「満洲を植民地化するための入り口」となった。そのため、朝鮮に接する満洲の一地域、間島《チエンタオ》に早くから移住した朝鮮の米作農民は、朝鮮から満洲へと日本の勢力を伝播する「浸透分子」として働いたと言える（Park 2000, 195）(2)。

他方、中国は十九世紀後半以降、ヨーロッパやアメリカ合衆国が押し付けた不平等条約の下にあった。不平等条約は最初イギリスが作った体制であったが、十九世紀には、それを弱い国家、つまり中国に自由貿易条約の名の下に押し付けた（Duus 1989, xiv-xix）。しかし、こうした「植民地なき帝国」を作り出す一方で、西欧列強は中国の領土保全を尊重した。このため最初、日本は国際協調の枠組み内で熟練した外交戦術を用いながら西欧列強に加わり、慎重で現実的なアプローチをとったのである。（Hata 1988, 277-278）。しかし軍が頭角を現し、より独立した支配集団として機能し始めると、日本は満洲、そしてついには中国本土における侵略的軍事作戦に巻き込まれるようになった。

一九〇五年と一九〇六年に、日本は関東租借地において、「自らの手に政治的権力を集中させ、財政的利益を引き出し、そして日本の押し付けた政治的、経済的命令に対するあらゆる反抗を鎮圧する」ために、三つの機関すなわち関東都督府、南満洲鉄道株式会社（以下満鉄）、関東軍を創設した。まず都督府であるが、これは行政、司法、立法の権力によって関東租借地を統治した（Young 1998, 27, 29）。満鉄は最後には日本の植民地鉄道会社以上のものになった。つまり長大な鉄道線を所有・運営し、鉄道路線の付属地を経営し、さらに付属地にある多くの不動産を所有・経営した。また、さまざまな新産業に乗り出し、満洲国政府に重大なかかわりのある広範囲の経済的、科学的な調査をするために調査部門も設立した（伊藤 1964, 1988; Myers 1989 参照）。関東軍は日露戦争（一九〇四―一九〇五年）の終結時に満鉄の路線地帯を防衛する軍として創設された。やがて、この軍は中国で広がる抗日運動や、一九一七年以降ソビエト連邦による脅威から満洲を守るという重要な使命を帯びた大規模な機関へと成長した（Young 1998, 30. 山口 1967, 8; 島田 1965; Coox 1989 も参照）。

一九〇五年から一九三一年までの日本の大陸への拡張の歴史については、いくつかの綿密な研究がすでに出版されている（McCormack 1977; Young 1998; Matsusaka 2001）。ここでは、この間に起きた主要な出来事のみを紹介しよう。まず一九一一年に起きた清王朝の終焉である。中国国内の混乱は外国の諸勢力に満洲と中国を更に侵略する格好の機会を与えた。例えば、ロシアは外蒙古を独立させるのに成功した。日本はといえば、ロシアとの交渉の結果「内蒙古の東部における勢力圏」を得た（Hata 1988, 279）。次に、ロシア革命に対する連合国の共同干渉へ日本軍が一九一八年に参加したことである。この干渉は失敗したが、シベリアにおける日本軍の駐留は、「日本の軍隊が中国のあらゆる地域において自由に動くことを可能にした」（281）。三つ目は日本の勢力拡張に対する中国民族主義運動の拡大である。一九一二年の国民党の成立、一九二〇年代における蔣介石の下での国民党の拡大、とりわけ悪名高い二十一か条要求後の中国民族主義の拡大、そして一九二一年の中国共産党の発足等は、すべて中国ナショナリズムの勢力拡大を意味していた。満洲の地方軍閥の首領が中国の抗日民族主義運動に参加し始めると、関東軍は最も強力な軍閥の首領、張作霖を暗殺するという暴挙に出た（McCormack 1977, 124-126）。しかし、張の死後数ヶ月たった頃、彼の息子、張学良は自分の軍隊を国民党の軍隊に合併させた。こうして中国における民族主義の拡大に対する日本の反応は一九三一年にピークに達した。その年の九月一八日、一九二八年に満洲南部を占領する機会を逃した関東軍が柳条湖を占拠した。さらに一九三三年五月までに路線地帯と吉林、遼寧、黒竜江、熱河の四省をその統制下においた。関東軍はまた「張学良軍の推定三三万の兵力」を満洲から追い出した（Young 1998, 40）。満洲と中国は別であると主張して、一九三二年に日本は満洲国を建国し、それを近代的な独立国家として国際社会に突きつけたのである。

満洲国は当初、共和国であったが、後に帝国となった。この転換を説明するのは、簡単ではない。ピーター・ドウスは満洲国を指して、「日本の武官や文官から指令を受けていた中国人指導者の下にあった独立国」と述べている（Duus 1989, xxiix）。つまり満洲国は日本の傀儡国家であり、事実上の植民地であった。にもかかわらず、満洲国は独立国家としての形式をすべて備えていた。すなわち、独立宣言（建国宣言）、元首（最後の皇帝、溥儀）、国旗、（後に二度変更された）国歌、首都（新京、文字通り「新しい都」を意味する）である。言い換えると、日本人は「自分にも他者にも満洲国独立の事実を納得させるため大いに骨を折ったのである」（Young 1998, 40-41）。

満洲国建国前夜の満洲における日本人人口はどのくらいであったか。さらに一九三二年から一九四五年にかけてどのくらいの日本人が満洲に移住したか。日本人移住者に関する諸統計は乏しく頼りにならない。移住先が日本の力が及んでいた地域であったときは特に情報が不十分である。政府はそれらの地域を「日本本土」（内地）の一部もしくは延長とみなしていたので、そこへ移り住んでいく日本人に対してほとんど注意を払っていなかったようである。しかし、人口移動についての情報が欠如している最大の理由は、日本が植民地政策において新参者だったからだ。日本人労働者の移住は一八八〇年代後半に始まったにすぎないし（Ichihashi 1931, 618）、満洲への日本人移民は日露戦争のほんの数十年前に始まった。しかしそれ以降、カリフォルニアへの日本人移民に関して日米関係が悪化したという理由もあって、日本政府は満洲への移住を国民に奨励した。こうして一九三〇年代前半までに、約二四万人の日本人が満鉄によって拓かれた南満洲の諸都市に移動した（入江 1981, 457）。

とはいえ日本人住民の存在は、満洲全体の人口動向からいえばあまりにも小さかった。その理由は第一に、日本人は三千万人と見積もられた満洲の全人口の一パーセント以下しか占めていなかったことである。第二に、関東軍兵士と満洲国政府の雇用者を除けば、一九三一年以前の満洲への日本人移住者のほとんどは、いわゆる「大陸浪人」あるいは「大陸の浮浪者」と呼ばれる人々であり、用語の厳密な意味では移住者ではなかった。ラティモアは、「平均的な［日本人の］農夫は土地を確保するために海外に行くよりも［日本の］都市に移動し、工場労働者となる」と述べている（Lattimore 1935, 237）。したがって一九三一年以前は、公職につかない満洲の日本人の多くは、小規模の企業家か彼らの相手をする女性であった。日本人の農業開拓民の数はかろうじて千人を超えるぐらいだった（蘭 1994, 277. Wilson 1995 も参照）。それゆえ、日本が満洲国を創建したとき、三千万人の人口の大多数は漢民族であった。満洲国という名が由来しているところの満洲族はほとんどおらず、あるいはすでにかなり「中国化」されて、多数派の漢民族の生活様式に同化していたのである。

しかし満洲国時代（一九三二―一九四五年）に入ると、満洲における日本人の人口は約七五万人増加した。拡大する植民地国家の機関、すなわち満洲国政府、満鉄、関東軍が日本からの増員を必要としたためでもあるが、鉄道や都市の建設ブームが、ひともうけをあてこんだ貧しい家の恵まれない多くの次三男たちを日本から惹きつけたからである（Young 1998, 250-259）。さらに、日本政府から無償で土地を満洲に得ることになったため多くの農民が満洲に定住すべく日本海を渡った。これらの農業移民の数は一九四五年までには約三二万二〇〇〇人に昇ったと推定される(Young 1998, 328)。したがって、終戦時の満洲における日本の人口は約一五〇万人であったといわれる(厚生省 1997, 32)。

それでは、戦後出版された歴史書は、この満洲をどう描いているのであろうか。中国、日本、ロシア、朝鮮の民族主義的歴史家たちによる研究は、「搾取的」もしくは「栄光ある」満洲国という、対立するどちらか一方の像を描く。さらに、満洲抜きの歴史が書かれたことも多々ある(McCormack 1991, 106)。したがって、そのような研究は満洲に関する「交錯する」歴史ではなく、「分裂的な」歴史を作り上げたのだ。私はジョシュア・フォーゲルから次のような興味深い話を耳にした。彼は、二〇〇二年に「東アジアにおける第二次世界大戦と日中戦争」というテーマを掲げた国際会議に出席した。いうまでもなく、何人かの歴史学者が満洲国統治期間に関する研究論文を発表した。大陸中国からの参加者は満洲国統治時代を特徴付けるために「偽満《ウェイマン》」という語を何度も使った。もちろん中国語の出版物の大抵は読んでいるフォーゲルにとって、こうした満洲国史観は珍しいことではなかった。しかし彼はこの発表者に対して、「偽満《ウェイマン》」、いった最初から否定的な語を使うことの是非を問うた。フォーゲルのねらいは議論を白か黒かの単純な議論から脱却させることであった。つまり満洲における日本の権力下の生活実態から目をそらせようとすることではなく、満洲を内部から理解しようとすることだった。だがこの教養もあり、多くの著作をものにしている発表者は、言葉の上では丁寧な物腰をしつつも、フォーゲルの注文に反発するばかりであったという。

民族主義に彩られた歴史観は、満洲をテーマとする国際会議の開催地を変えることすらある。ロシア人、特に帝国時代にハルビンに住み一九四五年以後、旧ソビエト連邦に帰っていった人々は、ハルビンを彼らの先祖によって作られた都市であると解釈することがある。事実、一八九八年、ロシア人は満洲を横断してロシア帝国の中心をウラジオストックまでつなぐ東支鉄道の建設を始めた。彼らの子孫にとって、中国人や他の国をこえて活躍する学者とともにハルビン市の百周年を記念する会議をハルビンで催すのは自然に思われた。しかし、北京政府にとって、ハルビンは決して一八九八年六月九日の「東支鉄道の建設が始まった日」に誕生したのではなかった（Lahusen 1998）。そのため一九九八年、北京政府はハルビン郊外にある黒竜江大学にこの会議を開く権利を認めなかった（結局、この会議は同年、ハバロフスクで開かれた）。プラセンジット・ドゥアラは、満洲国を白か黒かと割り切って理解することそれ自体がナショナリズム的政略から生じているため、歴史を非常に狭い袋小路に押しやってしまうと述べている（Duara 2003, 59）。私たちの目的は、日本の帝国主義が中国の人々に強いた厳しい生活の現状を見失なうことなく、さまざまな国と民族集団に属している諸個人が描いた満洲を論じることであり、またそうすることによって満洲国についての支配的な歴史記述を批判的に検討することである。そこで本書の題名を「満洲―交錯する歴史」とした。

共通テーマ

帝国時代の満洲について複数の研究者が主題を多角的に検討した著作では、次の四冊が代表的であろう。『インフォーマル・エンパイア——中国の中の日本　一八九五—一九三七年』(Duus, Myers, and Peattie eds. 1989)、『ある中国都市の建設——ハルビンの歴史と歴史記述』(Clausen and Thøgersen 1995)、『戦時中の日本帝国　一九三一—一九四五年』(Duus, Myers, and Peattie eds. 1996)、『ハルビンと満洲——地域そしてアイデンティティ』(Lahusen ed. 2000b)である。本書はこれらを補完するものであるが、以下に本書で議論するいくつかの共通テーマに焦点をあてる。

汎アジア主義

満洲国成立以前、大日本帝国の版図は台湾、朝鮮、樺太、旧独領の赤道直下の太平洋諸島(いわゆる「南洋」)、中国の遼東半島を含んでいた。この大日本帝国を拡張するために、日本の為政者は「同文同種」(同じ文字、同じ人種)や、「一視同仁」(天皇の下に公平と平等の恩恵を受けること)のようなスローガンを積極的に使っていた(Peattie 1984, 97)。こうしたスローガンは植民する側と植民される側(特に中国人と朝鮮人)の間の文化的な近さと、天皇の支配下における両者間の「平等」を暗に意味していた。しかしながら、日本の為政者にとって満洲国はドウスたちの言う、いわゆる

「フォーマル」な植民地ではなかった。それゆえ、日本は植民された側を単に服従させるためのスローガンを使用できなかった。代わりに満洲国を独立国家であると見せかけるための別のスローガンを生み出した。そのひとつが「民族協和」である。

満洲の研究者たちの間では、一九二八年に創設された満洲青年連盟が、このスローガン創出の背後にあった主要な勢力であると意見が一致しているようだ。この連盟は若い知識層と小規模企業家からなる集団で、「日本と中国（日華）」が平和裡に協力し中国の経済と文化を高めようとしていた（平野 1972, 238-239; 山室 1993, 92-95; 山口 1967）。しかし「民族協和」という考え方は、中国ナショナリズム、より具体的には、一九一二年中国五族に関する孫逸仙（孫文）の宣言にも由来している。つまり統一された漢国民という概念が、満（満洲）、蒙（モンゴル）、西（チベット）、回（ムスリム）をも含むという考えは、中国ナショナリズムの重要な構成要素のひとつである。ただ、各民族の民族主義と自治への希求と漢民族への同化という圧力が相容れず、孫の考えを複雑にしたのである（Duara 1995, 142-144）。だが我々は満洲青年連盟が組織された当時の政治的環境、つまり中国における反日ナショナリズムの機運の高まりを無視すべきではない。つまり連盟のメンバーは、満洲という汎アジア的空間における自らの主導権を守るために孫の考えを利用し、同時に日本の特別権益を保護し、反日の空気に対抗しようとしたのである。もう一つの青年グループ、雄峰会のメンバーとともに、彼らは満洲の自治を守りながら、満洲国建国に参加した。このために、彼らは民族協和というスローガンを必要としたものの、実際に強調したのは、日満協調という名目下での日本の主導性であった（伊藤 1988, 141）。この意味で満洲国は日本の植民地というよりも、日本が帝国としてふるまえる汎アジア的空間と理解する方が適当であろう。

本書ではソクジョン・ハンが、満洲国政府が国家創建へ人々を最大限動員しようとして、孔子や明治天皇、ヌルハチ、はては中国人や日本人の武人の「英雄」に参拝するよう住民を半強制的に促したと述べている。さらに一九三七年の日中戦争開始以降、満洲国政府は神道に、より卓越した役割を与えようとしたと述べている。しかし同時にこの政府は儒教をも最大限に奨励した。例えば、満洲国の最初の二年間における「統治」を指す「大同」は、「儒教的な調和」を意味している。この点で、満洲国は儒教と神道が並存した土地であった。ハンはまた太平洋戦争勃発の数年前から、「大東亜共栄圏」という日本国家による別のスローガンが取り込まれ、「アジアの繁栄」（興亜）を宣伝するための多くの儀式や集会、ページェントが満洲国の主要都市を席巻したと論じている。さらにハンは反共産主義が満洲国における汎アジア主義を強化した、という。つまりムスリムや白系ロシア人のような少数民族が反共産主義の集会に組み込まれたのである。満洲国を独立国として承認したのは、ドイツ、イタリア、スペイン等ごく少数の国である。しかし満洲国は時に汎アジア主義を越えて（あるいはそれにのっとって）「国家なき民」に国家を与えた。これらの民には一九一七年のロシア革命を逃れてきた白系ロシア人、一九一八年まで自らの共和国を奪還できなかったポーランド人、そしてユダヤ人が含まれていた。

さらに本書では、汎アジア主義を「体現する」多くの人々が登場する。一九三〇年代に満洲の大衆文化が急成長する中で現れた、山口淑子や川島芳子はその例である。山口淑子（彼女はまた中国語名「李香蘭」で知られている）（バスケット、本書）は、日本語、中国語、ロシア語を話し、舞台と映画の中では中国、満洲、朝鮮、台湾、ロシア、日本の衣装を着た。川島芳子は四つの名前とアイデンティティを持っていた。すなわち中国語で金璧輝（チン・ピフイ）、満洲語で愛新覚羅顕玗、日本語で川島芳子、そしてその中国語読みの川島芳子《チャンタオファンツ》である。加えて彼女は、「満洲の伝統」であると主張して、男装し、ジェンダーの壁もこえた（シャオ、本書）。この二人のヨシコは日本と満洲の間を自由に移動した。というよりも日本、中国、そして満洲国から必要とされ、また彼女たちもそこから利益を得ていたのである。

森崎湊はもう一人の汎アジア的人物である。彼はこのイデオロギーを体現する機関である満洲建国大学に在籍し、必死になって日本と中国の利害を統合しようとした（玉野井、本書）。事実、満洲建国大学校史を読むと、大学当局がオーウェン・ラティモアとパール・バックを教授に迎えようとしたとある（湯治編 1981）。このことは満洲における汎アジア主義が西洋に対して広く開かれていたことを意味する。もちろん、「西洋」の定義は誰がそれを解釈するかによって異なるだろう。たとえば満洲国の日本人指導者からすれば、それはロシアを意味したであろう。たとえば満洲国を西欧列強に受け入れてもらおうと、ロシア人を協和会と呼ばれた国家出資の大衆組織に積極的に受け入れた(4)。しかしラティモアによれば、日本こそが「西洋文明の一番の主唱者」でもあった（Latimore 1935, ix）。このように、日本人指導者の間でも西洋の解釈が異なっていたが、ロシア人、ポーランド人（ラウーゼン、本書）、ユダヤ人（Lahusen 2000a）はじめ多くの西洋からの民族集団が満洲に移動し、その地をエキゾチックでコスモポリタンな場所にした。そしてまさにこのことが日本人や中国人だけでなく、その国籍にかかわらず多くの人々を満洲に引きつけた重要な理由であった。この点からみれば、二十世紀初頭における満洲の汎アジア主義は確かに「超国家的」であり、さらには「グローバル」でさえあったのである。

しかし、真の意味での汎アジア主義、つまりあらゆる人々がその国籍を問わず調和のなかで生きるという状態が、満洲に存在したわけではなかった。存在したのは日本と日本人を中心とする集合的アジア意識である（バスケット、本書）。この事実は、日本の指導者が採用した「民族指導」、またその逆の「指導民族」というスローガンに反映されている。その意味は、日本人が「指導民族」として、構成員であるアジアの他のすべての民族を繁栄する未来へと導くということである（「民族指導」）。このスローガンは満洲に住んでいた日本の知識人の著作に散見される。例えば橘樸《たちばなしらき》は一九三九年に、日本人は指導民族として他民族の希望を理解する義務があり、そのかわりに他の民族はすべて日本人に協力する義務があると述べた（橘 1966, 183）。さらに拓務省の次官であった田中武雄は「五族協和」とは「日本人が中心になりまして其の他五族が各々の釣合に於て満洲国の建国と云うものを輔けて行くと云うこと」を意味すると述べた（杉山 1996, 33-34 から引用）。同様に、マルクス主義を信奉した平野義太郎は一九四二年に、アメリカ合衆国、イギリス、オランダから大東亜を解放するために日本民族は他の全ての民族を導く義務があると著した（平野ほか 1966, 644）(5)。こうした著作の中では、「指導民族」が、日本人指導者だけでなく、すべての、つまり集団としての日本人を指している。そして日本人によって導かれた人々は、すべての日本人に服従し協力するという義務を負う。

よって次のエピソードは、満洲の汎アジア的空間における日本帝国の力と民族協和というスローガンの間のギャップを露呈させていて、とりわけ興味深い。一九三〇年代も後半に入った頃、関東軍の主要メンバー数名は、当時建設途中だった満洲国建国神社にどの神を祭るべきかについて激論を交わした。あるメンバーは「天つ神、明治天皇、ヌルハチそして日本人と満洲国人の兵士たちの英霊」という組み合わせを提案した。もう一人のメンバーは「漢民族によって崇拝されている神々全てを祀るべきだが、日本人にも崇拝されている神々は除こう」と提案し、また別のメンバーは「満洲国のあらゆる人々によって崇拝されている全ての神」を提案し、他のメンバーは神話上の日本創造の女神である「天照大神」を薦めた。結局、満洲国政府は最後の提言を受け入れて天照大神を大建国神社に祭った（嵯峨井 1994）。こうして満洲国民は日本の神話上の創造主を「自らの」国家の創造主として崇拝するよう強制された。

ドゥアラは最近の著作の中で次のように述べている。「（一九一一年から四五年の間）中国において東洋文明という言説が思想、文化、そして社会運動として花開いた。この東洋という概念は、時には西洋より優れたものと解釈され、また時には西洋を補完するものとして解釈された。」そしてさらに彼はこの運動が日本での類似の運動と深く結びついていたと述べている（Duara 2003, 99-100）。

言い換えれば、(中国文明に支えられた) 中国ナショナリズムや (日本文明に支えられた) 日本ナショナリズム論はともに東洋文明もしくは汎アジア主義文明という言説をその根底に持っていたということになる。

このため、満洲国は「中国か日本のどちらかの国史における時空ベクトルによって最終的に枠付けられるのを拒否する。そうではなく満洲国は常に外へ開いたあるいは開いていこうとする歴史を検証するのに最適の場所なのである」(Duara 1998, 116)。しかしながら、満洲国は自らのナショナリズムを生み出しえなかった。満洲国は独立した国家であるという日本指導者の主張にもかかわらず、中国の反帝国主義ナショナリズムと日本の帝国主義ナショナリズムとの間のギャップはますます広がり、その実態は独立国とはほど遠いものであった。

ナショナリズム

パーサ・チャタジーによると、二十世紀の二つの破壊的な戦争は、主として「ヨーロッパが自らのナショナリズムのとり扱いに失敗した結果である」。だが彼はまた同じ戦争がアジアやアフリカの人々に、ヨーロッパの最も偉大な贈り物の一つであるナショナリズムを与えたと言う (Chatterjee 1993, 4)。チャタジーの議論は、帝国時代末期におけるナショナリズムの次のような特徴を明らかにしている。第一に、ナショナリズムは秩序を生み出すが、また無秩序も生み出す。つまりナショナリズムは二十世紀の二つの破壊的な戦争を引き起こす一方で、植民地の人々を西洋や日本の帝国主義から解放し、彼らに独立した国民国家を与えた。第二に、ナショナリズムを発揮する単位は非常に多様で、個々の小さな民族集団から多民族集団よりなる大きな単位まである。このため、小さな集団のナショナリズムはより大きな集団の攻撃の的となることがある。第三に、ナショナリズムは生き物のようである。帝国拡大の原因であった古いナショナリズムは、若い反帝国主義ナショナリズムと対決して衰える。本書では、ミターとシャオの両者が、帝国時代の中国におけるナショナリズムのこうした複雑な性格を描写している。

中国東北部奉天省の小さな村に生まれた杜重運《ドゥ・ツォンヤン》は、東北人であり抗日運動のリーダーでもあった。そのため、彼にとって中国東北部（すなわち満洲）以外の中国に住む民衆にとって、東北が何を意味するのかが最も重要な問題であった。杜の記事の主要な読者は上海の下層都市生活者である。もちろん読者にとって杜は反帝国主義のリーダーであり、中国ナショナリズムの温床である満洲出身者である。しかしながら、これら下層都市生活者は、日本の帝国主義を一枚岩の「悪」とする極めて単純な視点を持っていた。これとは対照的に、杜の中国ナショナリズムははるかに複雑であった。杜は中華民国官僚を汚職の罪で批判し、貧しいが、勤勉な、普通の中国人をエリートから切り離そうとした。彼はまた馬占山のようなほんの一握りの抗日運動家たちを賛美する中国民衆の傾向を攻撃した。さらに、杜は中国東北部における中国人と日本人の間の広範囲にわたる協力関係に対してはっきりした態度をとらなかった。

それでも、「単純な」中国ナショナリズムは強大な力であった。本書でシャオが、満洲解放後に中国ナショナリズムによって最終的に破壊される満洲族の一員としてのアイデンティティを持つ中国人女性として愛新覚羅顕玗《けんし》を紹介している。顕玗は中国統合がまだ未完了だった時に、ひとつの中国への帰属を拒んだ世代の一人であった。それゆえ（彼女の王族を滅ぼした）日本帝国主義だけでなく、（最後には彼女を処刑した）中国ナショナリズムにも敵対した。彼女の絶望的な抵抗の中に、我々は彼女の汎アジア的アイデンティティを見ることができる。中国国民党政府は彼女の罪を「漢民族に対する満洲族の罪」だとは解釈しなかった。「中華民国政府に対する中国国民の裏切り」として これを解釈したのである。中国国民党政府のこうした単純なナショナリズムは、一個の満洲族としての顕玗を打ちのめし、民族的なマイノリティとしての「満洲族」という考えを中国に浮上させた。ミターとシャオの二人は、中国の反帝国主義ナショナリズムと日本の帝国主義ナショナリズムとに二分する見方に疑問を投げかけている。つまり彼らは「歴史を生み出すナショナリズムを理解しながら、近代ナショナリズムの歴史にも注意を払う」方法論を模索しているともいえる（Duara 2003, 9）。

日本のナショナリズムに関しては、デービッド・タッカーが、満洲国を創り出すために帝国主義ナショナリズムの思想を応用した日本人の都市計画者と建築家たちを紹介している。彼らはまず農業開拓民のための小規模な集落を設計し、それを満洲に移住した三十万人以上の日本人に適用しようとした。この集落を設計するために、なんと彼らは軍用機で、つまり空から満洲を見て回ったのである。そして日本に帰ると、彼らは白い紙の上に全く同じ群落と田畑を網状に描いた。この設計の中で満洲における中国人の存在を示すものはたったひとつ、中国人クーリーを住まわせるための離れ屋であった。結局、この都市計画立案者による過度に抽象的な設計案は実現されず、満洲にはひとつも彼らのいう「理想的な村」は建設されなかった。

この事実から我々は、日本の帝国主義的ナショナリズムを均質で抽象的な観念としてとらえてはならないということを知る。もちろん一方で日本人を植民者集団と見なすことは重要である。しかしそれと同時に、彼らが満洲において完全に均質な人間集団を構成していたわけではないと理解するのも重要である。日本の農業入植者のために村を計画した建築家はエリートであった。対照的に、農業移住者のほとんどは不況後に田舎から逃げ出さなければ生きていけない農民が多数を占めたのである。彼らにとって、満洲は「近代」も「帝国の栄光」も意味するものではなかった。

記　憶

今日の東アジアでは、「世界大戦と名づけられた最後の軍事的衝突に関して大量の記憶が（再）生産されている」(Fujitani, White, and Yoneyama 2001, 1)。事実、帝国時代の満洲は東アジアで最も「記憶される」地域のひとつであり、中国、日本、ロシアの間でしばしば「記憶の争い」が生じている。さらに帝国時代に満洲に住んでいた人々が世界のさまざまな他の地域に移った今日、満洲は世界中で記憶されているようである。本書では、シャオ、バスケット、ハン、そして玉野井が、戦後東アジアにおける満洲及び満洲国の記憶について議論を展開した。うちハンと玉野井は冷戦体制の頂点であった一九七〇年代の文脈における記憶を、シャオとバスケットは一九九〇年代の文脈のなかでの記憶を議論している。

全ての意識が記憶を通して伝達されているという点で、「記憶」はそれ自体、無限のテーマである。ある記憶を他の人々と分かち合いたい人々がそれを話したり、書きとめたりするので、記憶は「社会的」でもある。さらに記憶は社会的文脈から孤立しては決して存在できないゆえに、非常に複雑な現象なのである（Fentress and Wickham 1992, ix-xii）。このため私たちが記憶にアプローチするには適切な注意を払わねばならない。この観点から、アン・ストーラーとカレン・ストラッスラーが近年提案した記憶に対する四つのアプローチは、我々にとって非常に有用である。第一のアプローチである「貯蔵モデル」は、記憶を過去のある出来事に関する情報を貯蔵した知識の倉庫として思い浮かべる。二つ目の「水力モデル」は第一のモデルの変形で、記憶を経済的、社会的に虐げられた人々の記憶（それゆえ公式の文書には記録されることのない）の情報庫となる。三つ目の「アイデンティティ・モデル」は、記憶を現在、そして現在のための構築された過去と見なす。ストーラーとストラッスラーはこれら三つのモデルは各々強みと弱みを持っていると論じる。例えば、過去のある出来事の全容を記憶が照らし出すと考えるのは不可能であるとして「貯蔵モデル」を批判できるが、このモデルはやはり実証的調査にとっては貴重である。しかしながら、このモデルに頼る者は、過去の経験は記憶という語りを通してしか知り得ないということを常に心に留めておく必要がある。「水力モデル」も同じ観点から批判できる。だがこのモデルは歴史に記録されなかった虐げられた人々の記憶について考えるときに役立つし、記憶がそうした人々に「抵抗のための武器」を与えたという点で興味深い。「アイデンティティ・モデル」は、記憶をとおして我々は、過去よりも現在をよりよく知るという記憶のもつ本来の性質を最もよくついている。だが、このモデルを用いる際には、記憶が単なるつくりものではなく、また現在に対する実用本位の反応でもないことを心に留めておくべきである。ゆえにこれらすべてのアプローチを統合しようとすれば別のモデルが必要である。ストーラーとストラッスラーはこれを「働きとしての記憶」と呼んでいる。このモデルでは、「何がだけではなくどのように記憶されているか」が重要になる（Stoler and Strassler 2000, 9; 強調は原文）。

さて本書に戻ろう。満鉄は大華窯業株式会社を作り、そこでは日本人と中国人が共に働いた。杜はこの会社を作るための日本人の努力を「いやいやながら」賞賛した。しかし、杜にとって、「日支親善」は中国大衆の抗日運動を破壊する日本帝国主義者のもくろみを意味していた（ミター、本書）。一九九五年、日本の映画史研究家である山口猛は中国国民に対する「親善」の行為として、満映の「親善映画」のビデオ一式を中国政府に贈ろうと計画した。これは一九三〇年代から四〇年代にかけて、日本人の「好意」に対する中国人の誤解を緩和するために製作された映画シリーズである。中国政府は、「（ビデオを受け取れば）日本の旧満洲国統治を公式に認めたことになるという理由で」その受取りを拒否した（バスケット、本書）。同じ映画が同じようには記憶されていなかったのだ。満映作品は一九九〇年代の日本では帝国時代の満洲に郷愁を感じる多くの観客を引きつけた。興味深いことには、満映の映画に対する冷たい反応とは対照的に、『ミュージカル李香蘭』は日本でも中国でも大ヒットとなった。一九九二年に日中国交正常化の二十周年を祝うため、このミュージカルは中国の四都市で上演され、どこでも大成功したのである（バスケット、本書）。このミュージカルは確かに日中親善を促進した。ということは「親善」といったその意味がさまざまに解釈されるような記憶を理解するには、何が記憶されているかだけでなく、どのように記憶されているかを研究するのが重要なのである。というのも満洲国は常に記憶の中に生きているのだから。

しかし、汎アジア主義という思想は戦後の日本においてはほぼ完全に忘れられているようだ。ここでは、小熊英二の洞察に富んだ『単一民族神話の起源』という長編（小熊 1995; 2002）が役に立つ。小熊は日本人の起源に関する二つの主要な理論を紹介し、それぞれを「複合民族論」と「単一民族論」と名付けた。前者が日本の降伏以前には支配的であったのに対し、後者は降伏以降一般的になったという。小熊によれば、どちらの理論にも二つの構成要素がある。「複合民族論」のそれは、アジアにおける異人種間での婚姻という長い歴史があってはじめて日本人が誕生したこと、そして日本帝国はこれら複数の民族集団が住む地であったということである。対照的に、「単一民族論」の二つの要素とは、日本人は単一の、純粋な人種を構成し、言語や文化においても均一性を共有していること、そして日本人は古代から日本列島に住んでいるということである。「複合民族論」は日本帝国の創造と維持を支えたが、一方で「単一民族論」は戦後日本のナショナリズムを裏書きしているというわけだ。しかし両理論とも相当な歪曲に基づいており、両者が相容れないのは明らかである。

満洲国における民族協和というスローガンは、明らかに「複合民族論」の流れに与している。そしてすでに論じたように、このスローガンと「主導民族としての日本人」との間の矛盾が結局は満洲国を破滅へと導いた。本書で玉野井は「複合民族論」の思想が一九七〇年代の日本で急速に忘れられたことを森崎湊の日記を読みながら論じている。汎アジア主義の大義を奉じた森崎の一九四五年の自殺は、一九七〇年に三島由紀夫が自殺した直後にメディアで取り上げられ、天皇を崇拝した若き日本人愛国者の死として再解釈された。しかし湊の自害は全く別のこと、成し遂げられなかったアジアの協和を意味したのである。同様に、ハンは冷戦時代における南北朝鮮の多様な国家儀式が実は満洲を起源としているのを明らかにし、にもかかわらず東アジアの研究者たちは、朝鮮が日本の植民地であったという理由だけで、これらの儀式やページェントの起源を日本に求めていることを批判している。このことは帝国時代の民衆の記憶を問うためには、国民国家を単位としてではなく、汎アジア的で超国家的な空間で研究しなければならないということを我々に教えてくれる。

本書では、同一用語のつづりがさまざまにちがっているのをそのままとした。そうした不統一は、帝国時代の満洲が、異なる言語がとびかう汎アジア的空間であったという事実を如実に示していると思うからである。満洲国の日本人指導者たちは自分たちの言語を他の民族に押し付けた。だが満洲研究者としての私たちの使命は、それらの言語を文書や視覚的記録、そして人々の記憶の中に再生し、満洲での交錯する歴史を作り出すことなのである。

注

(1) 例えばDuara 2003, Matsusaka 2001, Mitter 2000, Young 1998, McCormack 1977を参照。

(2) 日本の植民地であった朝鮮の朝鮮人が、満洲のような日本帝国の一地域に移動するとそのアイデンティティが変わることがある(Brooks 1998, 26)。たとえば一九三二年以前、朝鮮の日本総督府は朝鮮人に、満洲へ移住し帰化中国人となるよう奨励した。ところが、一九三二年以降になると、「朝鮮人」はしばしば「日本人」として満洲国政府の文書に登場する。言い換えれば、満洲国では、「日本人」対「朝鮮人」(即ち植民地支配者対植民地化された者)という図式が、しばしば「日本人と朝鮮人」対「満洲国におけるその他の人々」という別の二項対立へと置き換えられた(Tamanoi 2000)。

(3) 満洲に移住した最初の日本人は宮本千代という名の女性であったと信じられている。彼女は一八八六年にシベリアへ、それからロシア人の医者とともに満洲北部のハルビンへ移住した。宮本千代のような女性は「娘子軍」つまり「若い女性部隊」の一部であった。彼女らがそう呼ばれるのは、日本帝国の建設に貢献したという意味で、男性の兵士と同じだからである。彼女達は女中や女給、売春婦として帝国の辺境の地で働き、本国に多額の送金を行った。満洲への日本人移民の詳細な歴史については、入江1981を参照されたい。この二巻はもともと一九三六年と一九四二年に出版された。満洲への日本人移民に関する章は二巻に見られる(第二十~二十三章)。宮本千代の伝記についてはハルビン日日新聞社一九三三年発行の『北満草創』を参照されたい。

(4) 協和会は満洲の全住民を民族の差異を超えて組織しようとした。しかしながら、その本来の目的にもかかわらず、協和会はやがて関東軍の手先となり、戦争遂行のため満洲の人々と資源を動員する機関となった(平野1972; Duara 2003, 60, 73-76参照)。

(5) この意見は平野義太郎が一九四二年に橘樸、清野謙次、板垣与一、大岩誠と共に参加した討論会において発表したものである。

参考文献

蘭信三 1994.『「満洲移民」の歴史社会学』行路社

Brooks, Barbara.1998. "Peopling the Japanese Empire: The Koreans in Manchuria and the Rhetoric of Inclusion." In *Japan's Competing Modernities: Issues in Culture and Democracy 1900-1930*, ed. Sharon Minichiello, 25-44. Honolulu: University of Hawai'i Press.

Chang, Chi-Hsien. 1936. "Japan Stops Chinese Migration to Manchuria." *Information Bulletin* 1.4: 1-23.

Chatterjee, Partha. 1993. *The Nation and Its Fragments: Colonial and Postcolonial Histories*. Princeton, N. J.: Princeton University Press.

Clausen, Søren, and Stig Thøgersen. 1995. *The Making of a Chinese City: History and Historiography in Harbin*. Armonk, N. Y.: M. E. Sharpe.

Coox, Alvin D. 1989. "The Kwantung Army Dimension." In *The Japanese Informal Empire in China, 1895-1937*, ed. Peter Duus, Ramon H. Myers, and Mark R. Peattie, 395-428. Princeton, N. J.: Princeton University Press.

Crossley, Pamela Kyle. 1997. *The Manchus*. Cambridge, Mass.: Blackwell.

大ハルピン案内社編 1933.『大ハルピン案内』大ハルピン案内社

Duara, Prasenjit. 1995. *Rescuing History from the Nation: Questioning Narratives of Modern China*. Chicago: University of Chicago Press.

———. 1998. "Why Is History Antitheoretical?" *Modern China* 24.2: 105-120.

———. 2003. *Sovereignty and Authenticity: Manchukuo and the East Asian Modern*. Boulder, Colo.: Rowman and Littlefield.

Duus, Peter. 1989. "Introduction: Japan's Informal Empire in China, 1895-1937. An Overview." In *The Japanese Informal Empire in China, 1895-1937*, ed. Peter Duus, Ramon H. Myers, and Mark R. Peattie, xi-xxix. Princeton, N. J.: Princeton University Press.

Duus, Peter; Ramon H. Myers; and Mark R. Peattie, eds. 1989. *The Japanese Informal Empire in China, 1895-1937*. Princeton, N. J.: Princeton University Press.

——— . 1996. *The Japanese Wartime Empire, 1931-1945*. Princeton, N. J.: Princeton University Press.

Elliot, Mark C. 2000. "The Limits of Tartary: Manchuria in Imperial and National Geographies" *Journal of Asian Studies* 59.3: 603-646.

Fentress, James, and Chris Wickham. 1992. *Social Memory*. Cambridge, Mass.: Blackwell.

Fujitani, T.; Geoffrey White; and Yoneyama Lisa. 2001. "Introduction." In *Perilous Memories: The Asia-Pacific War(s)*, ed. T.Fujitani, Geoffrey White, and Yoneyama Lisa, 1-29. Durham, N. C.: Duke University Press.

Gottschang, Thomas R. 1987. "Economic Change, Disasters, and Migration: The Historical Case of Manchuria." *Economic Development and Cultural Change* 35.3:461-490.

Gottschang, Thomas R., and Diana Lary. 2000. *Swallows and Settlers: The Great Migration from North China to Manchuria*. Ann Arbor: Center for Chinese Studies, University of Michigan.

ハルビン日日新聞社編 1933.『北満草創——邦人発達史』ハルビン日日新聞社

Hata, Ikuhiko. 1988. "Continental Expansion,1905-1941." In *The Cambridge History of Japan*. Vol. 6: *The Twentieth Century*, trans. Alvin D. Coox, ed. Peter Duus, 271-314, Cambridge: Cambridge University Press.

平野健一郎 1972.「満洲国協和会の政治的展開」『年報政治学』二三一—二八三頁

平野義太郎他 1966.（一九四二年初版）「民族指導の問題」橘樸著作集刊行委員会編『橘樸著作集　第三巻』六四四—六五五頁、勁草書房

Ichihashi, Yamato. 1931. "International Migration of the Japanese" In *International Migrations*. Vol. 2: Interpretations, ed. Walter F. Wilcox, 617-671. New York: National Bureau of Economic Research.

入江寅次 1981.（一九三六、四二年発行）『邦人海外発展史』原書房

伊藤武雄 1964.『満鉄に生きて』勁草書房

——— 1988. *Life Along the South Manchurian Railway: The Memoirs of Ito Takeo*. Trans. With an Introduction by Joshua Fogel. Armonk, N. Y.: M. E. Sharpe.

Janhunen, Juha. 1996. *Manchuria: An Ethnic History*. Helsinki: Suomalais-Ugrilainen Seura.

厚生省社会・援護局援護五十年史編集委員会 1997.『援護五十年史』ぎょうせい

Lahusen, Thomas. 1998. "A Place Called Harbin: Reflections on a Centennial." *China Quarterly* 154: 400-410.

——— . 2000a. "Remembering China, Imagining Israel: The Memory of Difference." *South Atlantic Quarterly* 99.1.: 253-268.

Lahusen, Thomas, ed. 2000b. *Harbin and Manchuria: Place, Space, and Identity. South Atlantic Quarterly* 99.1. Special issue.

Lattimore, Owen. 1935. *Manchuria: Cradle of Conflict*. New York: Macmillan.

Lee, Robert H. G. 1970. *The Manchurian Frontier in Ch'ing History*. Cambridge, Mass.: Harvard University Press.

Matsusaka, Yoshihisa Tak, 2001. *The Making of Japanese Manchuria, 1904-1932*. Cambridge, Mass.: Harvard University Press.

McCormack, Gavan. 1977. *Chang Tso-lin in Northeast China, 1911-1928: China, Japan, and the Manchurian Idea*. Stanford, Calif.: Stanford University Press.

——— . 1991. "Manchukuo: Constructing the Past." *East Asian History* 2: 105-124.

Mitter, Rana. 2000. *The Manchurian Myth: Nationalism, Resistance, and Collaboration in Modern China*. Berkeley: University of California Press.

Myers, Ramon H. 1989. "Japanese Imperialism in Manchuria: The South Manchuria Railway Company, 1906-33." In *The Japanese Informal Empire, 1895-1937*, ed. Peter Duus, Ramon H. Myers, and Mark R. Peattie, 101-132. Princeton, N. J.: Princeton University Press.

小熊英二 1995.『単一民族神話の起源』新曜社

——— 2002. *A Genealogy of "Japanese" Self-images*. Melbourne: Trans Pacific Press. Translation of *Tan'itsu minzoku shinwa no kigen* by David Askew.

Park, Hyun Ok. 2000. "Korean Manchuria: The Racial Politics of Territorial Osmosis." *South Atlantic Quarterly* 99.1: 193-215.

Peattie, Mark R. 1984. "Japanese Attitudes toward Colonialism, 1895-1945." In *The Japanese Colonial Empire, 1895-1945*, ed. Ramon H. Myers and Mark R. Peattie, 80-127. Princeton, N. J.: Princeton University Press.

嵯峨井建 1994.「建国神廟と建国忠霊廟の創建——満洲国皇帝と神道」『神道宗教』一五六号、二六—六二頁

Sano, Iwao Peter. 1997. *One Thousand Days in Siberia: The Odyssey of a Japanese-American POW*. Lincoln: University of Nebraska Press.（佐野巌著、佐野みな子訳、一九九九年、『シベリア抑留一〇〇〇日——ある日系二世の体験記』彩流社）

島田俊彦 1965.『関東軍——在満陸軍の独走』中央公論社

Stephan, John J. 1997. "Hijacked by Utopia: American Nikkei in Manchuria." *Amerasia Journal* 23.3: 1-42.

Stoler, Ann, and Karen Strassler. 2000. "Castings for the Colonial: Memory Work in 'New Order' Java." *Comparative Study of Society and History* 42.1: 4-48.

杉山春 1996.『満洲女塾』新潮社

橘樸 1966.（一九三九年初版）『協和会と民族政策』橘樸著作集刊行委員会編『橘樸著作集』勁草書房、一八〇—二〇〇頁

滝川政次郎・衛藤瀋吉編 1969.『満洲建国十年史』原書房

Tamanoi, Mariko Asano. 2000. "Knowledge, Power, and Racial, Classifications: The 'Japanese' in 'Manchuria.'" *Journal of Asian Studies* 59.2: 248-276.

Wilson, Sandra. 1995. "The 'New Paradise' : Japanese Emigration to Manchuria in the 1930s and 1940s."

International History Review 17.2: 221-240.
山口重次 1967.『消えた帝国満洲』毎日新聞社
山室信一 1993.『キメラ——満洲国の肖像』中央公論社
Young, Louise. 1998. *Japan's Total Empire: Manchuria and the Culture of Wartime Imperialism*. Berkeley: University of California Press.（加藤陽子ほか訳『総動員帝国——満洲と戦時帝国主義の文化』岩波書店、二〇〇一年）
湯治万蔵編 1981.『建国大学年表』建国大学同窓会

第一章

心のなかの満洲

一九三〇―三七年の中国東北部をめぐる出版とプロパガンダ

ラナ・ミター

私たちは満洲を日本人の想像の中にある場所として理解し始めている。しかし、「中国人」の想像における満洲の位置づけは、まだ研究途上の初期段階にあると思われる（ただし例外としてDuara 2003参照）。それどころか、「満洲」が中国人にとって意義のある語かどうかという論争さえ終わってはいない（Elliot 2000, 635）。満洲に独自のアイデンティティを与えることは、多くの中国人にとって、分離主義や自治の思想を認める方向にあやうく近づくことになりかねない。確かに中国東北部が日本人によって占拠されていた一九三一年から一九四五年までの時期は、中国の国家的領土主権が最も著しく侵害された時期として、現在の主流中国史書の中にしっかりと位置づけられている。この見方は決して不正確ではないが、不完全であることがだんだんと明らかになってきている。

日本人は、満洲という地域それ自体からはある程度距離をおいて、その民衆の心の中に満洲の夢想を創り出した。つまり、この距離感ゆえに日本人は満洲を入植者や移民にとって壮大な夢の場所へ変じることができたのである（Young 1998, chap.8; Matsusaka 2001, 389-408）。しかし同時期に満洲に対してかなり異なったイメージが中国の民衆、つまり満洲以外に住む中国人向けに創り出された。満洲のイメージは空白の石盤ではなかったが、特別な思想と結びついておらず、さらに重要なことには、有力なナショナリストの計画と緊密に結びついてもいなかった。私が本章で目指すのは、中国東北部が中国民衆の心のなかでこのエリート・ナショナリストの計画と結びつくようになった過程が、当時のある著名人の言説を検討することで、かなりの部分たどれると示すことである。その言説とは東北部の企業家でジャーナリストでもあり、そしてナショナリストの政治運動家であった杜《ドゥ》重运《ツォンヤン》の筆による雑誌である。彼は一九三〇年代の中国で新興大衆誌の最も熟練した使い手の一人であった。中国民衆の心のなかに中国東北部を位置付けようとした杜の仕事は、めざましい成功をおさめたが、また失敗もした。以下ではこの過程を考察しよう。

杜は満洲という仮構を彼の人となりに結び付けながら、他の誰よりもうまく満洲が意味するところを個人の物語にしたてあげた（Anderson 1983 参照）[1]。しかしこれは危険な企てであった。なぜなら、それはその人のイメージの中に満洲が映し出されるような個性的な人物像の創造に依存してしまうからである。彼があるエッセイで述べたように、「私は東北部の三五〇〇万人を代表している」というわけだ（Du 1936a, 39）。しかしながら、この企ては様々な点で成功した。彼自身の経験に基づいて満洲全体の運命を推定するという、このつながりを民衆の心のなかに作り出すために、杜は単なる社説欄の「名前」から読者の目の中にまるごと映る完全な「人物」にならなければならなかった。「地上の地獄」すなわち占領された満洲で起っていることについて彼は、通俗的で派手な言葉を使って、自分の見解を書いたが、それでは十分ではなかった。そこで、杜は自分を最前線に派遣されたレポーターにしたてあげた。つまり、自分が東北部の物語の中の登場人物となって記事を書くことにしたのである。さらに杜は、読者が感情移入し共感をおぼえるような登場人物となった。以下で私は、杜が空想上の自分でもある個性的な人物像によるプロパガンダを創り出しただけではなく、民衆の想像のなかで一人歩きするようになった別の登場人物、抵抗のリーダー馬占山をも創り出したことを示そう。この二人の人物像の効果を検討しつつ、杜の試みが中国全土にどれほど影響力があったかを検証したい。

以下の議論では、論争点のある定義をいくつか使うので、まずそれらが何を意味しているのかを明らかにしよう。本章では中国東北部がその地域外の中国民衆に何を意味したかを照らし出すことを目的としている。そのため、満洲における中国側プロパガンダの影響についてはあまり言及していない。これは特に一九三一年以降、日本の検閲ゆえに、中国ナショナリストの文書の流布が満洲では困難で危険になったためである。にもかかわらず、満洲という観念が私の議論の中心であるので、私は「満洲」と「東北」の語を相互に交換して使う。一九三〇年代、中国語を母語とする人々の間では、「東三省」と「満洲」という語が使われていた。日本人は満洲がはるか昔から中国から分離されていたという自らの議論を支えるため「満洲」を使ったが、中国人の言う満洲は日本人のそうした議論の是認を必ずしも意味しない（Elliot 2000, 632-635; Tamanoi 2000, 252-259 参照）。本章はまた「中国人」読者層に言及しているが、更に限定されない場合、これは東北部以外の中国、つまり日本の占領下にない中国人読者を指している。杜の仕事のひとつは広大な亜大陸全ての中国人を統一する継ぎ目のないアイデンティティを構築することであったから、「東北部以外の中国人」という語を使い続けるほうがより正確であるが、このフレーズを繰り返し使うのは非常にわずらわしいので、「中国人」とする。(2) だが、占領された東北部とそれ以外の地域との間で中国人の態度に特別な相違が見てとれる場合には、その区別を明確にしよう。

杜重运《ドゥ・ツォンヤン》——筆一本で出世した男

杜重运《ドゥ・ツォンヤン》（一八九八—一九四四年）とは誰か。彼は今は全く知られていないわけではないが、彼の全盛期の一九三〇年代の評判から比べれば、その歴史的な重要性が中位から下位へと下落してしまったようだ。杜は救国運動における活動によって最もよく知られている当時はナショナリスト運動家が（時には共産党と連携して）華北への日本の侵略が増加していることに対して、蔣介石にその無抵抗の政策を変えさせようとやっきになっていた時期であった。一九三〇年頃から一九三七年の間、杜は中国で最も著名な反日抵抗支持派の一人であった。彼は師である鄒韜奮《ツォウ・タオフェン》の大衆誌『生命』

の論壇とその後継者の地位を与えられ、全盛期には実に一五〇万人の読者を得ていたという（Coble 1991, 81）。

ただ杜が東北部出身者であり、また彼の視野が二十世紀初頭の満洲、つまり帝国勢力のるつぼの中で育まれたということはあまり知られていないようだ。彼の経歴は、彼が受けた影響がいかに多様であったかを反映している。彼は奉天省懐徳地方の貧困な村で育ち、やがて地方の指導者層の支援を受けて学校に通い、さらに瀋陽の大学へ上がった。一九一七年に懐徳に戻って英語を教えたが、大学時代に新文化運動から受けた影響は強く、国産品運動に触発されて、教育からビジネスへ転身した（Gerth 2003 参照）。杜は東北部で日本人、特に南満洲鉄道株式会社（満鉄）によって運営された事業に対抗する事業を創設することに殊のほか熱心であった。中国が起源であるのが誰の眼にも明らかな製品のひとつである磁器が、当時市場を席巻していた安価な日本製品から市場シェアを取り戻す格好の国産品として発展するに違いないと述べて、瀋陽の近郊に最初の磁器工場を建設するため資金をかき集めた。一九二〇年代後半まで、彼は著名な地方実業家であり、遼寧商工会議所の役人であった。そして一九二八年から一九三一年までの間、杜は張学良のとりまきである若い著名なナショナリストたちのグループに加わった。彼らの任務は、当地での日本の進出に反対する宣伝を広めること、そして地域で輸送や教育、放送といった分野で支援を受けた近代化事業を発展させることであった。この間、杜は当時すでに上海で名をなしたジャーナリスト、鄒韜奮を知るようになり、鄒の雑誌『生命』で定期的に記事を書き始めたのである。

日本による一九三一年九月の満洲占領後、杜は北平《ペーピン》（北京はこう改称されていた）に脱出した。そこで彼は東北民族抗日救国協会の創設グループの一員となった。このグループは、満洲の占領に対して無抵抗だった蔣介石の政策に反対する宣伝を広めた最も強力なグループのひとつであった。『生命』の論説委員という地位は杜にとって非常に有用なものとなった。なぜなら中国の読者大衆の幅広い部分に接近する機会をもたらしたからである。杜は中国の指導者蔣介石が日本人から満洲を奪還するための軍隊派遣を拒絶したと非難し、日本への抵抗こそ中国が直面している最も重要な問題とする痛烈な論説を書いた。結局、検閲や逮捕のおそれのため『生命』は廃刊に追い込まれ、鄒は一九三三年に海外へ逃れた。この時点で杜は新しい雑誌『新生』を創刊し、日本への抵抗を唱えるという『生命』の役割を引継いだ。『新生』は天皇を侮辱した記事を出版・配布したため、外交上の事件を引き起こし、結局一九三五年に杜が逮捕されたとき廃刊となった。この時期、杜の記事は明らかに左翼的な論調を示しているが、彼は共産党には参加しなかった（もっとも彼は死の直前に入党を求めたが）。一九三五—三六年の入獄の間でさえ、杜は『獄中雑感』を出版するほどの影響力を持っていた。そして釈放後、彼は日本に対して抵抗するよう蔣に圧力をかけるべく、救国運動の著名な代弁者となった。日中戦争が勃発した直後、杜は当時中国共産党に共鳴していた地方の軍事指導者、盛世才《シェン・シーツァイ》の招きで新疆に移った。しかしながら、二人は不和となり、一九四四年に杜は反中華民国活動および共産主義者とのつながりのために処刑された。

杜はそのコラムを公衆に対する演壇として使った。その狙いは中国民衆の頭のなかで事実上「満洲の声」となることであり、それにより満洲の危機についての最も信頼できる解説者となることであった。こうして杜は読者の頭のなかに彼自身のイメージを作り上げた。それは一般的にいって、民族主義が強く、進取的で、反日であるという東北出身者のイメージである。しかし一方では、杜が実際持っていた性格、中国から距離をおく東北出身者であり、親日家でもあり、女性的でもあるといった他の側面は表には出さなかった。

杜の読者

ここで、杜が満洲の状況に関する宣伝の対象とした読者層の性格を知ることが重要になる。我々は彼の記事が掲載された定期刊行物が厖大な売上げで報われていたのを知っている。そしてペリー・リンクが中華民国における都市小説の分析で指摘しているように、「抜きん出て大衆的な作品とその読者の心理との間には常に何らかの重要なつながりがある」(Link 1981, 7)。当時『生命』や『新生』を読んでいたのは誰か。両誌とも上海で出版されており、読者の大半は上海出身者であった。上海の読者(その読者は主に男性であった)は特別なタイプの読者であり、杜重运《ドウ・ツォンヤン》は、これから見ていくように、上海の読者が何を欲しているかよく知っていた。

『生命』や『新生』は、上海へやってきた若い男が、その勤勉さによって財をなし成功するという野心的な物語と簡潔な政治的論評とを組み合わせた雑誌であった。つまり近代的な都市社会向けに改変された伝統的な新儒教の視点である。対象とする読者層の大半は新興の下層中産階級で、読み書きはできるがほんの二、三年学校に通っただけで、上海の裕福な名士たちの世界にはい上がろうと必死になると同時に、非熟練労働者の世界に滑り落ちないようもがいている人々である。この階層は当時中国で「小市民《シャオシミン》」（小都市民）として知られていた。つまり絢曝忽やハンチャオ・ルーによる示唆に富む分析からもわかるように、弾力性のある集団といえる。ルーが論じているように、「小市民」は同質であるというより、むしろそこから除外された人々（エリートや貧困者）とは異なるということである程度定義される集団である。一九三〇年代の上海では、その全人口三五〇万人のうち約一五〇万人が「小市民」であった（Yeh 1992, 186-234; Lu 1999, 63）。

「小市民」のさまざまな職業と地位には、商店主、職人・職工、事務員、小商人、商店の助手、学校の教師や学生が含まれる。それはまた自分が未熟な労働者と同じ地位にあるとはみなさない熟練・半熟練の工場労働者も含んでいた。「小市民」に属する女性はこれらの職種に従事する男性の妻であった（Lu 1999, 61-64）。加えて、彼らの多くは都市への移入者であり、上海が好況になり始めた近年になって移動してきた内陸地方の小エリートであった。だが、小市民の主な特徴のひとつは（実際に種々雑多な）職業ではなく、地域社会と一体化しようとするその精神構造であったとルーは論じている。小市民は「彼もしくは彼女が住む地域社会によってその視野が限られているようなタイプの人間であった」（Lu 1999, 63）。

このことは杜のジャーナリズムを読み解く上できわめて重要である。杜はこの集団の典型的な一員ではなかった。彼は確かに上海に移住したが、大学を卒業しているし、何年も海外で過ごしている。しかし、杜は小市民の興味を引くことができる記事を書くには充分なほどこの集団を知りつくしていたのである。

小市民の生活は不安定であったため不幸になりがちな人々も多かった。そのため彼らは西洋化の多くの側面と、上海が象徴している近代性を嫌い、改革思想に対して富裕層よりも一般的にかたくなであった（Link 1981, 5）。彼らはまた自分たちの公民権が剥奪されていると感じていた。国民党は一部ではこのタイプの新興の下層中産階級の支援をもとに勢力を増していた。しかし、一九二六—一九二七年の北伐の後、権力を確立すると、蔣介石は党から独立したあらゆる勢力を除去しようと努め、代わりに党を自分に忠実な組織へと変えたのである（Fewsmith 1985, 8）。当時、杜の読者層であった小市民は自分達のことは自分達で面倒を見なければならないと感じていた。更に一九三〇年代の初めには、上海の全人口のうち三三万人が失業しており（Elvin 1974, 10）、失業の不安を抱える小市民は読み物に慰安を求めた。つまり彼らは「鴛鴦《おしどり》と蝶」[*1]として知られる大衆小説のスタイルにとって申し分ない読者であった。このスタイルとは、表面上は社会的メッセージのない大衆恋愛小説で、後に中国共産党が讃えた魯迅や茅盾の急進的ナショナリズムと社会主義に傾斜した作品とは全く異なっていた（Link 1981, 5）。『生命』の大成功は、姁曖忽が明らかにしたように、読者の関心事を認識し、それを反映する能力があったことからきている。この雑誌は多くの都市で売れたが、上海はその中心であった。

ところで、杜が一九三一年九月の占領以前から記事の中で時折言及しながら、その後は決して触れなかった、杜の読者にとってひとつの重要な文脈上の問題がある。杜の記事の大半は単純な中国ナショナリズムと画一的な帝国主義、特に日本の帝国主義との対立を描いている。この構図は五・四運動時代に出版された記事の多くにはっきりとみられる。だがこの対立を使うことによって、杜は雑誌を出版していた都市である上海の現実だけでなく、彼が記事に書いていた満洲の現実の重要な側面をも同時に扱っていたのである。

杜が書いた定期刊行物は、都市境界線内の二つの外国人支配地区の一つである上海の租界で出版された。ここで冷戦時のベルリンと上海を比較してみる意味があるだろう。ちょうど西ベルリンが東ベルリンに対する挑発と代替の両方を兼ねていたように、租界は中国の都市の玄関口におけるもうひとつの上海として存立していた。そして一九三一年以前の満洲もこうした特徴を分かち合っていた。ところが上海は多くの学者の研究対象となっているのに対し、満洲における帝国主義間の衝突はあまり議論されてこなかった。[3]つまり一八八〇年代以来のロシアの存在や一九〇五年から本格的に浮上してきた日本帝国主義が、そこに住む中国人の知覚形成にいかに寄与したかの研究である。日本人に対して他の多くの民族集団が敵意を持つ一方、満鉄を通じて実践された社会帝国主義にみるように、帝国の存在が常に全体の恨みを買っていたわけではなかったこと[4]をここで念頭におく必要がある。

租界で働く中国人ナショナリストは、アイデンティティを巧みに操らなければならない。そして、杜重运もその一人であった。つまり一方で、中国が被った帝国主義に対する非難は彼らが心から発したものであり、それゆえ強力であった。さらに（パリ講和会議で中国が受けた屈辱に続く）一九一九年の五・四事件や、また（日英の軍隊が上海でデモ行進中の中国人を撃ち殺した）一九二五年の五・三〇事件をめぐるデモやボイコットに見られるように、反帝国主義は明らかに民衆動員の源泉であった。しかしこうした大きな政治事件は、目に見える形で存在する帝国との協力や協働という、より穏やかな日常生活という海の上に砕ける波にすぎなかった。こうした協働こそ杜重运のようなナショナリスト活動家にとって最も認め難いものであった。彼らの政治的流動性は租界の独特な事情によるものだった。たとえば、中国の検閲法は満洲侵略に関し、日本に対して蔣介石がとった宥和政策への攻撃と、日本人への攻撃記事も禁じた。それはそうした記事への報復が更なる攻撃を呼び起こすのを蔣が恐れたためである。ところが租界にある出版者たちは中国の検閲の支配下になかった。もちろん外国が統率する警察や上海工部局は現状を揺さぶろうとしているように見える出版社たちに対し、かなり高飛車な態度を示していた。にもかかわらずナショナリストや共産主義者、そして他の急進的な活動家たちは自らの意見を広めるために租界特有の地位を利用した。それゆえ帝国権力との協調は書き手と読者の両方にとって避けられない現実であった。

満洲には一九三一年以前、帝国に対抗する政治的勢力、社会集団、大衆、そして彼らの注目することの正当性を争う新聞があり、上海と同じように流動的な雰囲気が存在していたことは注目に値する。もっとも満洲の都市は上海よりもずっと小さかった（最大の都市、瀋陽は一九三〇年代でも五〇万人強の住民がいただけである）が、発達した商業的・政治的な共同体があった。だが、一九三一年の日本による占領はこうした全ての流動性を取り去った。それゆえ執念深く日本人に敵対する杜のような人々に唯一残された選択は、散発的なゲリラによる抵抗に参加することか、または長城以南の占領されていない中国に逃げることだけであった。

杜の人物像——「三五〇〇万人を代表する」

上海の読者は彼のコラムを通して杜重远《ドウ・ツォンヤン》と「出会い」、満洲を「理解した」。当時はマスメディアが中国において影響を与え始めた時期であり、杜は最も熟練したメディアの使い手の一人であるだけでなく、彼の記事は至るところで出版された。(5) 一九三〇年代、政治について、旅行について、彼の幼年時代についての何百もの短い記事が、彼の名で掲載された。一九三〇年代末になると、読者は杜の、あるいは杜が自らを投射させようと望んだイメージに親近感をいだくほどになった。加えて、一九三一年後半以降、彼らは杜が満洲の物語の中で命をふきこんだ別の登場人物、すなわち、抗日の指導者、馬占山を通じて満洲を知るようになったのである。しかし、馬占山の物語は後に見るように、その成功のうちに多くの問題をはらんでいたのである。

さてそれでは杜自身の人物像から始めよう。彼の記事を読みながら読者が知るようになった男とはどのような人物だったのか。杜が作り出した人物は、一九三一年以前には実際にはめったにお目にかかれないような人物であった。それは満洲という地域的なアイデンティティに誇りをもつと同時に、蔣が率いる国民党政府に代表される中国「国民」との統一を全面的に支持する東北出身者というのである。実際は、張学良の周りのナショナリストの大半はむしろ蔣を（そして、彼もまた彼らを）信用していなかった。また一九二八年一二月末に東北部が南京政府へ加盟したが、それは新しい国民党政府行政機関に張学良が支配する地域に介入せんとする能力をほとんどもたらさなかった。杜の記事のなかには、ナショナリズムと国民党政府への支持との間のこうした確執は見られない。さらに短期間に統一中国を創出するという考えとは相容れない東北部の独立を擁護する「保境安民（国境を維持し、人々を幸せにする）」への言及も見られないのである（Suleski 2002）。つまり杜にとって、東北出身者としてのアイデンティティと中国人としてのアイデンティティの間には全く矛盾はなく、そのため彼は日本占領下の満洲で生きる人々の中国愛国精神を強調するのに苦労した。彼は「最も恐ろしいものは何か」（「最可怕的是什么?」）という著作にみられるように、人種差別的毒舌を好んで用いた。そのなかで彼は満洲における日本の膨張主義の歴史に関する長い論文を、壮大な政治的語りではなく、次のような一偏の狂詩で始めている。「怕狗、怕匪／怕日本小鬼（犬を恐れる、山賊を恐れる／小さな日本の悪魔を恐れる）」と（Du 1936f, 83）。

さらに、杜は自らを基本的な真実を率直に宣告する者として描いた。彼の使う言葉は野卑だった。気に入らない者へは、「お前サンのオバハンに犬のくさい尻をかがせろ」という侮辱の言葉をよく使った（Du 1936d, 30）。彼のコラムの題名、「老実話」（正直な話）さえ、こうした自己イメージを反映していた。つまり杜は儀式に立ち会う誰かではなく、信用できる友人だった。更に『生命』の読者は北京や重慶、あるいは揚子江へと旅する旅行作家としての杜の記事も好んだ。彼はまたしばしば東北における幼少時代を思い出して、感傷的な記事も書いたし、また「子どもはかわいらしい」(「儿童是最可愛的」)という作品のように、低俗に駄しかねない記事もあった。

このように杜の自己描写は伝統をくつがえすものであったが、しかし別の観点から見れば、『生命』の読者が評価するものと調和していた。それは自分の筆一本で出世した男としての地位である。日本の製陶技術を学び、工場建設のために資金を集めようとする奮闘を記述することで、杜は学者っぽい官僚という儒教的な理想を捨て去り、福沢諭吉をはじめとする明治期の思想家たちの書物を通じて知られるようになった西洋に由来する企業モデルをも示した。中国の商業の伝統は長く卓越した歴史をもっており、宋王朝(九六〇―一二七六年)の商業革命以来、急激に成長した。しかし、官僚の頭にしみこんだ支配的な儒教思想は、生計手段としての商業を嫌悪しがちであった。だが杜は、過去の成功モデルをきっぱりと拒絶した。

昔の中国のやり方はこうだ。もし留学生が外国から帰国したら、彼が勉強したことが何であれ、彼の身内や友人は常に彼が官吏となるよう望む!……私が[日本から]帰国したとき、私が官吏となるよう望む人々がおり、いつも彼らは無礼にもあからさまに「官吏にならないのか」と私に尋ねた。こういう時には私は、だまってただ彼らに微笑み返すことに決めた。(Du 1998, 4)

杜はまるで自分が家族の希望に反して未知の世界に歩み出していたかのように述べる一方、そうした描写を通じて、読者と実に巧みに調子を合わせていた。読者の大半は野心的な若者の成功物語が載っているからという理由で『生命』を購入しており、杜は自分をそうした伝統的な成功譚の主人公に仕立て上げた。杜はまた上海で増加しつつあった多数の下層エリートたちにも受けた。そうした読者は伝統的な官僚職を期待していたが、清の崩壊によってその期待を奪われつつも、西洋起源の教育を通じて上昇したいと熱望する新しい階層に属していた（Yeh 1992 参照）。

杜重远が創り上げた自画像は、霊感的であったり、野心的であったり、時には感傷的になり、憤激し、また乱暴もふるう、ただの中国遠方出身のよそ者ではなく、読者が自らと同一視し共感を持つような、読者と似通った人物なのである。先述したように、この人物像は莫大な売上げを生みだした。更に、杜は自分の個人的な生活についての逸話や語りを通じて「正直な話し手」という自己のイメージを作り上げたので、それを使って満洲における危機やそれが中国民衆に何を意味するのかについての新しい物語を創作することもできた。『生命』を読む小市民は、鴛鴦小説[*1]をむさぼり読む読者と同じであった。彼らは古典小説を読むのは苦手だったが、彼らの安心感を揺さぶるような超現代的ともいえる五・四運動世代も信頼していなかった。しかし、ナショナリストがその目標を達成するためには、こうした読者が日頃感じていることを取り込む必要があった。そこで実際に五・四運動世代であるとみなされていた杜は、書く時には読者の警戒心をかいくぐるために、こうした背景を引っ込めて、読者の関心とのひそかな共犯関係をほのめかす文章を書いた。ある意味でこの共犯関係は、彼の記事の中に見え隠れする要素を説明するかもしれない。例えば、女性が商業的企業家として登場するような場面はほとんどない。杜の見方はまだ男性本位であった。

杜の男性中心主義は、ナショナリズムの発展や、ナショナリズムに関する偽善について執筆された記事のなかで明らかである。彼は清朝後期の東北部の若者たちを指して、「ツバメの尾の形をしたあごひげに外国製の革靴を履き、あらゆる種類の暗殺団や革命党を組織しつつ、短い間に沸き立った国家救済のための情熱」を持った者たちと述べた。しかし一九一一年の革命後、彼らは「堕落した共和国の官僚となり、国家救済という目標を放棄した」という。そこで彼は留学生となった自分が、日本で再び国家救済をとなえる若い学生に囲まれていた時代について語る。当時、彼は学生らに「阿呆」みたいに「欽佩《チンペイ》（尊敬、皇帝を指して使われる言葉。ここでは皮肉で）されていた」。しかし、後に彼らが「外国人の売春婦を買い、売春宿であびるように飲み、狂ったように暴れ、成功を楽しんでいる」のを見た。つまりいったん官僚職に就いてしまえば、「いわゆる国家救済など（彼らには）問題外であった」。杜は、これら「外国帰りの学者」の救国活動に対する信頼を失ったと述べた。なぜなら「彼らの日々の糧は外国の大きな銃口のなかに隠されているからである。しかし外国の大きな砲弾が反撃を受け、帝国主義が破壊された時、外国人にこびる彼らの技術は役に立たなくなる」からである（Du 1936b, 38）。

杜の発言のいくつかは警句に富んでいた。たとえば、一九三四年三月に掲載された「国家救済の愛国者はどこにいるのか」という論説のなかで、杜は改革者をあざけって「ツバメの尾の形をしたひげと外国製の革靴」を履いた者と呼んだが、それは近代化によって脅かされていると感じていた下層都市生活者の偏見に訴えるには真に的を射た言葉であった。これは一九二九年から一九三〇年にかけて連載された『涙と笑いの中の運命』(『啼笑因縁』)というベストセラー小説のなかで、張恨水が触れたのと同じツボである。この小説の中には西洋の衣服やマナーをまねる中国人に関するジョークの標的として生み出されたヘレナ・ホーという人物が登場する。この小説は何十万部も売れた(Link 1981, 117)。更に、杜が攻撃の目標とした、「国家救済愛国者」は、彼の読者である下層都市生活者より社会的地位のうえで上位にある人々で、国民党政府下で高い官職の地位を得た元革命家たちであった。彼らは革命から利益を得たが、革命の成功に賭けた下層中産階級の者への援助を突然止めてしまっていたのである。杜は読者がこうした成り上がり者を国家の害悪として何ら臆することなく非難することを知っていた。満洲の危機到来を機に出版されたこの記事のなかで、彼は官僚と読者を明確に区別して次のように描いている。

〔一九三一年の〕九月一八日の国家的災難〔満洲事変〕の後、反日的な国家救済の掛け声が大きく叫ばれた時期があった。……しかしその叫びはその後まもなく、聞き取れないほど小さくなっていった。現在に至っては、ひざをついて傀儡皇帝に「万歳!」と三度叫ぶような東北の恥知らずな裏切り者の声が聞こえるだけである。いったい国家救済の愛国者はどこへ行ってしまっ

たのであろうか。いぶかしい限りだ。（Du 1936b, 36）

ここで用いられた「救国志士」（国家救済の愛国者）という言葉には皮肉がこもっており、それに伴う犠牲や殉教といったニュアンスが、それに続く記述と強烈な対照をなしている。杜は次の箇所でも読者に自分の人生を話して聞かせるという手段を使って、若い頃の立憲政改革者たちの思い出話から始める。

私は東北地方の懐かしい故郷で小さな村の学校に行っていた。……当時、救国愛国者の大きな団体があった。その団員は地方都市から田舎へと繰り出し、太鼓を叩き、民衆の権利について歌い上げ、立憲政治を唱道し、地方の田舎者に「自分たちへの尊敬をもって」ひれ伏すよう要求した。しかしその後、……当時の救国愛国者たちは上流階級に属する役人や議員となり、アヘンを吸い賭博しながら、普通の人々を自分たちの食べる肉や魚のように扱い、決して再び壮大な国家救済の計画について話すことはなかった。（Du 1936b, 36）

そしてこうした登場人物とは対照的に、「本当の救国愛国者」とは「一生懸命働いている我々貧しい普通の人々」であると杜は結んだ（Du 1936b, 38）。

しかし、この最後の発言は少し不誠実である。というのは、これを読んだ「普通の人々」は村の農夫でも、小さな町に住む教養のある地方エリートでもなく、都市に生活する『生命』の読者であったからである。しかし、杜はある目的のために読者をおだてた。彼と読者は俎上のエリートに対し笑いを分かち合えるが、また国家が重要であったこと、それゆえ満洲の喪失が重要であるという更なる事実を認めなければならない、と杜はほのめかしたのである。杜は政治的な道具として清朝時代の先輩たちによって使われてきた「人民」という概念を引き合いに出したが、我々はこのやり方にも注目すべきであろう（Judge 1996, chap.6）。

「人民」という言葉は、いわゆる庶民の一部として褒めたてられた時は真価に満ちているかもしれないが、「民族精神」の欠如が非難されているときには、愚かさと素朴さを示唆する。「人民」は雄々しさ、勇敢さも示唆する。杜は他の目標（たとえば裏切り者や日本人）を痛烈に批判しようとする時には、曖昧で理想化された扱いではあったが、この「人民」を使った。しかし後に我々は、杜の期待にそわない「人民」の扱い方の例を見ることになる。

「国家救済の愛国者はどこにいるのか」のような記事は、読者の気分をよくさせ、杜を隣人のように感じさせた。他の記事は読者の間に満洲への認識を広めるという杜の目的の実現につながっていた。後者の例は、一九三四年三月一四日に『新生』初出の「東北出身者は自分たちが中国人であることを忘れてはならない」（東北人不要忘記是中国人）という記事である。この記事は次のように始まっている。

> 今朝早く、私は心地よく目覚め、『事実新報』を開いた。「東北出身者は自分が中国人であることを忘れてはならない！」という大きな見出しがすぐ目に入った。記者は東北地方からの避難民の一人である私自身である。この見出しを見た私は、読み続けるしかない。

そしてこう続く。

> 『外交月報』社は一七日午後五時、副大統領唐有壬《タン・ヨーレン》に接見した。……王卓然《ワン・チョーラン》議長……は唐氏に［東北救国］協会の活動に指示を与えるよう要請した。唐氏はそこで立ち上がって、東北問題に関する自分の意見を話した。すなわち、我々が東北地方の四省を軍事的手段によって取り戻せないのは明らかで、外交的手段を使うのもまた困難である、よって我々にとって最も重要な目下の仕事は、どんな犠牲を払ってでも、東北地方の人々が自分たちは中国人であると忘れないようにすることである。というのも彼らの民族意識の消失が実際に懸念されるからである。（Du 1936a, 39）

この記事の冒頭はまず自分は誰かを提示するという杜の執筆戦略の典型である。朝刊を開いた時に偶然この話題が出ていたという杜の話に疑いをもたない読者は、この記事を真面目に受けとらざるを得ないだろう。しかし彼の親しい友人である王卓然（同じ東北民族抗日救国協会の委員会メンバー）の話によれば、全てのことが仕組まれていたらしく、王が唐有壬に対し挑発的な質問をし、唐氏が答える。そこで杜が読者の目前でその答えに反撃するというわけだった。唐は国民党政府の中ではどちらかというと親日派の汪精衛を支持していた。唐のような人間は特に、杜や救国協会にとって怒りの的であった。杜はその反撃の中で、自分の主張として辛辣な「東北地方の声」を紹介する。

報道記者として、私は三五〇〇万人の東北地方の人々を代表して、唐副大統領に感謝したい。しかし私は三つのことを疑っている。その一、東北地方の人々はほんとうに中国を忘れているのだろうか。中国政府が東北地方の人々を忘れているのではないだろうか？　その二、東北出身者の中のどのような人々が、自分達が中国人であるのを忘れているのか？　その三、あなた（唐氏）はいったいどうして東北地方の人々に、中国人であることを忘れさせないようにできるのか？

杜は続けて彼がその制作に多くの時間を費やした、中国東北部の抗日に関する詩句を引用する。「志願兵を組織し……二十世紀の最新兵器に立ち向かい、……絶え間なく日本軍を攻撃する」、そして「若者と学生が正義の怒りにかられ……［東北地方から］去り北平《ペーピン》や天津で食べ物を乞う」。そして麗々しく杜は結ぶ。「さて我々は東北地方の人々が自分たちは中国人であるのを忘れていると言えるのだろうか?」(Du 1936a, 40)。日本の権力がつくり出した「中国の後進性に対し満洲国は組織的、近代的、かつ荘厳な国家である」とのイメージと対照的に、杜は満洲が「地上の地獄をつくり出した残酷な主人に抑圧された人民による抵抗の温床である」という、全く異なるイメージを作り出すことを狙った。日本のイメージ作戦の背後には国家資産があったのに対し、杜は彼が読者とともに築いた「信用」という資本に頼らねばならなかった。それゆえに彼のおさめたすばらしい成功は日本のそれと同様、注目に値する。一方で、「三五〇〇万人の東北地方の人々」の代弁者と自任するのは杜の傲慢であった。また他方では、彼に対抗するような、傑出した見解を示す同時代の中国人や国家の支持を受けていない考えが見出し難いという点も注目される。

杜が読者の想像の中に東北地方をどう位置づけたかについての次の手がかりは、満洲国家に加えて日本が創ったもう一つの仮構、つまり民族の問題である。本書の編者である玉野井氏は満洲国が存在した十三年間に日本の支配者が民族の分類をどう構築し、また再構築したかを詳細に調べている。こうした分類の根底にあるひとつの見解は、満洲は「中国の」領土ではないという考えであり、「満洲は昔も今も特定の民族に属してはいず、昔も今も全ての者に開かれている土地である」という主張であった(Tamanoi 2000, 255)。さらに最近の研究によれば、満洲は中国人の心の中でも、広大な中国大陸の「東三省」であるというより、何らかの意味で中国とは区別できるものとして感じられていたことが明らかになってきている。たとえばマーク・エリオットは、共和国時代に入ると、「満洲」という語を使用する頻度が増え、中国共産党員のような反帝国主義者によってさえ使われていたということを明らかにしている。さらにエリオットは、満洲という言葉の使用が、「当時の皆の民族主義的感情を逆なでするようなことはあまりなかった」（Elliot 2000, 635）こと、また人々が満洲を一つの地域として進んで認めていたことも述べている。

しかしこの見解は、杜の次の攻撃を導く。そして次の抜粋を読めば、国民党による検閲のため抗日運動家が日本人に言及するのは至難の業だったとわかるはずだ。それゆえ、杜は文中で日本や日本人を指すところをXやXXで置き換える仕掛けを用いた。

私はある東北出身の者がこう言っているのを聞いた。「X人兵士がいた……彼は田舎から来た東北地方の男に微笑みかけた。……そして『どこの国の者だ（你是哪国人？）』と尋ねた。この年寄りの田舎者は……『中国の者だ（中国人）』と言った。X人兵士は……彼をこぶしで殴りつけ、けり倒した。年寄りは……こう言った。『日本の者だ（日本人）』［この箇所ではXを使っていない］。X人兵士はますます怒り、年寄りをひどく打ちのめした。年寄りは『私は人間ではない！（我不是人）』と言うほかなかった。そこでやっと兵士は笑って去っていった。」（Du 1936a, 41）

自分の人間性を否定するよう強いられた（恐らく空想上の）老人のイメージは、明らかに五・四運動世代のエリートが中国の運命について抱いていた概念の根底にあった社会進化論者の懸念にもつながっている。だが、兵士の質問に対して老人の口から出なかった答えは「我是満洲国人」（私は満洲国人だ）である。杜は、いかなる種類であれ、満洲という地域的アイデンティティが中国に存在し得るという考えを打ち消すことに苦心し、中国対日本、国家対国家という構図の中で問題をとらえるべきだと説いた。皮肉なことに、上述したように、張学良と南京の国民党政府との同盟は常に不安定で名目的なものであった。張と蔣介石の間の不明瞭な感情はまた、日本に占領された東北地方の奪還に乗り出すのを蔣が渋っていたことをある面で説明する。しかしながら、杜の記事は世人の頭からそういった不明瞭さを消し去るのが狙いだった。満洲の問題に一般読者の注意を引きつけることに成功した重要な一つの指標は、一九三三年の張恨水のベストセラー小説『涙と笑いの中の運命』の続編の出版であった。全ての登場人物が再び出ているが、今回は、皆が満洲での抗日運動に参加していると描かれている。それはオシドリが戦場に赴く準備ができたという時代のしるしであった（Link 1981, 31-34）。

「親善などあり得るのか？」

ところで、杜が描いた東北地方の文脈の中には見られない別のさまざまな要素もある（そしてその多くが日本側の見解ではゆがめられた形で現れている）。たとえば、日本の満洲占領直後から日本人に協力する中国人が広範囲にわたって続出した。地方行政官や商工会議所の指導者は占領地域のいたるところで占領者側とすぐに結託し、旧来の地位に居続けることができた[6]。

杜は占領以前の初期の作品で、この両義性について時折触れている。たとえば占領が始まる二ヶ月前の一九三一年七月、東北地方において日中間の緊張が高まっていた頃、杜は『生命』にある記事を書いて、自らの立場を読者に説明した。この記事で彼は、帝国時代に生きる五・四運動世代の若者にとって開かれた好機とその挫折を描いている。

ある日偶然私は磁器産業雑誌で……日本人が大連に設立した磁器会社についての記事を読み、大変興奮した。この記事の主旨は、大連の満鉄が中央試験所を設けて、日本全土から専門家を招待し、農業、鉱業、林業、畜産、水産などあらゆる分野の調査と試験を満洲とモンゴルで行うための施設建設のため、毎年巨額のお金を費やしている、ということであった。……磁器産業では、大華窯業株式会社（一九二〇年設立）がこの方式で創業した会社である。……私はこの記事を読んだとき、外国の官吏や商人によって共同で運営されているこの会社（つまり満鉄のこと）は、あらゆる種類の事業を奨励し指導するやり方において、杜撰で混乱した方法でしか物事に取り組めない中国とは正反対だと思った。おまけにその会社は我々の貴重な資源を好き放題に略奪しているのである。このことに気づき私は深いため息をついた。(Du 1998, 2)

杜が同時に賞賛と懸念を表した原因は、満洲で発行された日本人による中国語の出版物である。

そうした出版物は、満鉄に体現された社会帝国主義を微妙に誉め上げる。この最も著明な例は『盛京時報』であるが、ここで有益なのは『東北文化』誌であろう。この雑誌では、日本はたいてい近代的で慈悲深い存在として描写されている。それとは対照的に、中国の存在は一般的に過去の言葉、すなわち古代の記念碑や古典文学の原文を引き合いに出して語られている。そして日本の指導なしに中国人が近代化を受け入れることなどあり得ないとされる。だが、杜や彼と考えを同じくする者にとって最も腹立たしいのは、日本人が自らを満洲の出身者として描いたことだった。前述した杜の日本人に対するため息まじりの賞賛は、しかし、一九三一年以降は徹底的な拒絶主義へと変わる。この変化は次の現実を反映している。つまり、少なくとも満洲の中国人にとって、帝国主義へのあいまいな協力という選択は許されなくなり、抵抗か協力か、あるいは政治からの離脱かという、よりはっきりとした選択肢しかなくなったのである。そこで小論「日本と中国の間の親善はあり得るか」(一九三四年一二月八日)のなかで、彼は問う。『日中親善』とはどういう意味か。我々ははっきりと次の一文で述べることができる。それは抵抗する中国大衆の士気をくじくための日本帝国主義者によるもくろみだ」(Du 1936e, 65)。別の記事、「汎アジア主義」(一九三四年一二月一七日)では、元々は孫文(孫逸仙)にとって非常に重要な考えであった「汎アジア主義」にふれ、それはもはや日本帝国主義のための仮面以外の何ものでもないとして、否定した(Du 1936e, 66)。

しかし杜が最も悩んだのは、杜が記事に書いた図式とは対照的に、東北地方の一般民衆が日本による占領をそれほど心配していないように見えることであった。彼のこの悩みがうかがわれるのは、

「汎アジア主義」についての論説である。そこで彼は満洲国における日本の技法が全く無益というわけではないと認め、こう述べている。「侵略者は実に賢い。特に日本の帝国主義者はそうである。彼らは『孔子への尊敬』や『王道』や他の古代の風習を取り上げ、時代遅れの考え方をする中国の一般大衆につけ込むのだ」(Du 1936g, 70)。この論説にはナポレオン三世にだまされる農夫に対して怒りの声をあげるマルクスの影が差し、あるいはより身近には、なぜ改革が自分たちにとってよいことか一般大衆は理解できないとこぼした清朝後期の改革者たちの怒りの反駁が重なる(Judge 1996, 91-99)。

厳重な日本の検閲のため、日本人と中国人の協力関係について中国人がどう感じていたのかを知るのは難しい。しかし、『ノースチャイナ・デーリー・ニュース』の満洲国特派員だったW・ルイソンによる一九三五年初頭の一連の記事は、杜の論説と同時期に掲載され、この問題についての興味深い洞察を与えてくれる。彼は旅の終わりに、中国人の一団と満洲国から中国へ入ったと報じてこう述べた。

そしてここで、整備された道路はプロパガンダとしての価値があるという格好の例に出くわした。私の連れの「中国人」たちはまた突然自由に話し始め、楽しそうに日本人を罵った。そして劣悪な道でがたがた、どすんと凄まじい音をたてて危うくトラックから投げ出されんばかりになると、彼らはみな乗客の一人が表した次のような感想に大声で心から同意した。「アイヤー、これがまだ満洲国だったら、ふさわしい道路だろうに。あそこでは道路整備の金を盗み取るのは許されないからな！」[7]

「プロパガンダとしての整備された道路」には、杜が自分の学生時代や、満鉄の磁器事業によってかきたてられた彼の想いを語るときに見せた不明瞭な感情がこだましている。例えば土地の占有やアヘンの販売といった、日常生活に影響する日本植民政策にふれると、中国人は占領者つまり日本人を否定的に判断する。しかし道路整備だの通貨改正だのということになれば話は別だった。ルイソンは述べる。「満洲国に住む中国人は、最貧困層に属す人力車夫のクーリーをはじめ、誰もが新たに設けられた安定した通貨をほめちぎった。たとえ日本人が満洲国のために他に何もしなかったとしても、これだけで大変誇るべきものとなっただろう」。ルイソンはこう結論する。「どの階級の中国人にも、自分たちが自分たちのために創られた新しい国家の市民であると思っているような気配を微塵も見いだせなかった。……中国人が満洲国について話す時は、まるでたまたま住んでいる外国を語るかのようであり、満洲国で何が行われていようとも自分にたまたま配分された外国の支配者に賞賛か非難かのいずれかをふりむけるのだった」。しかし、「日本人に威張りちらされて彼らがどんなに憤慨していても、中国国民党に戻ってきてほしいという願望は見られなかった」[8]。

ルイソンの言葉をどれほど信用するかは議論の余地がある。しかし『ノースチャイナ・デーリー・ニュース』には、特に利己的な企図がないゆえ有効である。もっともこの新聞が日本人の否定的な側面を有利に解釈する傾向がいくぶんあったことは注目すべきだろう。それは中国における一つの「移住者」コミュニティ（上海の租界に住むイギリス人）の代表として、満洲国の日本人「移住者」を、よく理解したいという望みの反映かもしれない。しかし、新聞の設立趣旨が何であれ、満洲国に対する別の視点が、杜の視点への対比モデルとして存在していたのは、注目すべきである。

抵抗の人物像――馬占山

すでに述べたように、杜の成功は自分を東北地方の人々の信頼に足る代弁者として読者の心に位置付け、それを当時最も人気のあった雑誌を通じて広めたことにあった。こうした個性的な人物像を使ったプロパガンダは、抵抗のリーダー・馬占山の物語の価値を高めるためにも使われた。しかし皮肉にも、民衆の心のなかに馬という人物を生み出した杜の成功は、満洲の日本人に対する無抵抗政策に対する大衆の怒りをかきたてるという、より大きな課題を果たす上での（杜自身の評価では）「失敗」に直接つながった。

杜は一九三一年後半以降、満洲現地での民衆の抵抗にしばしば言及している。日本人に対しゲリラ戦を続ける勇敢な義勇兵に関して繰り返される彼の言辞は、ムード音楽のように気分のいいものだったが、一般民衆にとってのプロパガンダが有効となるためには、抽象的な抵抗が個性的な人物像と結び付けられねばならなかった。抵抗の偶像の中で最も重要だったのは、黒竜江省北部の無名の指揮官、馬占山であった。彼は一九三一年一一月、黒竜江省に侵攻しようとした関東軍を相手にゲリラ戦を開始し、短期間に多くの死傷者を出した後、瞬く間に有名になった。この「川の抵抗戦」は馬が優勢な日本軍と向き合って退却させられるまで、たった三日間で終わった。しかし、馬の行動は蔣介石の無抵抗政策とは対照的に、侵略者へのはっきりとした軍事的抵抗という稀な行為であった。馬占山への崇拝は、中国の主要都市全般を席巻した。そして一九三一年から一九三三年にかけて、抵抗運動を鼓舞するプロパガンダはうまくいっているようにみえた。しかしわずか二年後、杜が嘆いたように、事態は暗転したようだ。

一九三四年四月の記事で、杜はこの状況を「反日の英雄の袋小路」と名づけ、日本に敵対する特定の個人を英雄として讃える中国の傾向を攻撃した。

> 「反日の英雄」という称号は、基本的には不適切である。ウェリントンがナポレオンを破ったとき、誰も彼を「反仏の英雄」とは呼ばなかった。欧州戦争時[*2]にフランスのジョッフルとフォッシュが連合軍の指揮官となったとき、誰も彼らを「反独の英雄」と呼ばなかった。しかし我々中国人にはいつも「反日の英雄」がいなくてはならない。とても奇妙な話ではないか。漢氏は第五号の「小話」の記事のなかで述べている。「国とは大衆の国であり、日本は大衆の敵である。」日本帝国主義に反対するのは大衆の責務である。数人の英雄でできることではない。（Du 1936c, 43）

杜はさらに中国には二百万の武装軍隊がいるが、その力はほとんど無いと片づけた。確かに彼らは国内の敵を手際よくやっつけたが、「外国の敵が進駐してくるのを待っている彼らは、猫を見ている鼠のようだ。……屁を浴びせる気さえしない」と。しかし、「このような事態が起きた時、彼らのなかには物事を丸く収められない大ばか者が何人かいる。……この大ばか者は敵に対して自らの命を危険にさらす。そこで大衆は、言葉に尽せないほどの尊敬を彼らに抱き、『反日の英雄』という尊い称号を与えるのである」(Du 1936c, 43)。

「大ばか者」(「大壮」)という語には、皮肉もこめられている。しかしこの場合、杜の結論は極めて真剣なものである。「いわゆる『反日の英雄』というこの称号は実際、無限の悲劇と国家や国民の恥を含んでいる!」そして杜は次のように結ぶ。

だから確かに反日の英雄がほとんどいないのは驚くに当らない。それゆえ、一般大衆が彼らを過度に評価するのは避けられない。大衆が反日の英雄をあまりに高く持ち上げるので、そうした英雄によって深く失望させられるのも避けられない。九・一八事件の後、私は「日本の侵略について」声をあげて、あらゆる省を走り回った。その時、馬占山将軍は川で抵抗戦をくりひろげていた。長江沿いに位置する省の大衆は狂ったように叫び声をあげて彼を讃えて歌い、彼の来歴を潤色し、「まるで彼が神であるかのように」宗教寺院の前に馬の写真を置いたほどで

あった。(Du 1936c, 44)

この引用は、表面上は、杜のプロパガンダによる最大の勝利であるようにみえる出来事にふれている。杜重运《ドゥ・ツォンヤン》は東北民族抗日救国協会の中心メンバーとして、占領された省を軍隊が即時奪還するよう『生命』のコラムを使って唱えていた。短期間で終わった馬占山の抵抗は、杜の大義を例証する思いがけない賜物であった。彼が記した物語には英雄と悪者(日本の侵略者と、暗に蔣介石の両者を指す)がいて、問題の解決も明快である。馬を賞賛し蔣を激しく非難する辛辣な記事を通じて、杜は上海を始めとする主要都市において民衆の反日感情を煽るのに大きく貢献した。その結果、馬へ支援金を送る商人や軍隊に入隊し満洲へ行って馬について戦おうとする学生が激増した(Coble 1991, 35; Wasserstorm 1991, 181; Mitter 2000, 148)。馬占山は一九三一年から一九三二年の冬にかけて日本側へ一時的ではあったが帰順したため、プロパガンダの効果はぶち壊されたが、馬が奮い立たせた民族主義への熱情は東北民族抗日救国協会に流入する資金を維持し、満洲の占領が単に満洲の住民やそこから追い出された避難民にとってだけではなく、国家全体の危機であるという考えを広めるには十分であった。さらに一九三二年初頭に起きた上海事変も、日本に対する満洲以外の中国世論を煽り立てるのに役立った(Jordan 2001, 235-237)。

だが、さまざまな状況が重なり合って杜の運動の勢いはそがれた。その重大な理由の一つは、一九三三年五月の塘沽停戦協定の調印であった。その後、日支関係をめぐる雰囲気は沈静化し、大衆の憤激は持続しなかったのである。杜と活動仲間たちは、占領地域における出来事を基に、大衆の偶像を作り出すことに成功し、その偶像は満洲の中国人による抵抗の化身となった。しかしプロパガンダは運転手が大衆全体の世論を画一化できるハンドルにはなりえない。確かに民衆は満洲の危機が中国にとって主要な問題であると同意し、日本人に対し憤慨するようになったかもしれない。しかしそこから、日本人こそが他のどんな問題より重大であると民衆に認めさせ、彼らの持続的な注意を引くまでには、長い距離があった。

このことは、最初の馬占山熱がひとしきりあってから二年以上たって書かれた次の記事の中で、杜が下層都市生活者に向って見せたいらだちを説明する。明らかに馬に関する彼の語りは華々しく受けた。しかし結局、メッセージではなく個性的な人物像が、人々の心の中ではまっ先に大事なのだ。このことは現代の我々自身の政治運動に対する不満とも共鳴する。

当時［すなわち一九三一年にさかのぼる］、大衆の馬についての評判を聞くと私は［馬の］代わりに冷や汗をかいた。たとえば重慶に滞在中、数人の紳士が私を食事に招待した。そこで彼らは馬の来歴について大いに話し始めた。ある者が言った。「馬将軍は勇敢な若者で、三〇歳そこそこで、軍官学校を卒業した。彼は文武に優れ、出身地は四川省だ。……［事実は、杜も承知していたように、馬は偶然の状況によって栄光の機会を押し付けられた無学な元山賊であり、すでに五〇歳を越えていた。］私の家族は［東北地方にある］馬の家から十五里［一里は約四八三メートル」離れただけの『親しいご近所さん』なんだよ」。この話を聞いて、私はただ謹んで同意するしかなかった。もし私が真実を明らかにしたら、彼らの馬に対する熱狂の火を消してしまうと恐れたからである。彼らは、馬将軍が『西遊記』の孫悟空ででもあるかのように思っているらしかった。毛を一本抜きくるくると旋風に舞わせ、三万六〇〇〇の人間をつくる。また一〇万八〇〇〇里をとんぼ返りで旅する。馬将軍は飛行機を恐れず、自動車を恐れず、日本軍を一掃できる。つまり彼らは、もし中国に反日の英雄が一人いるとすれば、その重荷を馬一人に負わせかねないのだ。(Du 1936c, 44-45)

馬占山が支援なしでは戦いを続けられず、ついに一九三二年後半に満洲の前線から逃れたことを思い起こして杜は次のように結んだ。

馬将軍はごく普通の人であり、彼の肉と血は迫撃砲の火をどうすることもできなかった。彼の……銃は飛行機を撃つことはできず、ついに弾薬も救援も尽きて、彼は国境まで退いた。そして大衆は失望し、失望から悲しみへ、悲しみから激しい怒りへと移っていった。彼らはこの「反日の英雄」に対する尊敬を次第に失っていった。ある者は彼の個人的な品行がよくなかったと言い、ある者は彼が資金を使い込んだと言った。……［しかし］結局、馬将軍は馬将軍にすぎない。よくよく考えてみれば、彼はただ普通の兵士にすぎない。日本に抵抗したのは兵士としてあたりまえの義務であるから、彼をそう高く持ち上げる必要はない。……そして日本に対する抵抗の失敗を彼一人のせいだと非難はできない。なのに、なぜ彼をそんなにひどく非難しなければならないのだろう？　品行の悪さは彼個人の性格であるし、金の使い込みは明らかにされなければならない。しかし、それは日本に対する抵抗とは何の関係もない。(Du 1936c, 45)

記事の最後の数行で、杜は、問題は馬といった個人ではなく、中国人の間の広範な倦怠感であるという重要な論点を展開した。

あなたの周りを見回してごらん。日本に近い人々は恐らく高級官僚だったり、報酬をもらって無抵抗になった軍人にちがいない。大衆には彼らを罰する手段がないし、世論も彼らを非難しない。これは明らかに負けた国の奴隷となるよう皆を促すようなものである。(Du 1936c, 45)

このメッセージは国民党政府の官僚や中国の農民「大衆」に向けられたのではなく、『新生』の読者である下層都市生活者にはっきりと向けられていた。杜は中国の真の守り手として彼らを褒め称えるかわりに、日本人が彼らの心の中で最重要ではないという現実ゆえに彼らを非難した。杜は恐らく、馬だけでなく彼もまた「反日の任務という重荷を負う」よう強いられた人間だと感じていた。しかし杜が馬の「品行の悪さは彼個人の性格である……しかし、それは日本に対する抵抗とは何の関係もない」と主張したのは、行きすぎた抗議であった。馬を満洲を象徴する人物像に仕立て上げた主な責任は杜にあった。たとえ馬が抵抗の戦士であると同時に、裏切り者や横領者でもある欠点だらけの人物だとわかったとしても、馬の人物像を創りだした杜が大衆の落胆に驚くことはなかったのだ。

このような状況であったから、一九三一年以降大衆が満洲の運命に無関心になったと主張するのはたやすいが、この主張はあたっていない。満洲は一九三〇年代を通じて、民衆の心の中で常に反日抵抗運動と結びついていた。日中間の緊張が小康状態の間でさえ『新生』には、反日行動に関する報道記事が掲載されている。例えば、満洲事変の記念日には定例の公的式典があった。[9] この時、一九三四年に載った『ノースチャイナ・デーリー・ニュース』の記事は、中国北部における「日中関係の大いなる改善」にふれて、「激しい（日本製品の）ボイコット運動やデモ行進、ポスターといったほんの二年前の興奮を思い出せば、現在の状況は日本人の如才なさか、あるいは中国人の実務的な常識か、そのいずれかによるものとはいえ、その様変りに驚嘆するばかりだ」と記している。[10] 杜が書いた次の記事もそうした日中間の変容を描いている。

今や日本の帝国主義者たちはもちろん得意そうに笑っている！　いいか、見ろ！　日本語を勉強したり日本語の本を買う中国人の数は日に日に増えている。上海の税関統計によれば、今年、過去十ヶ月間に、日本の書籍の輸入は八万八一五五円にも達し、ここ五年間の最高記録となった。日本に留学する中国人の数も増加しており、日本語の新聞によれば、日本で勉強している留学生の数は三一七人増えている。(Du 1936e, 66)

杜の憤激は別の統計によっても裏付けられる。義和団事件賠償金による日本奨学金[*3]への中国人の応募者数、日本の文化機関によって設立された同仁会病院を利用する中国人の数は、一九三一年から一九三七年の間ずっと増加している(Lee 1989, 296, 297)。もちろんその数は満洲事変の直後には低下したが、その後再び増加したのである。

日本人に関する中国民衆の懸念の性質や程度、ならびにそうした懸念があるかないかについて、白か黒かといった答えを出すのではなく、その微妙な差異を考える必要性は、杜が読者層とした下層都市生活者の性質を想起するとより明らかとなる。彼らは目立つのを嫌ったが、煽動されることはあった。しかし、経済不況やより身近な場所で起きている内戦に直面し、ただ生き残るべく苦闘していたため、杜を多大に悩ませた日本の脅威は、彼らにとって一九三七年まで一番大事なことではなかっただけである。しかし、一九三七年の開戦はついに彼らに選択を迫った。それは一九三一年の事変が満洲の住民に、全く同一ではないが、似たような選択をせまったのと同じである。一九三〇年代に上海の下層都市生活者に訴えかけていた時、杜に付きまとっていた悪夢は、一九三一年九月一八日以降、東北地方の諸都市において小商人や職人層など同じ階層に起きたことだった。事変の前には、杜や彼の同志たちによって組織された日本製品ボイコット運動やアヘン反対のデモ行進のような、目に見える形の反日運動に対する大衆的熱狂があった。しかし、いったん日本が侵略すると、かつて瀋陽やハルビンの通りで反日デモ行進をした市民の大多数が、難を避けて通るか、そうでなければ日本人への協力を決意したのだ。占領下の社会について人々がどう動くかについての知識を持ち合わせているならば、こうした大衆の反応は何も不自然ではない。はっきりしない理由で英雄になる余裕など、大衆にはないのだ。しかし事変以後、中国で一九三一年の事変よりさらに大きな事変が繰り返されるとの予想が明らかにあったため、杜はすべてを包括するトータルな意味でのナショナリズムという構想を思い描くよう読者へ緊急に呼びかけたのだった。

結　語

満洲以外に住む中国民衆が満洲をどう描き、その像がどう揺れ動いたかを理解するには、政治的構図を見てみるとよい。東北地方出身の中国人ナショナリストである杜は、満洲の奪還に全ての情熱を傾けた。しかし一九三〇年代半ばに多くの中国人が直面していた問題は、杜がプロパガンダを行動に変えられなかった理由を示している。彼の書く記事は、一九三〇年代を通じて何百万もの読者をひきつけ続けた。ということは、読者が満洲問題に関する彼の叙述を信用しなくなったということはあり得ない。しかし、読者にとっては、東北地方の運命より自分たちの生活に直接関係のある他の問題がたくさんあった。ここで『ノースチャイナ・デーリー・ニュース』の一九三四年から一九三五年にかけてのニュース項目を一瞥すると、反共運動に関する報道が増え、日中間の緊張に関する記事はぐっと減っている[11]。加えて、一九三四年に景気の急激な後退が始まり、経済に関する記事も増えたため、日中関係の方は置き去りにされた[12]。だがここで、一九三〇年代に抵抗を主唱することは、必然的に戦争の拡大を意味していたことを想起すべきである。中国では一九一一年から一九四九年にかけて平和は存在しなかったから、他の中国人と同様、大多数の下層都市生活者は戦争が何を意味するか知っていた。つまり、商売の荒廃、交通と通信の杜絶、そしてもちろん負傷者と死者であった。上海の住民にとって、数百人の死者と広範囲にわたる破壊を引き起こした一九三二年の日本軍による市街戦は、紛争の危難が迫りつつあるという警告であった(Coble 1991, 39-55)。杜のプロパガンダが戦争への動きにつながっているとは必ずしも言えないだろう。しかし、一九三〇年代の中国人読者に対して、東北地方が意味するもの、東北人とはどういう人々かを定義する責任が他の誰よりも杜にのしかかっていたことだけは確かなのである。

注

(1) 著者は本書の執筆にあたり「想像の共同体」というベネディクト・アンダーソンの考え方に大きな影響を受けた。

(2) この複雑な問題は、ナチス・ドイツに取り組んでいる多くの研究者の抱える問題でもある。ナチスの民族政策を議論する際、「ユダヤ系ドイツ人」と「非ユダヤ系ドイツ人」を区別するのが妥当である。これは、特にナチスがこの区別を彼らの政治計画の中心とした後の歴史を述べるのに有効である。しかし、大多数の研究者は簡潔性のために、「ドイツ人」と「ユダヤ人」という対立する概念を弁明して使うのである。

（3）帝国主義と上海の地元住民との関係に関する最近の議論についてはビッカーズとワッサーストローム（Bickers and Wasserstrom 1995）およびグッドマン（Goodman 2000）の研究を参照。満洲についても、新しい研究は現れ始めている。例えばフォーゲル（Fogel 2000）参照。フォーゲルの論文はロバート・ビッカーズとクリスチャン・ヘンリオットによって編集された『新しいフロンティア――東アジアにおける帝国主義の新しい共同体、一八四三―一九五三年』に掲載されている。この巻は中国における帝国主義への協力という問題の優れた入門書となっている。超国家主義と満洲に関する最近の刺激的な研究としてはカーター（Carter 2002）とラウーゼン（Lahusen ed. 2000）の二つの著作がある。

（4）満鉄の役割については、伊藤（Ito 1988）、マイアース（Myers 1989）、マツサカ（Matsusaka 2001）の研究を参照。

（5）一九三〇年代の新しいジャーナリズムについては、ファアン（Hung 1994, chap.4）とラフリン（Laughlin 2002）の本を参照。

（6）これは例えば、満洲事変の直後に地域の名士からなる「命令遵守委員会」から送られた電報に見られる。王ほか（王ほか編 1991, 254-374）、ミター（Mitter 2000, chap.4）の研究を参照。

（7）「満洲国とその未来の運命」『ノースチャイナ・ヘラルド』一九三五年一月二三日、一五二頁。

（8）前掲紙、一九三五年一月二三日、一五二、一五三、一五四頁。

（9）「奉天事件記念日」、前掲紙、一九三四年九月二六日、四五五頁。

（10）「日支関係の改善」、前掲紙、一九三四年一〇月三一日、一六八頁。

（11）例えば以下を参照。「安徽省の赤、ならず者、兵士」、前掲紙、一九三四年一二月一二日、四〇八頁。「新疆における赤の影響」、前掲紙、一九三五年一月二三日、一二二頁。「共産主義者による脅威の悪化」、「陝西における共産主義者の脅威」、前掲紙、一九三五年二月二七日、三二七頁。「侵略者からの貴州の自由」、前掲紙、一九三五年三月六日、三六八頁。「共産主義者の敗走続く」、前掲紙、一九三四年四月一七日、九二頁。「落胆した赤は恐怖で逃げ続ける」、前掲紙、一九三五年六月二六日、五〇八頁。

(12) 例えば以下を参照。「台州における不況」、前掲紙、一九三五年一月九日、三六八頁。「漢口における不況時代」、前掲紙、一九三五年三月六日、三六九頁。「困難な中国の銀行や商店」、前掲紙、一九三五年六月一二日、四二八頁。

訳注

＊1 中国の文学史で「鴛鴦胡蝶派」と呼ばれる流派の小説を指す。清朝末期から五・四運動前後にかけて、上海を中心に流行した、趣味的遊戯的色彩の濃い小説を言う。「鴛鴦胡蝶」とは、才子佳人を付かず離れずにいるつがいのおしどりや蝶々にたとえたもので、才子佳人小説とも呼ばれる。代表的な作品は、『玉梨魂』、『蘭娘哀史』、張恨水の『啼笑因縁』など。新文学を称える文学革命の提唱者によって批判の意味を込めて用いられた。

＊2 第一次世界大戦のこと。

＊3 義和団事件（北清事変）は、中国華北で秘密結社・義和拳を中核に、「扶清滅洋」を旗印に起きた、大規模な反帝国主義的排外運動で、西太后ら清朝保守派が支援していたが、宣教師などが攻撃されるだけでなく、一九〇〇年には北京の外国公使館区域が包囲攻撃されたため、ロシア、ドイツ、アメリカ、イギリス、日本など八カ国が連合軍を進駐して鎮圧した。この賠償金は総額四億五千海関両（当時の日本円で六三一八億円）という巨額に達し、清朝の崩壊を早めたと言われる。この賠償金の一部を放棄し、中国に対する文化事業に利用する議論が一九一八年から始まり、正式には一九二三年に外務省が管轄する「対支文化事業」が発足、年間二五〇万円の規模で、中国人留学生の受

け入れや学費補給、北京人文科学研究所・上海自然科学研究所の設立運営、東方文化学院の設立と運営、東亜同文会、同人会などによる中国における教育や医療活動、日中両国間における人物交流などの振興に振り向けられた。ここでは、アメリカ政府が義和団賠償金の免除分をアメリカ留学など奨学金経費に充てていたのに倣って日本が行った学費補給事業を指している。詳しくは、阿部洋『「対支文化事業」の研究』（汲古書院、二〇〇四年）参照。

参考文献

Anderson, Benedict. 1991/1983. *Imagined Communities: Reflections on the Origin and Spread of Nationalism*. London: Verso.（白石隆・白石さや訳『想像の共同体――ナショナリズムの起源と流行』リブロポート、一九八七年。同訳『定本　想像の共同体――ナショナリズムの起源と流行』書籍工房早川、二〇〇七年）

Bickers, Robert, and Jeffrey Wasserstrom. 1995. "Shanghai's 'Dogs and Chinese Not Admitted' Sign: Legend, History, and Contemporary Symbol." *China Quarterly* 142 (June): 444-466.

Carter, James H. 2002. *Creating a Chinese Harbin: Nationalism in an International City 1916-1932*. Ithaca, N. Y.: Cornell University Press.

Coble, Parks M. 1991. *Facing Japan: Chinese Politics and Japanese Imperialism 1931-1937*. Cambridge, Mass.: Council on East Asian Studies, Harvard University.

Du Zhongyuan. 1936. *Yuzhong zagan* (Various feelings while imprisoned). Shanghai.『獄中雑感』は杜重运《ドゥ・ツォンヤン》の社説集。以下の日付は、（d）を除いて、『生命』が初出。（a）「東北人不要忘記是中国人」一九三四年三月一四日（b）"Jiuguo zhishi zai nail?",「救国志士在那里」1 March 1934;（c）"Kang-X yingxiong de molu",「抗X英雄的末路」14 April 1934;（d）"Qingnian de aiguo yifen",「青年的愛国义憤」

28 December 1935;（e）“Zhong X zenyang qinshan?”,「中X怎样亲善」8 December 1934;（f）“Zui kepade shi shenme?” 最可怕的是什么, 24 December 1934;（g）“Dayazhiyazhuyi”「大亚细亚主义」17 December 1934.

———. 1998. “Ba nian nuli zhongde yuanwang”（一九三一年七月の『生命』で初出）In *Huan wo heshan: Du Zhongyuan wenji*. Shanghai.

Duara, Prasenjit. 2003. *Sovereignty and Authenticity: Manchukuo and the East Asian Modern*. Lanham, Md.: Rowman and Littlefield.

Elliot, Mark C. 2000. “The Limits of Tartary: Manchuria in Imperial and National Geographies.” *Journal of Asian Studies* 59（August）: 3.

Elvin, Mark. 1974. Introduction. In *The Chinese City between Two Worlds*, ed. Elvin and G. William Skinner. Stanford, Calif.: Stanford University Press.

Fewsmith, Joseph. 1985. *Party, State, and Local Elites in Republican China*. Honolulu: University of Hawai'i Press.

Fogel, Joshua A. 2000. “The Japanese and the Jews: A Comparative Analysis of their Communities in Harbin, 1898-1930.” In *New Frontiers: Imperialism's New Communities in East Asia, 1842-1953*, ed. Robert Bickers and Christian Henriot. Manchester: Manchester University Press.

Gerth, Karl. 2003. *China Made: Consumer Culture and the Creation of the Nation*. Cambridge, Mass.: Harvard University Asia Center.

Goodman, Bryna. 2000. “Improvisations on a Semicolonial Theme, or How to Read Multiethnic Participation in the 1893 Shanghai Jubilee.” *Journal of Asian Studies* 59（November）: 4.

Hung, Chang-tai. 1994. *War and Popular Culture: Resistance in Modern China, 1937-45*. Berkeley: University of California Press.

Ito Takeo. 1988. *Life along the South Manchurian Railway*. Trans. Joshua Fogel. Armonk, N. Y.: M. E. Sharpe.（伊

藤武雄『満鉄に生きて』勁草書房、一九六四年)
Jordan, Donald A. 2001. *China's Trial by Fire: The Shanghai War of 1932*. Ann Arbor: University of Michigan Press.
Judge, Joan. 1996. *Print and Politics: "Shibao" and the Culture of Reform in Late Qing China*. Stanford, Calif.: Stanford University Press.
Lahusen, Thomas, ed. 2000. *Harbin and Manchuria: Place, Space, and Identity*. Durham, N. C.: Duke University Press.
Laughlin, Charles. 2002. *Chinese Reportage: The Aesthetics of Historical Experience*. Durham, N. C.: Duke University Press.
Lee, Sophia. 1989. "The Boxer Indemnity." In *The Japanese Informal Empire in China, 1895-1937*, ed. Peter Duus, Ramon H. Myers, and Mark R. Peattie. N. J.:Princeton University Press.
Link, Perry. 1981. *Mandarin Ducks and Butterflies: Popular Fiction in Early Twentieth-Century Chinese Cities*. Berkeley: University of California Press.
Lu, Hanchao. 1999. *Beyond the Neon Lights: Everyday Shanghai in the Early Twentieth Century*. Berkeley: University of California Press.
Matsusaka, Yoshihisa Tak. 2001. *The Making of Japanese Manchuria, 1904-1932*. Cambridge, Mass.: Harvard University Press.
Mitter, Rana. 2000. *The Manchurian Myth: Nationalism, Resistance, and Collaboration in Modern China*. Berkeley: University of California Press.
Myers, Ramon H. 1989. "Japanese Imperialism in Manchuria: The South Manchuria Railway Company, 1906-33." In *The Japanese Informal Empire in China, 1895-1937*, ed. Peter Duus, Ramon H. Myers, and Mark R. Peattie. N. J.:Princeton University Press.
North-China Herald. 1934-1935. Weekly digest of the *North-China Daily News*.

Suleski, Ronald. 2002. *Civil Government in Warlord China: Tradition, Modernization, and Manchuria.* New York: Peter Lang.

Sun, Youli. 1993. *China and the Origins of the Pacific War, 1931-1941.* New York: St. Martin's Press.

Tamanoi, Mariko Asano. 2000. "Knowledge, Power, and Racial Classifications: The 'Japanese' in 'Manchuria.'" *Journal of Asian Studies* 59（May）: 2.

王充闾ほか編 1991.「九一八事変档案史料精编」沈阳：辽宁人民出版社

Wasserstorm, Jeffrey. 1991. *Student Protests in Twentieth-Century China.* Stanford, Calif.: Stanford University Press.

Yeh, Wen-hsin. 1992. "Progressive Journalism and Shanghai's Petty Urbanites: Zou Taofen and the Shenghuo Enterprise, 1926-1945." In *Shanghai Sojourners*, ed. Frederic Wakeman and Wen-hsin Yeh. Berkeley: Institute of East Asian Studies, University of California.

Young, Louise. 1998. *Japan's Total Empire: Manchuria and the Culture of Wartime Imperialism.* Berkeley: University of California Press.（加藤陽子ほか訳『総動員帝国――満洲と戦時帝国主義の文化』岩波書店、二〇〇一年）

第二章　都市なき都市計画

ユートピア満洲国の秩序と混沌

デービッド・タッカー

一九三三年春、当時日本で主導的立場にあった数名の都市計画家と建築家が、一〇万人以上の日本の農民を、満洲北部の相互に結ばれた五〇の新しい居住地へ移住させる試案を発表した。このモデルビレッジは日本政府による三千万円の補助を受け、近代的な都市計画手法に則って建設される上、貧しい日本の農村にはめったに見られない一連の共同施設を備えていた。この計画には計画者の大望が込められてはいたが、だからといって彼らが異端であったわけではなく、むしろ満洲を中国から切り離し、満洲国を打ち立てた関東軍と緊密に連携していた。事実、抗日ゲリラの防御にあたる軍のエキスパートが、計画の共同立案者であったし、軍はこれらの計画者のために兵站的な便宜を図ったり、陸軍経理学校研究班を使わせたりしたのである。また、計画者の中には、日本の内務省の都市計画家も含まれており、内務省からの支援も受けていた〔内田、笠原、加藤、岸田、菱田 1933, 537-563〕。

この計画は、満洲における日本人人口を増やし、移民を送り出すことで日本国内の農村における貧困問題を解決するという日本政府と軍により進められていた事業とも軌を一にしていたが、こういった事業により、一九四五年の満洲国の崩壊までに三〇万人以上の日本人開拓農民が満洲に送り込まれた〔Young 1998, 98〕[1]。満洲が魅力的であったのは、厳しい気候にもかかわらず、比較的容易に入植できる農地が豊富だったからである。計画者グループは日満を比較して次のように観察した。日本本土は山がちで、〔総面積のたった一五パーセントしかない〕五八五〇万ヘクタールの耕作可能面積とへクタール当り約一三五人の人口密度を持つのに対して、満洲国は三三六〇万へクタールもの耕作可能面積とヘクタール当り三〇人の人口密度で、中国北部ではこの密度がヘクタール当り約九人である、と〔内田ほか 1933, 539-540〕。

一九三三年の農業移民の居住地計画は、関東軍の空間の合理化計画を主軸とする満洲国の野心的な開発計画と互いに通底するものがあった。この計画には、国営鉄道や高速道路、航空輸送、通信網ならびに、新規もしくは復興した産業と行政のセンターの建設が含まれ、趣向に富んだ国都である新京〔長春〕の建設も含まれていた。だが、一九三七年のこの五ヵ年計画の完了時にも満洲国の権力者達はこの巨大な新首都に満足せず、さらに計画規模を倍増し、地下鉄や環状道路などを含んだより野心的な計画に乗り出したのであった。戦時中は内地の日本当局は、建設事業を削減したり、政府の各省庁を仮設建築物の中に設けてしのいでいた。だが外地満洲国の関東軍は、手の込んだ都市建設を進めていたのである。つまり農業移民のための居住地計画は、関東軍の目論見と完全に一致していた。それゆえ、計画者の一人は、新京の再計画において主要顧問となり、他の一人は満洲国政府の建築局長となったのである。

広い眼でみれば、一〇年以上も続く戦争によって徐々に日本の資源が枯渇していく中で、支配地において空間計画や都市建設を大々的に進めたことは、驚くべきことであるし、もっと注目されるべきことであった。一方、一九三三年の農業移民の居住地計画は、近代的な都市計画手法が農業入植地へ適用された初期の例であり、都市計画の波が、満洲国内のいかに遠くまで届いたかということを示している。さらに、この計画は地方計画や農村の住宅改良に対する一九三〇年代の欧米における関心にも通じていた。つまり欧米の計画者のように日本の計画者も、植民地や占領地を本国の問題解決のためや、先駆的な計画を試すための「実験室」として利用したのである。関東軍が掌握する以前は、満洲における日本の支配地は限られていた。だが満洲国が設立されると、この広大な領域が人口過剰の日本にとっての「生存空間」として、そして空間計画のための実物大の実験室として、開放された。この時点でユートピアへの夢と、この村落計画に示されるような計画的合理性が、融合したのであった。

一九三三年の試案はまた、いかに日本の計画者が満洲の人口統計上の現実をつかみ損ねたのか、というひとつの事例として注目に値する。そもそも日本国民を注ぎ込む器として満洲の空間を想像することは、要塞化した村落の城壁で中国人の存在を締め出すことを前提としている。しかも満洲をより日本化するために、関東軍は懸命に日本人を増やし、中国人移民を制限しようと試みてきた。しかし、自給自足する日本人農民の居住地計画の中では見えてこないが、満洲国の鉱山や工場は、多くの中国人労働者を必要としていたのである。関東軍の描く経済発展は、満洲国の人口が中国人化することに拍車をかけることにしかならなかったのであった（Wang 1971, 139, 145, 183）[2]。

一九三三年農業移民計画

一九三三年の農業移民のための居住地計画の計画者は、日本の都市計画や建築の分野の中心にいた者たちだ。彼らは、急成長する東京大都市圏に立ち、日本の都市と農村における双方の貧困に悩み、そして広範囲に広がる貧しい住宅の改善に努めていた。だが、彼らはすでに公表されていた他の農業移民の住宅計画には気づいていないか、もしくはそのためになされた研究を知らずにいた。そのため、彼らは満洲国の建国が、この仮想にすぎない移民居住地計画を公表し、そして批評を受けるための最初の機会になると思い込んでいたのである。結局、彼らの計画は実現しなかった。しかし、この計画案は日本の農村における問題を明らかにしているがために、後進の建築家にとっては良いモデル案となったのだ（日本建築学会編 1972,1255-1256; 内田ほか 1933, 538; 内田 1969, 166-167）。

満洲の掌握は、その上に理想的なデザインを描くことの出来る空白、あるいは満洲国の都市計画家が「白紙」と呼んだ空間を生み出したのである。だがここで計画者は、ありきたりな農村を再生産することに満足しなかった。その代わり、近代的な都市計画と建築の手法を駆使して、都市にあるような一連の公共施設を持つ模範的共同体をつくろうとした。彼らは、空間と人の活動の効果的な統合を目指し、そのため仮想の村人の活動と空間の諸関係の分析に則って計画を進めた。彼らは、日本の大都市で免れ得なかった問題、つまり商店の要望や土地、家屋の所有者の反対、あるいは既存の無秩序な空間配置によって歪められることのない計画を作り出すことを望んでいた。要するに、居住地計画では、政治的、経済的な要因によって妥協することのない技術本位の解決を目指していたが、この技術的な純粋さを守るためには、満洲の軍事占領に依存するしかなかったのである。占領こそが、ユートピア的計画を追い求めることを可能としたのだった。

計画者たち

農業移民居住地計画の立案者のうち、最も年長者だったのは内田祥三《よしかず》(あるいはショウゾウとも読む)(一八八五—一九七二)、である。彼は一九三三年に東京帝国大学建築学科長、一九四三年には同大学総長となった。さらに一九三五年から一九四〇年の間に、彼は日本の中心的な建築専門家の集まりである建築学会の会長を四度つとめている。また、一九三八年、日本軍による占領の後に内田は北京の西にある大同の再計画案を作成しており、この計画は後に模範的な都市計画とみなされるようになった（内田 1939）。笠原敏郎（一八八二―一九六九）、は、日本の都市計画の発展とその制度化に強い影響力を持った人物で、内務省都市計画局課長を含めた様々な政府の役職を歴任し、一九三六年には満洲国政府の建築局長に就任している。[3]

岸田日出刀《ひでと》（一八九九―一九六六）は、同じく東京帝国大学の建築学科教授の地位にあり、主導的な建築論者であって、戦後は建築学会会長となった。彼は、満洲国首都である新京の再計画案および、一九三八年の広東占領後の広東計画の顧問に就任する。一九三〇年代から四〇年代の日本の建築界における岸田は、モダニズムの中心的な推進者であり、前川國男や丹下健三のような戦後建築界の主だった面々の良き指導者でもあった。菱田厚介は、内務省につとめる計画者であって、後に防空局の局長となると同時に、草創期の計画資料の作成者（菱田 1936）である。加藤鐵矢は、抗日ゲリラ防衛の専門家で、陸軍経理学校の教師かつ、岸田の以前の同僚教師であり、軍との間を取り持った。またこれ以外にも軍将校が調査の手助けを行っていた。[4]

日本で都市計画が成立するのは一九一〇年代後半である。この頃、内務大臣である後藤新平が都市計画調査会を組織し、内務省内に都市計画課を設立している。内田と笠原は、この初期の段階から、都市計画潮流の牽引者であった。彼らが都市計画調査会のメンバーとして策定した一九一九年の市街地建築物法は、同年の都市計画法とともに一九六八年の改定まで、日本の基本的な計画法として存続することとなる。一方で彼らはまた、一九二三年の関東大震災後の帝都復興事業において、大きな役割を果たしている。もっともこの事業は一九三〇年に終了したが、その後笠原は復興局建築部長として、復興事業が多くの若手世代の計画者たちにとっての実地訓練の場になるよう内田と共に努めた。そして笠原はここで教えたことを日本最初の都市計画に関する手引書の中でまとめ、一九二八年に出版している。[5] 内田もまた、復興事業を東京帝国大学建築学科の学生のためのトレーニングの場とし、彼と岸田は学生たちとともに、東京帝国大学のキャンパスの計画並びに建て直しに取り組んだのである（Sorensen 2002; 藤森 1993, 124-152; 磯崎 1978）。

内田は住宅改良に強い関心を持っており、震災復興は住宅政策の推進のための大きなチャンスとなった。政府は震災義捐金を利用して、内務省社会局に付属する住宅供給基金・同潤会を設立する。同潤会は住宅水準の引きあげの試みとして、東京に最初のモデルアパートをいくつか建設した。同時代のドイツにおける住宅改良事業とよく似たこの同潤会の事業は、近代的都市計画と合理的なデザインを日本の都市へ持ち込む先駆けとなったのである。[6] そうして、公園が増え、道路もより広くより立派に整備され、そして不燃かつ衛生的な建物ができたおかげで、日本の都市居住者は以前よりも安全で健康的な生活を手に入れやすくなった。日本の都市計画家は、工業化にともなう都市問題や、それに対処するための都市計画手法を欧米から学び取ったが、それと同じように建築家でありながら計画に携わった者たちも、欧米の住宅供給政策の発展や、モダニズム建築家が住宅や社会問題を設計によって解決しようとする試みに注意を払っていたのだった（藤森 1993, 147-152）。

近代的な都市計画は、すばらしい都市景観や都市のインフラストラクチャーを生み出しただけではない。それは都市の空間配置が個人と人間全体の活動の両方に対してどう関係するのかを把握する方法や、その結果に応じて設計する手法も生み出した。都市計画はもはや単なる空間デザインではなく、時間と人の動きまで組み込んだのだ。近代建築の批評家であるジークフリード・ギーディオンは、一九四〇年にこの近代都市計画を振り返って、「時‐空間の概念」を、近代都市計画の基礎とみなしている。彼は一九三四年のアムステルダム拡張計画を引き合いに出して、家庭と仕事場の間にある人々の動きを統合する試みだとした。ギーディオン曰く、計画の使命とは「全体として、住民に役立つ技術的な仕事ばかりでなく」、むしろ「焦点」は、個人であり、そして「その諸活動と都市の全生活との間の相互関係」であるべきだという（内田ほか 1933, 544-546; Giedion 1967, 810-813, 815-818; 内田 1939, 21）。このように、個人と共同体が互いに関係付けられた生活を目指すことは、一九三三年の農業移民計画の特徴でもあった。

二十世紀初頭の急速な工業化が引き起こした日本の都市貧困層の状況はひどかったが、それでも一九二〇年代の農業不況時の、寒く乏しい東北地方で貧困にあえぐ人々の状況に比べればましであったと言えるだろう。だからこそ、内田や同潤会の会員たちは、一九二〇年代の後半、都市改良に加えて農村の住宅問題にも注意を向けたのである。そして満洲占領によってモデル農村住宅の建設が可能になると、彼らは東京帝国大学建築学科の学生たちの助けを得ながら農村の住宅調査を進めた（藤森 1993, 124-152; 磯崎 1978, 168-172）[7]。

農村の住宅調査は、都市計画と建築のデザインを通して、地域に深く根ざす社会問題と向かい合おうとする試みへと発展する。これは日本の二つの異なる領域——つまり近代的計画とモダニズム建築の両方を引き起こした近代工業都市と、ほとんど前近代のままの農村における住宅問題を概念的に結びつけるものであった。こうして都市計画とモダニズム建築は、既存の建築環境の合理的な分析を通じて、工業都市の混沌と貧困及び農村の貧困問題の双方を解決するかに見えた。つまり一九三三年の農業移民のための居住地計画の直接的な背景は、都市計画を日本の農村における貧困問題に適用する試みだったのである。

ユートピアンが夢見た白紙

一九三二年の六月から七月にかけて、岸田と加藤は満洲を視察し、後の移民居住地の提案に活かされる調査を行った。この年は、満洲国では様々な将来設計がなされた年ではあるが、それらの設計は机上のもので実行には移されてはいない。満洲国の役人や顧問たちが、長い時間をかけて調査、議論をし、ひとまずは紙上のものにすぎない工場や道路、都市を計画していたのである。しかし一九三三年の春になると、満洲国の建設の槌音がようやく始まり、東京の建築家や都市計画家はその年の四月に、移民居住地計画を公表する。一方その間には、陸軍が残存する中国人の武装抵抗勢力を追い立てて、新しい国家を組織していたのである。

岸田は満洲における軍の活動と軍が自分を丁寧に扱ってくれることをありがたく思っていた（後年のスピーチで、満洲占領の主要な立案者であり占領を強く推し進めた人物である板垣征四郎が、

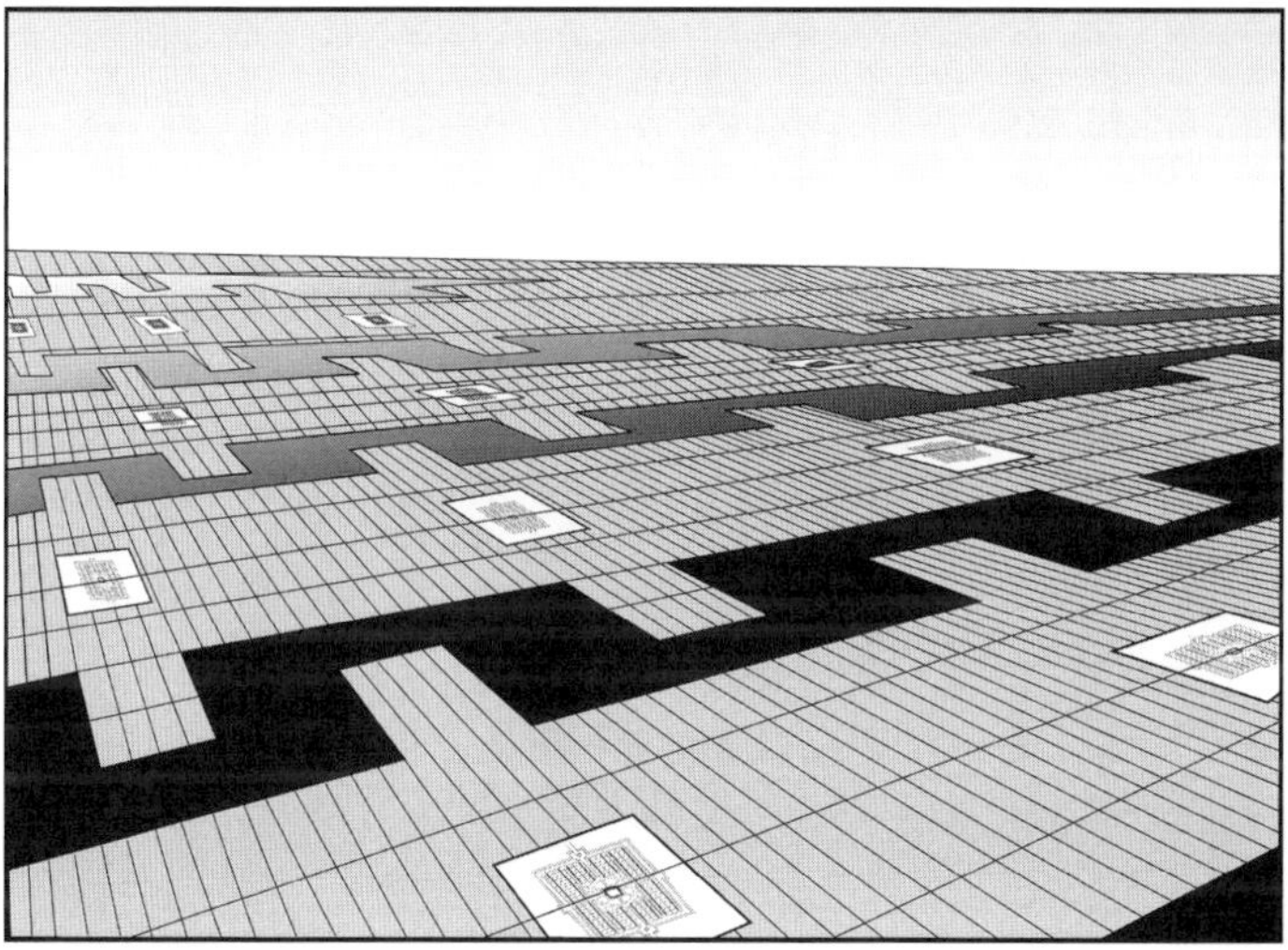

図 2-1　村落ネットワーク鳥瞰図
計画された移民村落のネットワークは北満の平原に縦横に伸びていく。黒く刻まれた森林地帯によって分割された長方形の耕作地のグリッドの中に、要塞化された住宅地域が均等に配置されている。イラストはジョゼ・カブレラ。

岸田のことを「先生」と呼んでいたことを回想している）。岸田は、国家建設における建築家の役割が、軍のそれよりも重要度が低いことを認めつつも、日本にとって建築は国家的に重要であり、従って満洲国における建築の役割は検討に値すると述べている。そして軍の招聘者として、旅順における爆撃演習を見学し、彼にとって初めての飛行体験となった軍用機で満洲を広く見て回った。岸田は東北部の広大な移動距離を短縮するために列車より飛行機を好み、軍は軍用機を提供することにより彼に、眼下に広がる大地のポテンシャルを理解するよう取り計らったのである。彼は高度一六〇〇メートルからの眺めに目を奪われてしまう。

というのも、その眺めが呼び起こすものは、大地にへばりついて走る列車の中で感じるような際限のない時間感覚とは全然違うもので、スピードと結びついた広がりゆく感覚なのだ。岸田の移民の居住地計画は、その一六〇〇メートルからの眺めを反映していた（岸田 1933; 岸田 1942, 61-64）。計画者はまた、自分達の仕事に地理的かつ経済的な拠り所を与えるため、南満洲鉄道株式会社（満鉄）によってなされた調査にも大きく依存していたのであった。

ここで岸田のしたように空から満洲をみてみよう（**図2―1・聚落群の鳥瞰図**）。何の特徴もない移民の村々（計画案では「聚落」と呼ばれている）が、果てしない平原を覆うように均等に配置されていることがわかるだろう。どの聚落も長方形の耕作地でできたグリッドの中に置かれ、東西に広がって隣接する聚落がその中になめらかに組み込まれていくのだ。森林地とオープンスペースの境によって、それぞれの聚落はその北と南の聚落から引き離されており、森林地は農民のために手ごろな木材と薪を供給する。こうして、空から見る限り、平原を均一な聚落と耕作地でできたこのネットワークが覆うのである。(8)

さて、少し高度を下げて聚落をより近くで見てみることとしよう（**図2―2・より低いところからみた鳥瞰図**）。そうすると、計画者の野心的な目論見が露になってくる。ここに見られるのは単なる住居の集合ではない。中心部の要塞と広場の回りに他と寸分も違わない同一の住宅、庭、道路が見られ、それらは城壁、堀、さらにその外側の畑に取り囲まれている。こういった住宅とそこでの生活をサポートする施設でできた整然とした複合体が、村落ネットワークの単位である聚落を構

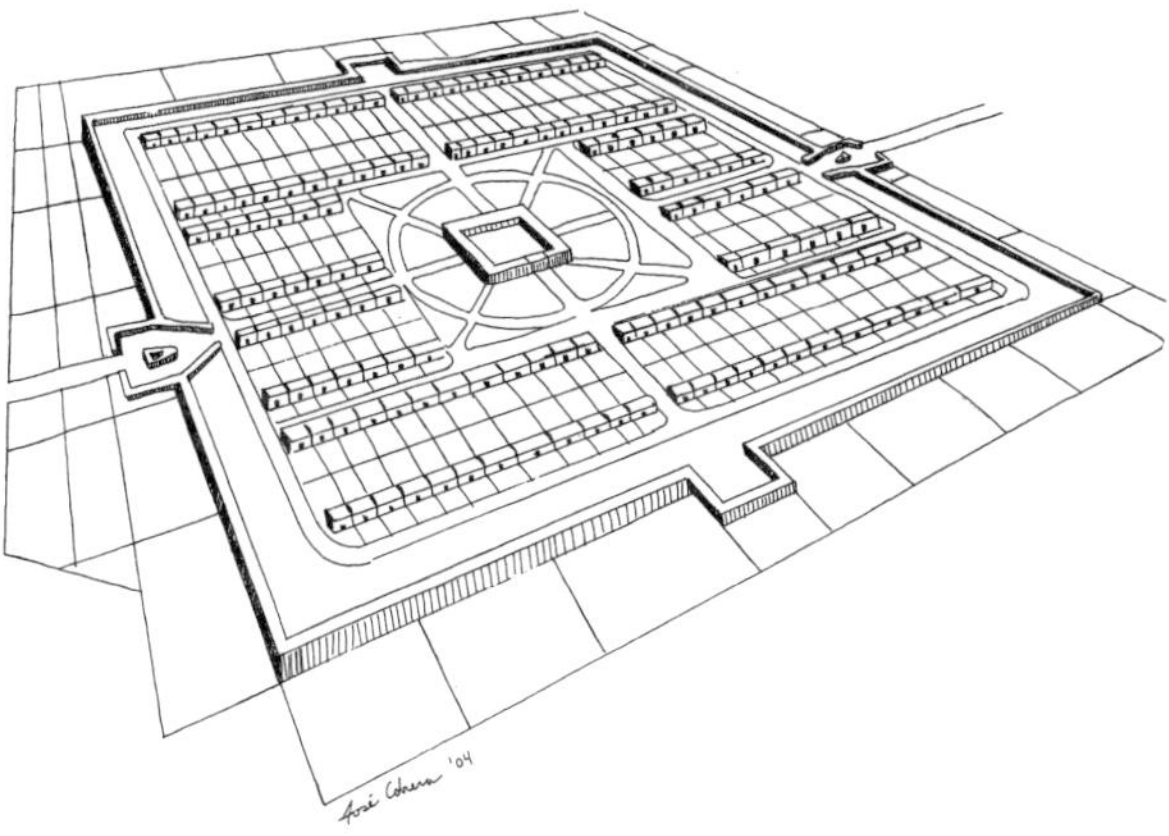

図 2-2　聚落の住宅地域鳥瞰図

中心には広場、そして 152 の住宅と宅地に囲まれた共同施設がある。聚落の端には城門、堀があり、そしてそこから耕作地が広がっている。イラストはジョゼ・カブレラ。

成する。岸田と内田は満洲と中国を白紙と考えたが、そこに彼らは都市を描き込んだのである（岸田 1933; 岸田 1942, 68-69, 76-77; 岡 1933）[9]。この白紙のイメージを根底においた計画は、聚落と聚落全体の景観の計画にも応用された。こうした見方は、既存の中国人の農民や村落を地上から拭い去ってしまい、その空白地の隅々までを占領することを可能にするのである。さらに、合理的で幾何学的な居住地と農業ネットワークの建設を目指して、空間を一メートルごとの断片に落としこんでいくため、都会と田舎との差異が見えなくなってしまう。こうして村落地域が都市同然となり、ひいてはどの空間も都市的デザインや建築から無関係では存在しなくなるのである。

さてここで空に上がって二次元の眺めに立って満洲を眺めることをひとまずおいて、その幾何学的規則性を導く論理を探りつつ満洲を見てみよう。そうするとよりはっきりと岸田たちの計画を理解することができる。まず、計画者の構想の中では、聚落は単なる住宅地にとどまるものではなく、住宅と耕作地、そしてすべてのオープンスペースを統合する単位としてある。そして、聚落を空間のどこにでもつくれるような均一単位にすると決めてしまえば、彼らの次の仕事はその単位のサイズや形、配置を決定することであった。要するに彼らの狙いは、これらの聚落の中で、経済的にも心理的にも滞りなく過ごせる移民生活をつくりあげるということであった。彼らの計画した聚落に入る農民は、郷愁に駆られて日本に舞い戻ってしまった初期の開拓農民とは違って、永久に満洲に住み続けるということを想定されていたのである。それゆえこの計画では、単に住居を提供するだけではなく、日本人が満足するような経済的で文化的な生活を送るための施設もまた提供している。では、どのようなデザインが移民を満洲国の土地につなぎとめるのだろうか。

計画者は、一つの聚落を一五〇世帯とし、五人から成る世帯が一五ヘクタールの耕作地を所有すると設定した。次に、その三つの聚落が集まって四五〇世帯二二五〇人の居住地、つまり行政単位としての村を構成し、公共施設を共有する。一五〇世帯を一単位としたのは、その中に約二〇〇人の若い男性がいることを見越してであり、二〇〇人の男がいれば防衛と労働力を十分担えると考えたからだ。仮にこの半数の男たちが村落の警備にあたっても、あと一〇〇人もいれば聚落の農作業を行うには十分だと彼らは考えていた。しかし、一五〇世帯で防衛と農業がうまくいくとしても、

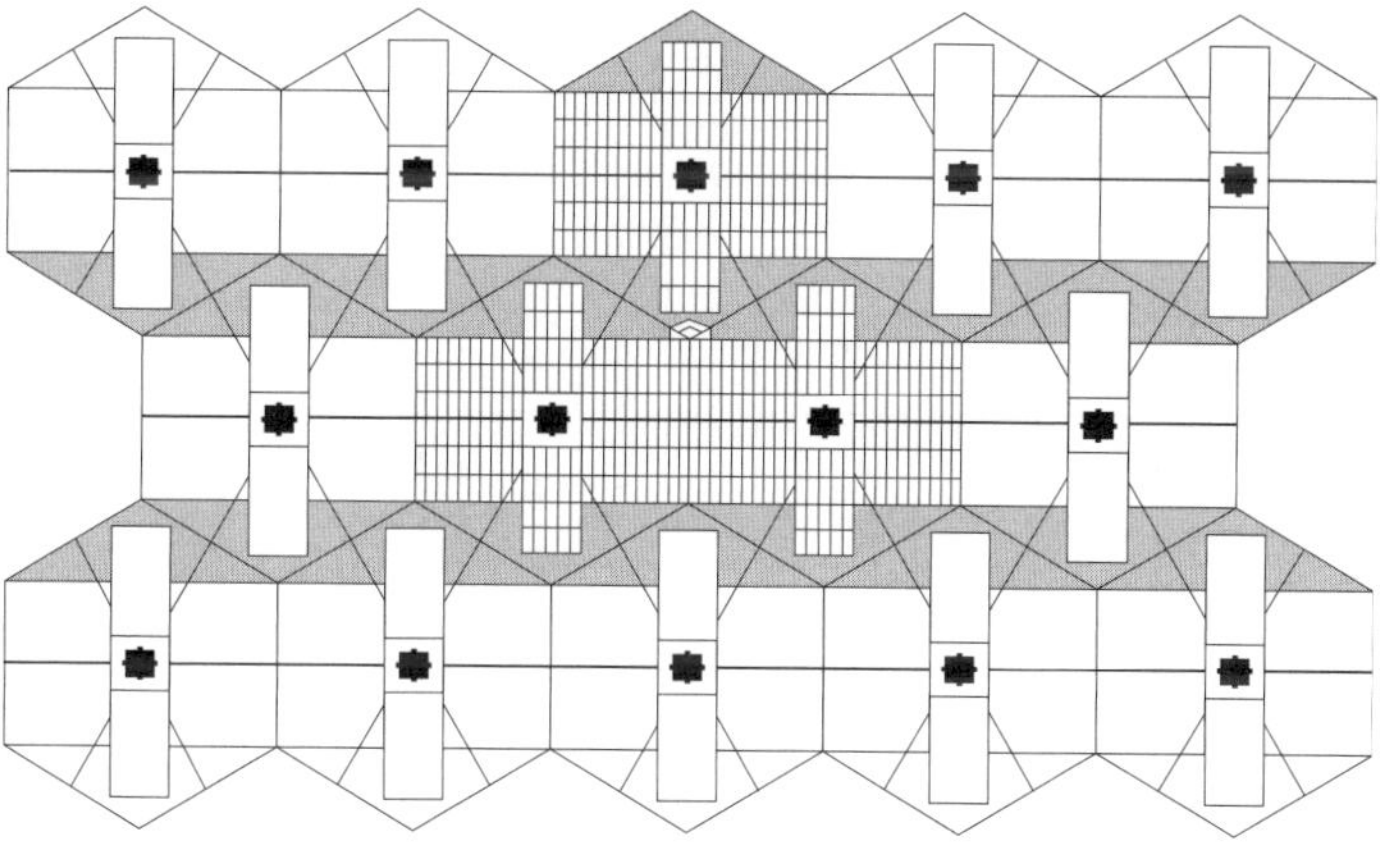

図 2-3　六角形のネットワーク

この幾何学的なユートピアの中では、耕作地と森林地を持つどの聚落も、六角形の形をしている。聚落は3つで村落、もしくは村を形成しており、ここではこの3つの隣接する六角形を道路と耕作地の完全なグリッドを用いて示した。3つの聚落の接合点には神社と競技場、その他施設があり、聚落で共有されていた。これが反復されて平原一帯に模様となって広がる。3列に並ぶ六角形はそれを連結する道路の構造を示すが、そこには2本のグレーの帯状地帯も現れる。これは森林地を表している。イラストはジョゼ・カブレラ。

近代的な共同施設を維持するには少なすぎる。そこで結果的には、聚落で共有する教育的、文化的、行政的な施設のために十分な経済的基盤を与えるのは、村ということになった（内田ほか 1993, 542-545, 553-554）。

こうして計画者は、聚落をひとつの独立した単位とみなすと同時に、より大きな村の一部としても考える必要に迫られた。各聚落の面積を決定する時、彼らは二つの要素を考慮している。一つは住宅地域と畑の距離、もう一つは〔一つの聚落から〕近隣聚落および村の共同施設への距離であった。彼らはこの設計上の考慮点を、居住空間と活動空間の関係として持ち出している。彼らは大人数

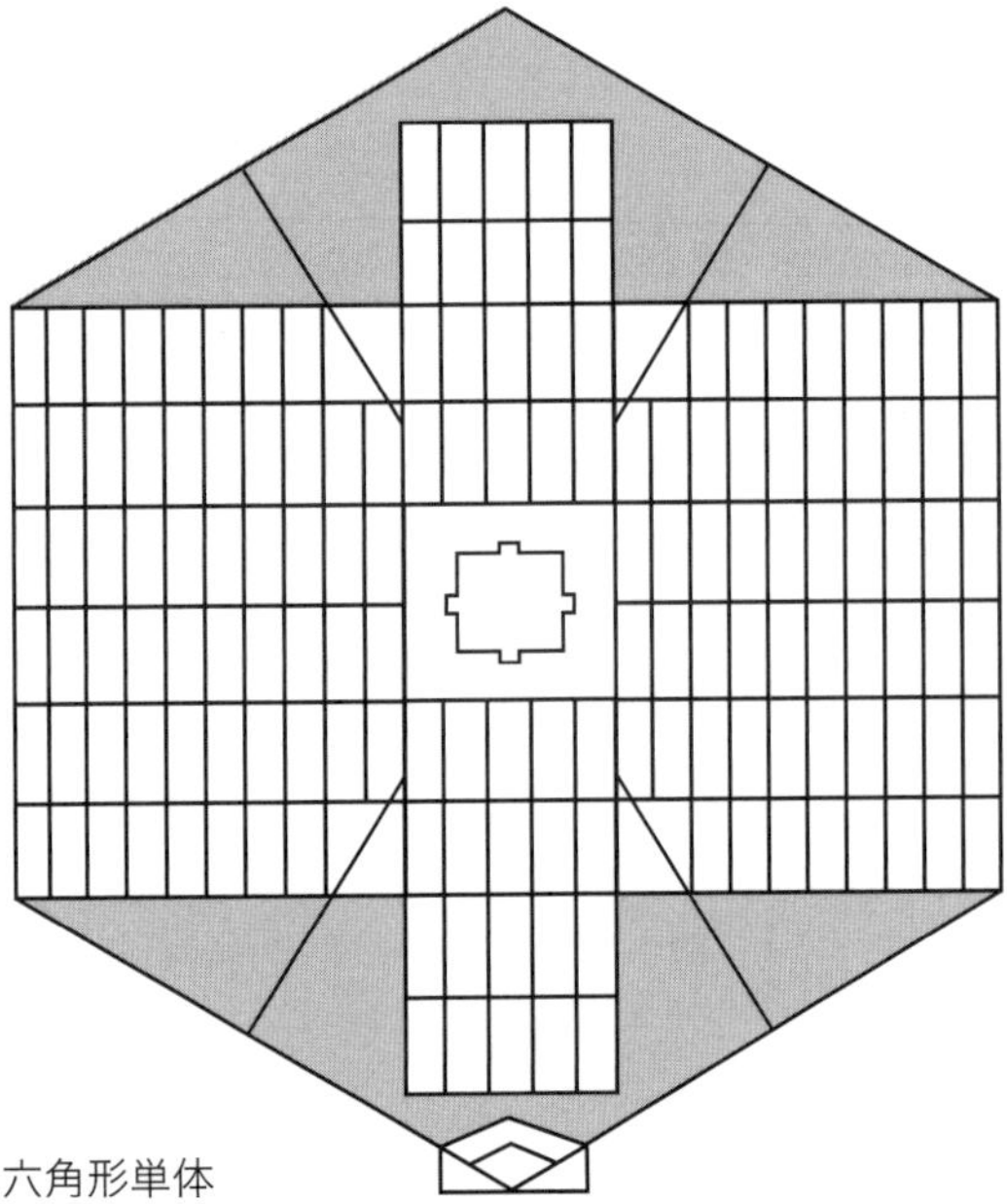

図 2-4　六角形単体

中心の城壁のある聚落住宅区は、攻撃をかけてくる者が見えなくならないように、高さの制限された作物が植えられた、広いオープンスペースの中心に位置している。対角線として走る道路は他の居住地へと続き、狭い道路は長方形の耕作地の境界となっている。グレーの地域は、聚落の森林地である。下部にある五角形の部分には、他の二つの聚落と共有する施設が配置されてある。イラストはジョゼ・カブレラ。

で狭い土地を耕すという労働集約的な農業を想定して聚落の設計を試みたが、村人は防衛のためにも耕作のためにも、畑まで歩かねばならなかったので、住宅から最も離れた畑でも三〇分から四〇分以内でいけるような計画をつくった。一方で、聚落は共同施設や防衛の任務を共有していたため、すべての聚落が隣り合わせであることが好ましかった。こうして様々な形状を試行錯誤した結果、彼らは六角形の配置を選択する（図2―3、図2―4）。

計画者は、農民の活動をその設計の中に繰り入れたものの、複雑な現実を全く単純化してしまった。つまり彼らは対象とする個々の開拓農民の活動を単純なモデルとして捉えたため、〔生身の〕人間と〔不動産たる〕家屋を交換可能な単位と理解したのである。彼らは都市計画の手法を用いたが、多様な都市生活を再現したわけではない。つまり彼らは、社会的もしくは職業的な差異を聚落の設計に取り込もうとはしなかった。代わりに家事と農作業だけに従事する一五〇の小自作農単位を聚落と村の両単位に構想しただけである。唯一の違いは村の中の小自作農の方が単位としては少し大きかっただけなのだ。設計プランでは個々人は自作農であり、村落の守り手であった。計画者は単純なモデルを用いることで、大都市の複雑性に直面することなく、農業移民の社会経済的な生活を可視化しえたのである。これらの農民の生活は、限られた場所とその間の行き来で構成されていた。つまり住居と聚落の防御壁の間、庭と耕作地の間、そして集会所、学校、神社である。要するに設計プランとは住宅とこうした場所の間の連絡図のことであった。

ここで計画者は、この近代主義がはらむ時―空間の概念と、経済的及び軍事的に代替可能な農民兵士という概念を融合させた。どの聚落も連続する同心状の防御網となっている。そしてその村落ネットワークが持つ六角形のデザインのおかげで、ある聚落が攻撃を受けた際は、隣の聚落からの援護を最短距離で得ることができるわけだ。また、各住宅地域は、高さ二・五メートルで三メートルの厚みを持つ城壁に囲まれている。そのすぐ外には、深さ二メートル、幅三メートルの堀があり、

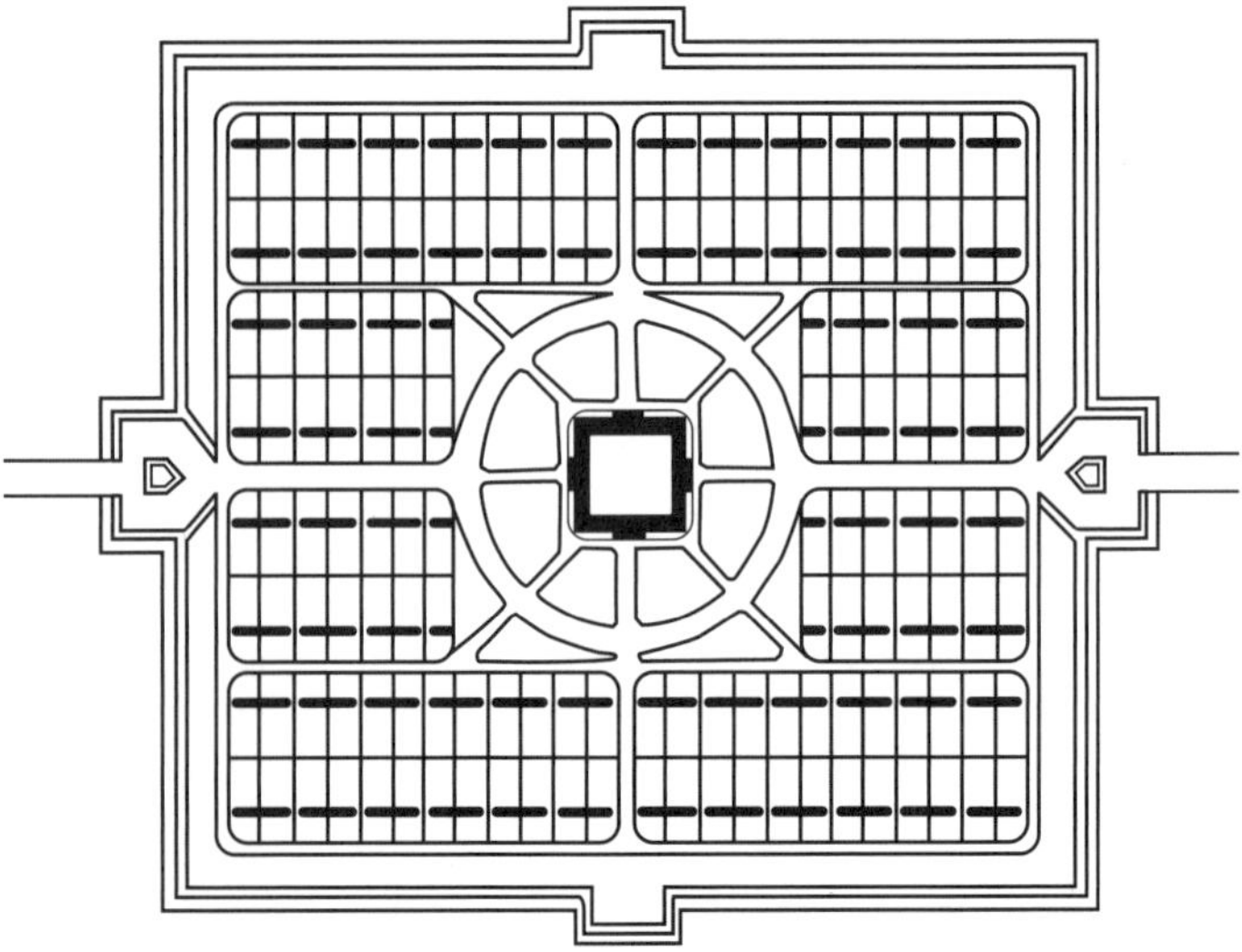

図 2-5　住宅区平面図
2 本の道路が東西から城門に入っている。聚落は連続する防衛陣地――すなわち、堀や城門、オープンスペース、武装した住人たちがすばやく集まることができるように整列かつ集中配置された住宅、防衛のための広場、そして中心に住民たちを匿う中庭を持つ要塞化した共同施設――として考えられていた。しかしこの中心の施設の周囲にある広場と円形の道路は、計画者にとってデザイン的な審美主義が重要であったことをも示している。イラストはジョゼ・カブレラ。

その向こうには緊急時の際に使われる幅六メートルの境界道路がある。さらに住宅地域と主要耕作地の間には、幅三〇〇メートルの射撃の見通しのきく田畑が広がる。この田畑には、攻撃する者に身を隠す所を与えないためにも、背丈の短い作物だけが植えられる（例えば満鉄の線路沿いにも、同じような作物が植えられていた）。聚落の城壁には門が二つしかなく、それぞれには銃眼がつけられている。これは例外的なことではあるが、計画者はこの門に関しては代替案も用意していた。つまり門の代わりに銃火を防ぎ、敵の攻撃を頓挫させるための隔壁と、敵の勢いを相殺してしまうような進入口を設置することであった。

城壁の内側には、まず防御用のオープンスペースがあり、次に住宅地域を取り巻く防衛用の道路がある。住宅地域には、一五二の均等な宅地が広がり、それぞれに庭と離れ屋がついている。さらに住宅は互いに道を挟んで向かい合うように配置されている（図2―5）。ここで計画者は、防衛に最適ということで宅地を長方形にしている。というのも、正面幅を狭くすることで住宅間を最短距離にできるのであり、そうすれば攻撃された際、住宅から飛び出した農民たちが孤立することなく合流し、集団的に戦うことができるだろうというわけだ。そして、住宅地域の中心には道路が交差する広場があるが、これは農民を守る「最後の抵抗線」となるべく、射撃の見晴らしのきく広場となっている。この最後の砦には、聚落の事務所や学校、作業室等の共同施設を持つ大きな中心建造物があり、その壁面沿いには回廊が走り、攻撃に対して二重の壁が立ちはだかる。この建造物は、四つの入り口を持ち、そのうち二つには見張り塔がついている。また中心の中庭は、聚落の女性と子供たちのための最終避難場所をかねていた（内田ほか 1933, 547-553）。

計画者は、この建物を共同生活の中心として構想していたが、しかし中心はそこだけではなかった。各聚落は自治組織をその中心共同施設に置いていたが、村の方でも、その村を構成する三つの聚落が交わる無人の土地に、固有の中心施設を持っていたのだ。この村の中心には、一つの聚落では維持できないような、神社や運動場、墓地や火葬場といった重要な施設の複合体があった。そのうち最も重要なものは神社であり、計画者はこれを「大和民族の移住」にあたって「第一になくてならぬ施設」とし、南向きの高台に周到にそれを配置している。また、神社の神威を高めるため、軍事訓練と運動会を行う競技場の近くにそれを配置した。永住のためにやってきた日本人が、心理的に落ち着いて暮らすためには、こういった神社は文化的中心として不可欠であり、計画の中心的な目標になっていた（内田ほか 1933, 550-551）。

しかし神社の位置は、周到になされた設計のある弱点を示している。つまり村の中心が、聚落の境界線上にあるために、村の生活の中心であるべき神社が、守り固められた住宅地域からずっと離れた場所に置かれてしまったのだ。しかも主要道路は聚落と聚落を直接結ぶが、神社の方向には向かっていない。とすると神社はますます孤立してしまう。さらに、満洲北部の長く厳しい冬と、いつ来るとも知れぬ攻撃の中で、日々訪れるには村の神社は聚落の住宅地域からはあまりに遠いところにある。そこで各聚落はその中心施設の中に神社の分祀を持つこととなる。一方、村の神社の周囲には人が住めないので、常に管理し守らねばならないものは、何も置くことができないのである。次に、三つの聚落の住宅地域から等距離のところに、共用のコミュニティー施設を置くという論理に従って、計画者は神社のある複合施設地に村の学校を置くことを望んだ。だが、これも守るには不向きな場所であるため、結局それぞれの村落により小さな分校を置くこととなる。さらに行政と宗教機能は一体化するため、村長も兼ねている神官も、神社から離れた聚落に住まなければならない。計画者は神社の威厳に対して関心を払っていたし、神社は「神国」から来る移民たちの生活にとっても重要であることを承知していたのだが、結局は火葬場や墓地と一緒に神社を置いてしまい、敵による冒瀆と破壊の危険にさらしてしまったのである（内田ほか 1933, 550-551）。

計画者は、移民の活動を全く単純化した。そしてこの分析こそが聚落の六角形構造の基礎であった。またそのために住宅と活動の場は最短距離で結ばれていた。だが同時にこの構造が、計画の成功のためには不可欠であると考えられていた村の共同施設を、村の中心地であっても実質は住宅地域の周縁へと配置することを余儀なくさせたのだ。それも、もともと計画が空間と活動の合理的解決を意図していたにもかかわらずである。つまり計画の目的は、設計の合理性の中で自家撞着に陥ってしまった。計画の純粋性が、人々が本来最も活動的であるべきところ、つまり彼らが居住する聚落から、ただ単に宅地と活動の場の距離を最短にする、ということのために中心的な活動の場を奪い取ってしまったわけだ。

この設計上の問題に対する明快な解決策はない。仮に計画者が村の神社、運動場、墓地、そして学校を、それらを防衛するために城壁で囲まれた一つの聚落の中に配置したとしよう。すると、その住宅地域はずっと大きくなってしまい、さらなる防衛施設を必要とするし、宅地は耕作地へとはみ出してしまうだろう。それに他の聚落の住民にとっては、神社や学校が自分達の聚落から通うにはあまりに遠くなる。言い換えれば、この計画は全く異なる二組の活動——日本人移民のそれと、対抗して防衛せねばならない敵のそれ——を含んでいるが、それらを円滑に処理することには失敗しているということだ。移民の活動とその空間構造を調整することが計画の表向きの根拠にはなっている。しかし敵が、計画の中で恒久的な居場所を与えられることはありえない。敵は、時‐空間の概念にはうまく統合されない動きとして立ち現れるのである。それにもかかわらず、防衛構造と空間配置というところでは避けがたい負の存在感を漂わせ続けるのだ。

計画者は、敵を「匪賊」として認識していた。匪賊は、一連の農民やゲリラ、そして紛争直後の漂流者などを含んでいる。関東軍はソビエト連邦の攻撃を防ぐために、日本人農民兵士の村を満洲国国境に配置した。しかしこの移民居住地計画ではソビエトの攻撃を意識した気配はあまりない。例えば、村道の一部が軍用の仮設滑走路として使えるように舗装されている程度である。ここではソビエトではなく、明らかに中国人に対する防御を予測している。これは日本人移民が今や占領し守ろうとしている土地は、中国人が所有していたからである。しかしこの居住地計画は、平原全部が完全に日本人に属するものとして描かれていた。そして誰が見てもすぐに、六角形の設計図の中には中国人のための僅かな空間すらないことに気づくのである。だがそれがために、中国人たちからの攻撃の恐れは計画の中に絶えず見え隠れし、聚落は城壁に囲まれて敵に対して身構えざるを得なくなる。同時に、移民には「第一になくてならぬ施設」である神社を、非居住地に置く羽目となり、攻撃の危機にさらしてしまっている。

しかし個々の移民の住宅の中には中国建築の様式が見受けられる。日本式の住宅では満洲の厳冬期に十分暖を取ることはできないため、計画者は中国式を改造した住宅と庭とを設計した。その結果、日本人農民は中国家庭の暮らしぶりを必然的に取り入れている。加えて、中国人の季節農業労働者を日本人の住居には入れずに、三・五メートル四方の部屋を屋外に用意していた。計画者は、防衛と農業のためには一五〇世帯あれば十分な労働力がまかなえると考えて設計をしたにもかかわらず、ここでは付加的労働者の必要性を認めているのだ。計画では、自立した日本人土地所有者による自給自足農村を作ろうとしたことは一目瞭然である。だが、そうみえるのは納屋に中国人季節労働者を住まわせるよう設計したからである。満洲という白紙として想像された場所も、そこから完全に中国性《チャイニーズネス》を消去することはできなかったのである（内田ほか 1933, 554-555）。

満洲北部に適した中国式農家を計画に採用することは合理的なことだった。計画者が指摘しているように、植民地朝鮮で何人かの日本人移住者が、その地の気候には向かない日本式の住宅を建設したことがあった。しかしこれは満洲では致命的な誤りになりかねなかった。その代わりに、彼らはモデルハウスをデザインするのにレンガや木材、枯草のようなその土地の材料を使おうとした。そのデザインでは、一連の南向きの部屋があって、各部屋には「炕（kang）」が設置してある。炕とは、焚き場とそこから室内に敷かれた煙道からなる大きなレンガ構造で、煙道の表面が暖かくなって部屋を温めるものである。一方で、例えば夏場の熱気を逃すための窓や換気口を住宅の北側に設けたり、押入れを北側に設置するなど、いわゆる日本式だとみなしている形式も、二、三取り入れているのである。

こうした住宅のデザインは、満洲国における典型的な日本人向けの都市型住宅やアパートとは対照的である。満洲で日本人が手がけた都市建築は、近代的な建設手法を使い、ペチカ（ロシア式ストーブ）や、他の石炭式の暖房システムを取り入れて、洋風和風の部屋（特に畳の部屋）を組み合わせたものが多かった。ところで、満洲建築協会の会長によると、西洋式の建物の中に畳の部屋をつくるようになったのは日露戦争後であり、この時大連や旅順では、日本軍兵士が占拠したロシア人住宅に畳を持ち込んだという。しかしこの計画は、役人や会社員のアパートや邸宅ではなく、農業移民の村落を設計するものであった（もっとも、後に岸田は新京、内田は大同において、占領地域における大都市の住宅地域計画に関心を向けるのだが）。中国人のための空間と日本人のための空間は、神社の配置や、中国人労働者を日本人の住宅から隔離することにより区別されてはいたが、住宅の様式を区別するまでには至らなかった。

この設計は、移民たちが日本人的生活（例えば、神社は日本人の慣れ親しんだ形態にすること）を持続することには気を配っている。しかし中国式の住宅に住わせることがそれを阻むかもしれないということには疑念を挟んでいない。これは計画者の構想の限界だったのかもしれないし、満洲を「日本化」するという理想がコストの制約の前に屈してしまったのかもしれない。事実、彼らの前にはより大きな経済的な問題が立ちはだかっていた。満洲の日本人労働者は、低賃金の中国人労働者には競い勝つことができなかったのである。これについて日本のアナリストたちは大抵、中国人は非常に低い生活水準を進んで受け入れるからだと説明する。しかしながら、関東軍、満洲国政府、そして日本政府が満洲への中国人移民を制限し、同時に日本からの移民を奨励して、補助金さえ払う努力をしたにもかかわらず、開発計画は安価な中国人の労働力抜きには実行不可能であった。

ここでもまた、日本人の村落を建設することを意図したにもかかわらず、計画では中国人の一時労働者を期待していたのである。つまり、移民の労働力だけでは不十分であった。結局中国式の住宅は、計画費の限界と、計画者の二つの確信をさらけだすことになった。日本式の住宅は満洲には適していないということ、そして日本人移民はより低い生活水準に甘んじなければならないこと、である(内田ほか 1933, 554-555)。

日本人移民は、中国人の土地所有者と競合することなく、中国式の家にそのまま住んだ。ところが計画者は彼らが言うところの「中流農家の生活」ができるよう農家をわざわざ別に設計したのである。また彼らは、高価な施設と公共工事によって支えられた住宅供給の基本水準を維持しようとした。そのため設計には、各住宅から四〇〇メートル以内にある公共浴場や、村落診療所と医師、学校、運動場、計画された道路網、そして郵便やラジオその他の施設を持つコミュニティセンターをつくることが含まれていた。彼らの意図は、その土地の材料でつくられた低価格の住宅と高価な共同施設群を組み合わせることであった。つまり、満洲でも十分やっていける日本農業を創り上げるための経済開発計画を目指していたのである(内田ほか 1933, 554)。

だが、計画の下敷きとなっている経済的見積もりは、設計の合理性と幾何学的な緻密さの裏で曖昧にされている。確かにその杓子定規な幾何学的計画と同じように緻密な見積もりは残っているが、それは極端に一般化された、しかも実現不可能なものである。この緻密さは、計画者の村落の区画面積と都市郊外地の区画面積を見比べるといった、まるで分譲地開発のような設計のあり方に端を発している。聚落や住宅の構成要素が均一であるため、計画者は費用計算を標準化することができた。例えば、村落の城壁は、その横の防御用の堀となっている溝から泥を持ってきて一メートル当り二〇円でできるとし、一方で各聚落の中心にある共同施設は、一平方メートルあたり一〇円かかるとしている。しかしながら住宅開発の経費を計算することと、自給的な聚落の収入を計算することはまた別のことである。実際、不動産開発のための一般的なデザインモデルは、どのような状況や地勢においても使えることは確かであるが、満洲では話が違っていた（内田ほか 1933, 558）。

計画者は、開発対象地を川や丘によって歪んでいない一様な土地として想像した。これは、岸田の一九三二年の空からの調査——すなわちその「一六〇〇メートルからの眺め」——に拠っていることが多い。だがこのアプローチでは、地形的な歪みを平らにしてしまい、沼地や涸水地、不毛の土地といったどこにでもある地形の多様性を看過してしまっていた。しかしこれは、北満洲の荒野で土地を耕す農民たちにとっては死活問題であった。それでも計画者は、どんな土地にも適応可能なモデルとして彼らの計画を提供したが、仮にそれがまるで伸び縮みしたかのようにその土地の地理に適合したとしても、まだ根源的な矛盾を孕んでいた。それは彼らの設計によると、すべての住宅が南を向くようデザインされていたことである。つまり住宅は南に解放され、北に向かっては閉ざされている。しかし東西に走る道路の両側に位置するのだから、住宅の半分は北向きとなる。すべての住宅が南向きということであれば、道路と住宅の区画の大掛かりな再設計が必要となる。

根本的な問題は他にもあった。計画は一方では手仕事と牛馬による労働力を基礎とした自給的な農業共同体を維持するよう設計されていた。しかし他方では、彼らの設計を実行しうる現実的な技術力が要求される。村落プランには、建設に高い技術を要する広い道路網や広場が含まれており、各聚落の城壁内には四万三〇〇〇平方メートルをこえる道路や四八万三一〇〇平方メートルの広場がある上に、一一七・四キロメートルにも及ぶ幅二メートルの道路や、一四・一キロある幅一八メートル道路、そして耕作地を貫くずらりと並んだ幅一〇メートルと六メートルの道路が含まれているのである。一八メートル幅の幹線道路は複雑な構造を呈しており、中央部の幅六メートルの車道を幅四メートルの樹木帯が挟み、さらにその傍には田舎の小さな並木街路のような幅二メートルの歩道がつくられている。計画者は六メートルの道路幅があれば、車両もしくは荷車がすれ違うことができ、大型軍用車両や行軍部隊が通行できる余地があると述べている。つまり彼らの計画はここまで軍用化されていたのだ。

道路網がまっすぐであることが必要とされたのは、軍用車両の走行に必要なだけでなく、少しでも曲がれば耕作地に食い込んでしまうという理由からでもあった。計画者は、小規模世帯を支えるに足るだけの耕作地面積を計算している。しかし道路網が不正確な場合、農民は道路のために土地を失いかねなかった。それは最低限の農業で生計を支える農民にとっては耐え難いものだ。さらに、複雑な道路網、畑の配置、住宅地域の敷地割には測量が必要となる。つまり、村落の建設は工学と測量の技能を必要とする。五〇の村を建設するとなれば、たとえ仮滑走路の役目を果たす道路区画は機械で舗装し、それ以外は全く機械を使わなかったとしても、高価な技術の投入とそれを使いこなす訓練が必要だったのだ（内田ほか 1933, 548-549）。

　ところで、計画者は高速道路や軍事、緊急時の航空輸送等は議論したが、満洲における最も重要な輸送システムである鉄道に関しては議論していない。満洲国は、高価な道路建設計画に着手していたが、一九三三年の時点ではまだ始まったばかりであり、満洲北部における道路システムは貧弱であった。従って、移民や農作物の輸送――とりわけ地方の市場町と都市の中心を結ぶ既存のネットワークを強固にするため、鉄道は欠かせない手段であった。満鉄はすでに十分な基礎調査を行っており、計画者は満洲農業を把握するためにそうした調査を利用している。だとすれば、彼らが鉄道に関心を払わなかったというのは全く奇妙なことである。満洲農業の大黒柱である大豆を、成長しつつあった大豆の世界市場へ輸出するため、何百マイルも離れた満洲北部から大連港へ向けて輸送していたのは、まさに満鉄だったのである。ところが図面上の農業移民の居住地は、鉄道には結びついておらず、都市、まち、市場との明確な空間的関係も示されていないのである。

　また、計画には村落規模の多様性も、行政あるいは市場の階層性も、そして産業も、存在しない。計画者は村の共同施設を、非居住地である三つの聚落の交点に置くことで、そのような階層秩序を避けようと試みた。つまり都市施設を居住地の外部に置き、それを一時的にしか利用できない場所とすることで、都市的問題を解決しようとしたのだ。しかしこの計画は、一つの聚落を他の聚落を差し置いて特別扱いすることにより、必然的に不公平を生みだす。例えば神官は、村長でもあるので、三つの聚落のうちの一つに住まねばならない。また医者は各村に一人いるが、同様にそのうちの一つの聚落に住まねばならない。とすれば、一つの聚落だけが、学校の本校を持つこととなり、その他の二つは分校を持つ。こうなれば不可避的に、一つの聚落が行政上より重要になる。都市的な秩序は、こうした必然的に作り出される格差を招いてしまう。しかしそれは計画では顧慮されなかったのである（内田ほか 1933, 551）。

聚落に地形上の均一性など存在しないのと同様、住民の同等性もまたあり得ない。計画者は労働を分割することだけを考えており、性別や年齢のどちらも考慮に入れていないようだ。実際、満洲にやってくる日本人農業移民は若い男性が中心で、このことは満洲に住む日本人全体にも言えることであった。つまり満洲は、中国人の間でも、日本人の間でも極端に男性の比率が高いフロンティアであった。計画者は、どの村も一人の医者に加えて、一人の神官かつ村長を持つこと、どの聚落も二人の教師を持つこと、そして郵便および電信局は聚落のオフィスに含めることを明示している。これらは、単に職業の専門化を意味しているだけではなく、一九三〇年代はいかなる職業が社会的信望を得ていたかを暗示している。さらに移民の開拓村は、民兵機能や指揮系統を伴い、高度に軍隊化されていた。つまり、こうした社会的、また経済的な分化は、空間的に反映されるべきであったのに、幾何学的計画の硬直性はそれを許さなかったのである。

計画者は、労働の分化を最小限にするべく、商業地区も設計した。そこには共同店舗や、スケッチされただけの共同銀行、そして共同器材修理所や収穫物貯蔵施設などが含まれている。これらの施設は職業を専門化させたり、不平等な蓄財を招く可能性があるが、それに対して計画者は意義も唱えてはいない。しかし、図面には反映されていないが、計画者は土地所有に差異が生じることを見越しているし、その際には農民が均等に配分された農地以上を所有することも考えていたのだ。それなのになお防御のために計画上一五〇世帯は必要だとするなら、おそらく幾世帯かは土地に窮することになる。すなわち、貧しい日本の農村に常につきまとう小作人制が生じる可能性が生まれるのだが、計画者は少なくとも設計上それは避けたかったのだ。

仮に一五〇より世帯が減るなら、聚落の労働力と防衛力も減少してしまう。ところが計画者はこうした土地所有における差異や、他の形態の富、もしくは世帯の大きさなどが村落を構成する家族の中にいかなる差異を引き起していくかについては議論していない。しかし、より富める農民が、貧しい中国人の農家を真似てつくった住宅に住み続けたいと思うだろうか？ 計画者はまた、土壌の質には良し悪しがあることには無頓着で、離れた所に畑を持つ農民は、近くに畑を持つ者よりも歩く（これは非生産的な行為であるが）時間がずっと長いにもかかわらず、聚落の住宅地域から耕作地までの距離の差異という問題を解決しようとはしない。彼らは資本主義ゆえに発生しつつある差異を認めると述べ、そういった不平等は異なる徴税金額によって解決しうるだろうとほのめかすが、諸環境の違いからくる差異を補填することには、全く注意を払わないのである（内田ほか 1933, 550-553）。

内田や岸田の移民居住地計画は、満洲の現状とは多くの点で隔絶していた。おまけに移民が一旦そこに移り住んだ後、どうなるかなど考えてもいないようだ。計画では厳しい冬に備えてシェルターがすみやかに建設されねばならない等、迅速に処置するべき開発と建設を構想しているが、それが済めば移民の生活は何の変化も無い日々になるという見通しでいる。つまり、聚落や村は移民が勝手に建設し、その後は永遠に変わらない武装宿営地であり続けるということなのだ。しかし、平和が持続したら、警備に従事している何百人もの若者は何をすればいいのか。また、計画者は出生率と死亡率が常に一定であることを当然と思っていたようである。ところが移民人口は若年層の比率が圧倒的に高かったため、将来も大きな年齢分布の偏りを残してしまうのは当然のことであった。さらにこれらの村落は、移民で成り立っているというのに、移住者の転出・転入を全く説明していない。つまり世帯の均一性を基軸にしたこのプランには、始めから不安定性が組み込まれていたのだ。

満洲農業移民の居住地計画は、近代的な都市計画を農業地帯の計画に利用したものである。その基本的な分析の手段である時‐空間の概念とは、主体（すなわち移民）の活動を空間を通して把握するものだった。その目的は、白紙の上で住居と活動の間にある障壁を取り去り、貧困なき生活が約束されるように設計することであった。近代都市計画とは、そこに住む人々の多様性を許容する都市をつくることであった。しかしながらこの計画では、個人の主体は単なる抽象概念にすぎず、誰もが一様に農民兵士である。しかも、この繰り返し可能な単位をもとにして出来た計画は、六角形のデザインで模した蜂の巣でもあるかのように規則正しい。こうして日常は幾何学的かつ審美的なものになった。農民兵士は誰もが日本人で、日本ではなく満洲で常に動員されている。それゆえ、計画そのものを農民の生活に適応させるという点では、目標は達成されているように見える。しかし見方を変えれば、この計画のために農民の生活は審美的なものとなるのであり、そこで彼らは無人の神社に守られた農地にいて、絶えず見張りと労働にはげんでいるし、絶えず日本人でありつづけるのである。

世界の都市計画における本農業移民計画の位置づけ

日本の満洲占領は、一連の開発プロジェクトを生み出した。つまり占領は、ユートピアを目指す理想主義を鼓舞し、そのためとてつもないような開発プロジェクトさえ押し留めることはなかったのである。だが二十世紀初頭、この種の理想主義は満洲に限って見られたことではない。また、孕んでいた概念、つまり都市計画手法を農村の開発に適用することも、満洲に限ったものではない。むしろこの概念は、一九二〇年代から一九三〇年代にかけて世界中の様々な政治社会的背景の下で発展した。しかし日本と満洲のように、社会的もしくは政治的に非対称性の状況下で発展したことは特筆に値する。この意味で満洲における農業移民のための居住地は、様々な計画の中の一つだったのである。

アメリカではルーズヴェルト政権が、一九三三年の政権獲得後に、農村と郊外への野心的な再定住計画を始める（Hall 1988, 129-132; Ghirardo 1989, 110-182）[10]。一方一九二〇年代にはイタリアのファシストが、農業のためのニュータウン計画や再定住計画を行っている。ファシストは力を持つと、リビアやエチオピアだけでなく、イタリアにおいても都市計画に重点を置いた農業植民計画を始めた。アメリカのニューディールにおける再定住計画のように、このイタリアのニュータウン計画も、都市批判の意味合いを帯びている（Ghirardo 1989, 129-130, 24-109; Henneberg 1996）。さらにドイツのナチ政権も、本質的な都市問題を緩和するために農村への再定住計画を構想した。この計画は、失業者の救済を目的とした一九三一年の自作農維持政策から発展しているとも言える。この計画を推進したのは一九三四年に住宅局長に就任した都市計画家、ゴットフリート・フェーダーで、彼の自給自足的農本主義思想を都市計画概念に結びつけた計画は、後に日本にも影響を与えた（Lane 1968, 205-206, 267n; Schenk and Bromley 2003; Feder 1939）。しかしこうしたアメリカ、イタリア、ドイツの例は満洲の居住地計画に限っては、まるで影響を与えなかったのだ。

満洲国建設以前に都市計画手法を農村への再定住に適用した例は、一九二〇年代のイギリス占領下のパレスチナにおけるシオニストの農業植民地に見られる。特に田園都市郊外での定住計画は、そこに長い間人々が住んでいたにもかかわらず、計画者が「未だ処女地」として描いたという点が、その重要な特徴であった。彼らは、農業が必然的に植民地建設の経済的な基盤になると信じていた。しかし計画者は、入植者が新しい土地や気候に適応できず、転職したり、そして「はるかに低い生活水準」で以前からそこに住み続けてきた人々と競争しなければならなかったことはすでに知っていたのだ。こうして、それぞれの地域に適した、経済、衛生、そして近代農業を行う上での要求を満たす「完全に新しいタイプの農業植民地の創造」が必要となる。都市計画はこういった「近代農業植民地」に対して必須のものだった。しかしシオニストの計画者は、一〇年後の日本の計画者と同様に、農業計画に使える都市計画上の調査資料を、見つけることができなかった。だがそれにもかかわらず、彼らは一九二一年に、「近代都市計画の原理」に従って、最初の入植地の建設を発表する。そして、一九三〇年まで、多くの入植地を建設するのだが、そのうちのいくつかのデザインは日本の計画者によって一九三三年に用いられたデザインに酷似していた(11)。

これら四つの例は、政治社会的に非常に異なった環境で試みられたにもかかわらず、一九三三年の満洲国の居住地計画を照らし出す特徴を共有している。近代的な計画を通して純粋なアーリア人の農業を取り戻そうとしたナチの試み、植民地アフリカへ向けてファシズムを信奉する農業入植者を送り出して農業を改革し、イタリア人の生活を再生しようとしたファシストの試み、ニューディール政策における田園都市への定住策、そして植民地パレスチナにおけるシオニストの農業開拓には、非常に大きな相違点もあるが、しかし一方で重要な類似点もあるのだ。それはどの例も、近代化がもたらした問題と向かい合い、荒廃し、あるいは立ち遅れている農村を復興させるために、はたまた新天地と映った土地を開拓していくために、近代的な手法を投入する決意を見せていることだ。だが、最新の都市計画手法が、工業都市から遠く離れた農業地域に適用されることになったので、既存の村落と近代的村落の間に鋭い乖離が結果的に起こったのである。

都市化を逃れて農村へ人口を移植する試みと、農村をより近代化し都市化させるべく都市計画手法を用いることは、世界中で危機的状況にあった様々な地域で見られた。そしてこれが日本の都市計画家たちが行った満洲国における農業移民居住地計画の同時代的な背景であったのである。すでに見てきたように、都市計画手法を農村の建設に適用しようとした彼らの試みは他に類が無いわけではなかった。それでも、満洲国における農業移民の村落ネットワークという提案は、軍との連携やそのスケールの大きさ、統合性、理想主義的なデザインが持つ合理性、そして極端な規則性のために、注目に値するのである。

占領と白紙

満洲国の村落ネットワークプランは、製図版の中の世界——まさしく白紙——の中にのみ存在した。しかしその理想主義的な雰囲気に惑わされて、移民居住地計画が満洲国における実際の状況からかけ離れたものであった、と結論づけるべきではない。この計画は、数十万の移民を満洲へともたらし、その後も満洲国崩壊まで続く移民の波という現実世界の現象であった。この内のいくつかの入植地は軍事基地の様相を帯びていたが、図面どおりのデザインの合理性やネットワークの統制などは見られないものの、建築家たちの関心を集め続けていた。都市計画は、時に非常に大きなスケールで、モデル都市や理想都市を建設することを目標に掲げる。満洲国と日本占領下の中国では、資本や、建設物、そして労働力の調達の上で厳しい制限があったにもかかわらず、この大規模な都市計画は進められたのであった。

　これは、満洲を占領した日本の植民地主義の経験に根ざしていると言えるだろう。空間分析とそのコントロール、都市や田園のインフラストラクチャーへの投資、そして衛生、教育、その他文化施設などの建設は、台湾や朝鮮、関東州等の植民地における国家主導の経済開発の典型的な構成要素になっていた。これは、都市計画を満洲とモンゴルに文明と進歩をもたらすための自らの「使命」の重要な一部分と考えていた満鉄に特に当てはまる。さらに、関東州と満鉄付属地における日本植民地経営の一環として、関東軍は都市計画に長い間関与してきた。しかもそれは一九三一年に関東軍が満洲全土を掌握し、満洲国を建国するより以前からのことであった。例えば、板垣征四郎は、満洲占領に関わった中心的人物の一人だが、同時に大連都市計画委員会の一員でもあった。

　このように、軍部は植民地政府における都市計画の役割を熟知していたのであって、満洲の経済開発案における空間計画の役割を高く認めていたのである。軍の計画は、国家規模での経済開発の重要な構成要素として、大規模な都市や地域計画を含んでおり、さらにそれを村落レベルにまで持ち込もうとしていたのである(12)。このため、軍部は満洲国が「王道楽土」となるという空想的な美辞麗句を吹聴し、経済的開発と文化的開発の間にある差異をぼかしてしまったのだ。確かに満洲国は、都市計画家にとっての楽土になった。そこで軍部は、工業都市奉天〔瀋陽〕、北部の中心都市ハルビン、そして新首都新京の三大都市計画を早急に進めている。そのうち新京は、農作物の市場であった長春市に接する大豆畑に建設される予定であった。そしてこの新首都計画は、満洲国建国以前に始められている。この計画では、新京は大学や公園はもちろんのこと、アジアで第一号となるゴム張りの競技場を含むあらゆる文化施設が網の目に広がった百万人の国際都市になるはずであった。さらに一九三四年までに、軍部は五〇以上の大小の都市の計画を要請した。そのうち二つは人口を一五〇パーセントまで増やして三〇年間で百万人都市にするものであり、その他は人口増加を二倍、四倍、一〇倍、あるいはそれ以上に管理していく計画を立てていたのである（南満洲鉄道株式会社経済調査会 1935, 41-44）。

軍部の計画への介入は続き、強まりさえしたのだが、それは一九三七年に中国全土へと軍が進攻し、都市計画をその統治手法として利用したからである。一方で日本政府は、対中戦争遂行のために、日本国内における建設資材の統制を行うことを強いられていたが、他方では軍部とその傀儡体制は、中国諸都市の拡張計画を次々と発表した。それには、二〇年間をかけて三千平方キロメートルに拡張する大北京計画も含まれていた。つまり岸田の広東計画や、内田の大同計画は、都市計画に対するこの長期にわたる軍の熱意の一端であったのだ。この点、一九三三年の満洲国への農業移民のための村落ネットワーク計画は、決して特殊なものではなかった。満洲国の支配者達は、このユートピアへの夢に共感していたのである。占領や戦勝という状況が、その夢があたかも実現可能であるかのように思わせたし、それはちょうど、中国で軍部が新しい都市の計画を行ったことと同じことであった。

都市計画と同じく、農業入植地の経営に多大の公的援助を与えることも、日本植民地主義が満洲に与えた賜物の一つである。満洲に日本からの農業移民を住まわせようとする夢は、日本による関東州の占領に端を発する。しかし関東州では軍が、関東都督が一九一三年に日本人労働力を農業のために持ち込むことを「失敗」と呼んだ根本的な困難を、すぐさま見抜いた。これは日本人が、「生活水準が非常に低く、馬鹿馬鹿しいくらい安い賃金も受け入れる余裕のある」中国人に、競り勝てないということが、すでに分かっていたからである。(13)

新たに満洲にやってきた貧しい日本の農民は、時には何世代もの間そこに住み続けてきた中国人や、華北から流入してきた移民との過酷な競合に迫られていた。満洲国建国以前では解決策は、それ以後同様、農業入植を大規模に助成することであった。一九三〇年、ついに満鉄が多年の努力もあって大連農事株式会社を一千万円の資本金で設立し、五百世帯の日本農家を入植させるという目標を掲げたが、失敗してしまう。一九三七年の時点で、関東州政府はこう述べている。一九〇六年には六世帯の日本人借地農家と三万六五〇一世帯の満人（つまり中国人）借地農家がいたが、一九三四年には日本人農家はたった四〇六世帯しか増加しなかった。しかしその間に、六万三八六七世帯もの満人農家が増えたのだという。つまり大連農事株式会社の目論見は、とても成功とは言いがたいものだったのだ。こうして、日本農業移民の数は、補助や日本政府による植民地の統制にもかかわらず、中国人移民の潮流に圧倒されてしまう（関東局編 1937, 344, 354, 358-361; 大連農事株式会社 1930）。だが、こういったふがいない結果にもかかわらず、満洲国に日本農業移民を連れて来るという努力は続けられた。しかし、補助を受けたたくさんの日本農業移民が満洲国に住み着いたものの、一九三九年の一年だけをとってみても中国人の移民数にほど遠く及ばなかったのだ。

満洲国と、それに続く占領地中国で新たに起きていたことは、利用可能な空間規模の急激な拡大に伴う計画規模の増大である。一九三一年、関東軍がそれまで関東州および満鉄付属地に限っていた管轄範囲の外へと侵出した際、軍とその協働者たちは、満洲の無尽蔵の資源（それにはもちろん「空間」も含まれる）を支配し利用するという将来像に夢中になってしまった。この農業移民居住地計画の作者を含む満洲国のプランナーたちは、もちろん満洲の空間的な可能性を認識している。だが、満洲やその地に住む人々（たとえ図面上は目に見えない存在だったとしても）の上に、極度に合理的でユートピア的な空間秩序を押し付けるには限界があるということは認識しようとしなかったか、あるいは認識できなかったのである。

満洲国のユートピアとしてのビジョンは、確かに真に迫るものがあった。しかしこのビジョンが依拠するところは、満洲国が存在したほぼ一四年の間に中国の隅々にまでも広がった戦争の無秩序であった。関東軍は満洲に秩序を打ち立てるという意図があった。このため満洲国内に最も過酷な法令を制定した。しかし関東軍のこの企てが、結局は日本軍を満洲国外の華北やモンゴルへと駆りたて、そして日本の諸都市を焼き尽くした日中戦争と太平洋戦争という全面戦争に最終的に進ませてしまったのである。

満洲国は、理想主義を実践するためのすばらしく魅力的な機会を提供した。満洲国への農業移民のための居住地計画は、満洲占領が可能にした理想主義の一例である。この計画は、無人地帯かもしくは「匪賊」だけが跋扈する荒涼とした満洲平原を白紙と見立てた。そしてこの白紙の地平に、建築家は、彼らのユートピアを実現させようと、最も近代的な手法を用いたのである。彼らの秩序を形成するという意志は、先行する日本の植民地支配においても、満洲国の計画全体にとっても、基軸としてあった。広大な満洲国の中では、より大きな夢を追うことのために、より緻密な秩序をつくることが、可能なように見えたのである。

注

（1）ヤング（Young 1998, 98）は、農業移民の数を三二万一八八二人としている。
（2）一九三二年の満洲国建国後の最初の二、三年間は、関東軍と満洲国政府が、中国人移民を制限するための取締りを試みる一方で、移住を奨励することにより満洲における日本人人口を増やそうとしていた。また同時に、大量の中国人労働者の移住を必要とするような労働集約的な開発計画にも着手している。満洲の人口は一九三〇年においては約三〇五〇万人であり、これは一九四〇年までに四四六〇万人に増加した。二十世紀には、中国からの移民の割合が、満洲の人口成長の二五パーセントを占めており、漢民族がその大多数を構成している。一方、一九四〇年に満洲国には八二万人の日本人がいたが、彼らは全人口の一・八パーセントを占めたにすぎない。さらに満洲国政府が開発を推し進めるにつれ、中国人の移民が増加した。そのため満洲国の人口は、一九四〇年までに五年ごとに二四・五パーセントの割合で増加した。Wang 1971, 139, 145, 183.
（3）内田は関東大震災後の東京帝国大学キャンパスを設計した建築家として、そして一九三九年のニューヨークとサンフランシスコの万博における日本館の設計者として最も良く知られている。
（4）日本のモダニズム建築の発展における岸田の役割に関してはReynolds 2001; Stewart 1987, 152,

171-172, 191-192を見よ。また彼の新京と広東の計画に関しては、岸田1942を見よ。菱田は内務省の中でもそれなりに地位が高い人物であり、*Japan Times and Mail's*紙が一九三六年に掲載した"Architectural Japan"という記事は、彼の名で発表されている。

(5) 笠原の『建築物法規概説』(1954)は版を重ね、彼の死後も長期にわたって出版され続けた。

(6) 提案のタイトルにつけられた英訳を見れば"Model Plan of 'Siedlung' for the Agricultural Immigrant in Manshuu-Koku"とある。作者はこの提案を「国内殖民居住計画」、「所謂ジートルンク」と比較している(内田ほか1933, 562)。

(7) 農家の改良における内田の役割に関しては、日本建築学会編1972, 1252-1256, 1271-1275を見よ。

(8) 森林地を背後にした長方形耕作地のこの配置は、東京近郊の埼玉県三富における新田開発に類似している(アンドレ・ソーレンセン(Andre Sorensen)氏のご教示による)。

(9) 白い空間、あるいは空のカンバス、空白の履歴などの考え方は、西洋の近代建築や植民地計画にとっても非常に重要なものであった。

(10) 自作農維持局と再定住局が、ある意味では都市問題を解決するための方法として、貧しい人々のための経済的自給自足を確立するためのコミュニティを建設しはじめた。この中でもはっきりと田園都市のデザインを用いたグリーンベルト・コミュニティは、その後も影響力を持ち続ける都市計画の偉業となった。アメリカ連邦政府はこの計画を完全に掌握しており、強制的な土地買収もできれば、計画の実現化にむけた建設を統制することもできたのである。

(11) リチャード・カウフマン(Richard Kauffman)によれば、計画者は一九二〇年からパレスチナで活動していた。彼は、一九三一年にパリで開かれた植民地都市計画に関する国際会議で、様々なデザインの例を提示している(Kauffman 1932, 224-238)。

(12) 一九三二年一二月八日付けの満洲とモンゴル両地域の開発に対する政策草案、および一九三三年三月に発表された『満洲国経済建設綱要』による(片倉1964, 291-292; 満洲国国務総理1993を参照)。

（13）*Manchuria Daily News*, 14 February 1913. を見よ。

参考文献

大連農事株式会社 1930.『関東州農業者移民手引』大連、大連農事株式会社

Feder, Gottfried. 1939. *Die Neue Stadt*. Berlin: Springer.

藤森照信 1993.『日本の近代建築（下）大正・昭和篇』東京、岩波書店

Ghirardo, Diane. 1989. *Building New Communities: New Deal America and Fascist Italy*. Princeton, N.J.: Princeton University Press.

Giedion, Sigfried. 1967. *Space, Time and Architecture: The Growth of a New Tradition*. 5th ed. Cambridge, Mass.: Harvard University Press.

Hall, Peter. 1988. *Cities of Tomorrow: An Intellectual History of Urban Planning and Design in the Twentieth Century*. Oxford: Basil Blackwell.

Henneberg, Krystyna von. 1996. "Imperial Uncertainties: Architectural Syncretism and Improvisation in Fascist Colonial Libya." *Journal of Contemporary History*. 31:373-395.

Hishida, Kosuke. 1936. "Town Planning." In *Architectural Japan, Old (and) New*, ed. Nitobe Yoshio, 194-200. Tokyo: Japan Times and Mail.

磯崎新 1978.『建築の一九三〇年代――系譜と脈絡』東京、鹿島出版会

関東局 1974（初版 1937）.『関東局施政三十年史（下）』東京、原書房

笠原敏郎 1954.『建築物法規概説』東京、相模書房

片倉衷 1964.「満洲事変機密政略日誌」小林龍夫・島田俊彦編『現代史資料７　満洲事変』東京、みすず書房

Kauffman, Richard. 1932. "Aménagement des Colonies juives en Palestine et principalement des Colonies agricoles de l'Organisation sioniste." In *Urbanisme aux colonies et dans les pays tropicaux*, ed. Jean Royer. La Charité-sur-Loire: Delayance.

岸田日出刀 1933.「満洲所見」『建築雜誌』四七輯五六七號(一九三三年二月)、二五七—二六二頁

岸田日出刀 1942.『扉』東京、相模書房

Lane, Barbara Miller. 1968. *Architecture and Politics in Germany, 1918-1945*. Cambridge, Mass.: Harvard University Press.

満洲国国務総理 1933.「満洲国の経済建設綱要」『満洲技術協会誌』一〇輯五四號(三月)九八—一〇〇頁

南満洲鉄道株式会社経済調査会 1935.『満洲都市建設一般方策』大連、満鉄

日本建築学会編 1972.『近代日本建築学発達史』東京、丸善

岡大路 1933.「序」『満洲建築雜誌』一三輯四號(四月)、二—三頁

Reynolds, Jonathan. 2001. *Maekawa Kunio and the Emergence of Japanese Modernist Architecture*. Berkeley: University of California Press.

Schenk, Tilman A., and Ray Bromley. 2003. "Mass-Producing Traditional Small Cities: Gottfried Feder's Vision for a Greater Nazi Germany." *Journal of Planning History* 2:2 (May): 107-139.

Sorensen, Andre. 2002. *The Making of Urban Japan: Cities and Planning from Edo to the Twenty-First Century*. *London: Routledge*.

Stewart, David. 1987. The Making of a Modern Japanese Architecture, 1868 to the Present. Tokyo: Kodansha International.

内田祥三、笠原敏郎、加藤鐵矢、岸田日出刀、菱田厚介 1933.「満洲の農業移民に對する居住地計畫の一試案」『建築雜誌』四七輯五六九號(四月)、五三七—五六三頁

内田祥三 1939.「大同都市計画案について（1）」『建築雑誌』五三輯六五六號（九月）、五三七―五六三頁

内田祥三、内田祥三先生眉寿祝賀記念作品集刊行会編 1969.『内田祥三先生作品集』東京、鹿島研究所出版会

Wang I shou. 1971. "Chinese Migration and Population Change in Manchuria, 1900-1940." Ph.D. diss., University of Minnesota.

Young, Louise. 1998. "Colonizing Manchuria: The Making of an Imperial Myth." In *Mirror of Modernity: Invented Traditions in Modern Japan*, ed. Stephen Vlastos. Berkeley: University of California Press.

第三章　皇女、反逆者、兵士、スパイ

愛新覚羅顕玗と満洲族のアイデンティティのジレンマ

ダン・シャオ

私は中国人だ。当然土肥原健二を憎んでいる。日本で教えを受け、育てられたものとして、そして日本を愛するがゆえに、私も（他の中国人と同様）あの男を憎むのだ。満洲皇族に連なる者として、私も許し難く思うのは、中国人民の心の中に最後まで残った満洲王朝の良き印象を、土肥原が台無しにしてしまったことである。

愛新覚羅顕玗『国防省法廷記録』一九四七年七月十八日

一九四八年三月末、中国、日本、および米国の通信社は、中国国民党政府が愛新覚羅顕玗（一九〇六?―一九四八）を大逆罪で処刑したと報じた。[1] 日本のジャーナリストは彼女を「満洲国のジャンヌ・ダルク」、「男装の麗人」と呼び、[2] アメリカのジャーナリストは「東アジアのマタ・ハリ」と呼んだ。しかし顕玗は中国人には「謎に満ちた金璧輝」として知られていたようだ（『大公報』紙一九四八年三月二十六日、『朝日新聞』一九四八年三月二十三日、三月二十六日、『ライフ』誌一九四八年四月二十六日、『ニューズウィーク』誌一九四八年四月五日を参照）。事実、戦後の日本、中国、そしてアメリカのジャーナリズムをにぎわした顕玗のイメージは、売女から無垢な乙女までさまざまである。一九三〇年代に始まる顕玗の物語は、日中両国の小説や映画に数多くの題材を提供してきた。彼女は、ベルナルド・ベルトルッチの『ラストエンペラー』でも、天津の溥儀の寓居にパイロット姿で現れ、銀幕の一場面に華を添えている。

愛新覚羅顕玗、別名川島芳子は、いかにして裏切り者という汚名をきせられた金璧輝となったのだろうか。内戦と対外戦争がうち続く時代に生き、いくつかの国と文化の境界線を何度も行き来した点において、顕玗は、民族間にまたがる複雑な人生を歩んだ人々の一典型といえるだろう。本章では、新聞や雑誌、裁判記録[3]、伝記、自伝、回想記等を用いて、一九三〇年代から現代に至るまで、顕玗のアイデンティティがどう表現されてきたかを、立証し検討していく。つまりこの研究の目的は、一個人（顕玗）のアイデンティティの変容が民族（nation）形成と国家（state）形成の過程にどう関わったかを明らかにすることである。顕玗の歩んだ人生をたどっていくと、満洲をめぐる日中両国の争いが満洲族のアイデンティティにもたらした影響の大きさと、清朝旗人としてのアイデンティティがナショナリズムに基づく法的、倫理的、言論的規範の枠の中で、定義し直され抹殺されて行く様子がよく分かる[4]。

顕玗は、王朝支配の帝国から共和制国家へと移った中国と、中華民国政府の支配の及ばない辺境地域から国家であることを国際社会によって否定された自称独立国に移った満洲の両方を体験した女性である。二十世紀前半、清朝により満洲族の誕生の地とされ、それ故様々な伝説を生んだ満洲（Elliott 2000）は「アジアの係争地」となった。つまり拡大しつつある帝国日本の植民地主義と、生まれたての共和国中国のナショナリズムが真っ向からぶつかり合い、様々な民族主義的レトリックや実験的な政治イデオロギーが互いに緊張関係を作り出したのである。満洲に住む者は単一の歴史を継承したわけではなく、また単一の将来を想定できたわけでもない（Duara 2003）。満洲という領土の境界も満洲族というアイデンティティの境界も、突如として変わることがよくあった。このことは、日本帝国主義が満洲に複数民族を横断する満洲国を作り、その地に住む者に多層のアイデンティティを与えたとき特にひんぱんにおこった。その一方で中華民国も満洲という領土の境界を何度か書き換え、同時に「中国人」という新たなアイデンティティの構築に懸命であった。(5) こうした騒然とした時代に、顕玗は自己の民族的・国民的アイデンティティを様々な他者との交渉の中で作り上げようとしていたのである。この意味で本章は、ある個人のアイデンティティの形成に光をあてようとする試みである。

たいていの歴史家はこれまで、民族や国民といった概念については、それを生み出した制度的背景や集団としてのアイデンティティが人々の想像の中でどうつくられてきたかに焦点を当ててきた。これらの研究は、多くの洞察にあふれた知識を生み出したが、特定の個人とその体験は精査されることがあまりなかった。言いかえれば、歴史家はしばしば民衆の声を歴史研究に取り込む必要を唱えながらも、種族、民族、国民というアイデンティティの分析では、集合的アイデンティティにのみ目を向け、そのため個々人をその中に埋没させてしまったのである。これは、おそらくこれらの歴史学者が集団としてのアイデンティティが個々人によってつくり出されたのではなく、個々人のためにつくり出されたと勝手に仮定しているからではないだろうか。私は、伝記研究は、我々がある個人とその個人が属する集団の関係を解き明かすために非常に重要である、と思っている[6]。もしアイデンティティを「自己と他者との『関係』であり、従ってどのような個人にも集団にも適用できる」（Dittmer and Kim eds. 1993, 4）と定義すれば、集団としてのアイデンティティの形成を研究するために個人の経験が無視されてしまうような事態は起こらないはずだ。アンソニー・コーエンが言うように、「個人のアイデンティティの領域がどこまで広がるかを見れば、集団のアイデンティティの境界の変化にも気づく」（Cohen 1994, 66）。ここで私がつけ加えたいことは、ある個人の体験の変遷を見るために、伝記を用いると、我々学者の使う「科学的な」定義と一般の人々のアイデンティティについての解釈の間の乖離がはっきり見えてくるということである。

私がこうした歴史上のある特定の著名人を取り上げたことに対して、「なぜ、ごく普通の人ではなくこの女性なのか」という異論を唱える向きもあろう。これはもっともな疑問である。言うまでもなく、歴史家であれば誰しも、過去の「名もなき民草」の声にせいぜい限られた範囲でしか触れることができないことを知っていて、このことを嘆くことしきりである。私もその例に漏れない。

それでもやはり私が顕玗を妥当な研究対象だと信じるのは、次の理由からである。学者や政府が定める民族性や国民性についての定義と比べると、顕玗自身のそれらへの理解は、「普通の人々」の考えと同じように、学問や合理的解釈では収まらないところがあるからである。一九三〇年代以降、顕玗がどのように描かれたかを分析することで、国民的アイデンティティは、必ずしも国家が勝手に決めた「マスター・アイデンティティ」ではないことが極めて明らかになる。つまり、民族性とか国民性とかいうものは曖昧模糊としていて他者との交渉の中でいくらでも変わるものなのである。これとは対照的に、戦後反逆罪を問われた裁判は、民族あるいは国民間の境界がいつどのようにして強固なものになるかをはっきり示している。さらに、顕玗が死後、メディアや文学作品でどのように描かれたかを検討すると、別の時代にはまた別の倫理規範が彼女のアイデンティティを改変させたことが明らかになる。ところが、かつてはそのアイデンティティは、揺るぎないものと考えられたのである。顕玗の事例に基づき、本章では、政治的境界線がたえず変化した時代において、満洲族のアイデンティティがいかに変わり、再定義をくり返したかを追って行くことにする。つまるところ、顕玗に焦点をあてることにより、歴史家は、個人のアイデンティティと集団のアイデンティティの間の隔たりと一致を詳しく調べることが可能になり、又そのためのいくつかの方法論をくみ立てることができるのである。以下、この女性のどのアイデンティティが俎上にあるかによって、顕玗、金壁輝、川島芳子という三つの名を使い分けて行くことにする。

「紅炉上一点の雪の如し」——顕玗小伝

一九四八年三月二十五日、顕玗は独房から連れ出され銃殺刑に処せられた。こうして、善耆（一八六六—一九二二）、すなわち清朝末期の粛親王の第十四内親王としての、その短い人生に終止符が打たれた（Rhoads 2000, 235-256; 善耆 1928）[7]。処刑の数日前、顕玗はひとりのジャーナリストに向かって自分の命はまもなく消え去るだろうと語り、「今日では、私は紅炉上一点の雪の如きものです」とうち明けた[8]。この一点の雪は、いかにして紅炉の上でとけてしまったのであろうか。

一九〇六年頃（正確な生年月日は、現在でも未詳）北京で生まれた顕玗は、幼少時代を中国と日本の両国で過ごした。一九一二年頃に中国で撮られた顕玗の幼い頃の一枚の写真から、満洲族の伝統的な衣装に身を包んだ六歳頃の少女の姿をうかがい知ることができる（**図3—1**）（牛編 1994 の写真を参照）。また、一九一六年の写真では、着物をその身にまとった少女時代の顕玗が、士官学校生徒の一団に混じり養父川島浪速（一八六五—一九四九）の傍らに立っている（楳本 1984）。満洲族の衣装から日本の着物へと変貌をとげたその背後に、二人の野心家——満洲族の皇子と日本の大陸浪人——がこの少女を自らの政治的な理想を追い求めるために、どのように育ててきたかという物語がひそんでいる。

一九一二年、顕玗が六歳の頃、満洲族の帝室は三歳の皇帝愛新覚羅溥儀の退位を余儀なくされた。

十四格格顯玗一九〇七年五月二十四日生於船板
胡同肅王府，時年六歲，此幀似一九一二年攝於旅
順。一九一三年（七歲）已在東京師範附屬小學校
讀書。

図 3-1　1912 年頃と見られる愛新覚羅顕玗
6 歳頃で満洲族の伝統的衣装を身につけている。（牛編 1994）

顕玗の父粛親王は、清朝復興と満蒙の独立を支持する立場にいささかの揺るぎも見せなかった。彼の知人である川島浪速は、北京警察学校で訓練士として清朝を支援していたが（Reynolds 1993, 164-172）、同時にこの清朝復興運動にも熱心に取り組んでいた。日本人の援助を取り付け、そして川島浪速に対する自分の信頼を形にすべく、粛親王が自分の第十四内親王、愛新覚羅顕玗を浪速の養女にしたのは、一九一二年のことであった。このとき、顕玗は川島芳子と名を改めている。顕玗の実父と日本の養父との親交は、満洲王朝の復興という共通の願望、あるいは少なくとも満蒙の独立を勝ち取るという共通の目標に根ざしていた。それ故、彼らが分かちあった娘は、復興という夢を体現した存在であったと言える。二十二歳のとき顕玗が結婚したガンジュルジャブは、蒙古の復興計画でかつて粛親王を援助したことのある蒙古族の将軍の子息であった。

しかし、顕玗は数年の後に離婚し、独立して華やかな人生を送り始めた。一九三〇年代初期に彼女は、満洲国建国に関わることにし、清朝最後の皇后が天津から満洲の地に逃れることを手助けしたのである。顕玗が指揮した軍隊は安国軍と言い、熱河での日本の軍事活動（一九三三）に参戦した。(9) 顕玗はこの時、満洲族の血統をひく旗人として名をはせることになったのである。そして、この旗人というアイデンティティを根拠に、顕玗は日中両国で数多くの有力な軍人や政治家の知己、たとえば、田中隆吉（一八九三—一九七二）、多田駿（一八八二—一九四八）、松岡洋右（一八八〇—一九四六）、土肥原健二（一八八三—一九四八）、頭山満（一八五五—一九四四）等を得た（田中 1979, 449-468）。(10)

しかし一九四五年に日本が降伏すると、顕玗は逮捕され、反逆罪で告発された。この裁判で、顕玗は幼い頃川島浪速の養女となり日本で養育されたことを根拠に、自分は中国人の血統を有する日本国民である、と述べた。と同時に、戦時中、中華民国政府と戦ったことを正当化するために、自分の旗人としてのアイデンティティを利用しようとした。その尋問と審理の間に作成された口述と筆記による自白書では、一貫して自分は旗人に他ならない、と述べているが、そう主張することにより自分が清朝復興のために尽くしたことを正当化したのであろう（牛編 1994, 170, 176, 188, 192, 253）。顕玗の弁護人も、彼女の戦時中の活動は満洲王朝を復興させたいという思いからのことで、これは満洲族と漢民族の間の国内的な問題であり、中国という国家に対する反逆行為問題ではない、と論じた。しかし結局、顕玗は「中国人の反逆者」として裁かれた。つまり、法廷では、彼女の実父が中国籍を有していたのだから顕玗は中国人民であるという検事の主張が受け入れられたのである。このため一九四八年三月三日に、顕玗は河北省最高裁判所で死刑を宣告され、三月二十五日、北平（現北京）で処刑された（牛編 1994, 604-605; 益井 1977, 273-282.『大公報』紙一九四八年三月二十六日、『朝日新聞』一九四八年三月二十三日、三月二十六日、『読売新聞』一九四八年三月二十六日、『ライフ』誌一九四八年四月二十六日も参照）。顕玗の遺体は日本人僧侶である古川大航に引き取られ、北京の日本人墓地に埋葬された（『大公報』紙一九四八年三月二十六日；上坂 1984）[11]。さらに一九四九年、古川は彼女の遺灰の一部を松本市にある養父の墓石の傍らにも持ち帰った[12]。粛親王は自分の娘が処刑執行書に、満洲族としての名の愛新覚羅顕玗ではなく、中国名の金璧輝を使ったなどとは、夢想だにしなかったであろう（牛編

1994, 599)。

それでは顕玗の満洲族としてのアイデンティティは、彼女の没後の歴史的記憶の中で、どのようにして失われていったのだろうか。

日本とアメリカでの顕玗像

一九三〇年代に日本で出版された満洲についてのおびただしい書物を通じて、顕玗の生い立ちやその伝説的な活躍は広く知られるようになった。特に、村松梢風(一八八九―一九六一)が一九三三年に出版した小説、『男装の麗人 川島芳子伝』は特筆に値する。[13] この小説のヒロインである満里子は、顕玗を彷彿とさせる家系の出自で、清朝皇帝の血統に連なる皇女である。彼女の実父は、清朝の「粛親王」であり、日本人養父は梶原良衛という。梶原は粛親王の親しい友人で、北京で中国人警察官の訓練士であった。この設定は、明らかに川島浪速を忠実になぞっている。

この小説の後書きで書いているように、村松梢風は川島浪速その人に会って話を聞いている。つまり、満里子の満洲問題への視座は、顕玗のそれと言ってよい。小説の中で、「満洲は中国なのか」と聞かれた満里子は、こう答えている。

「否、それは中國人だけさう思ふのでせう。我れ〳〵満洲人はさう思つてゐない、嘗て我れ我

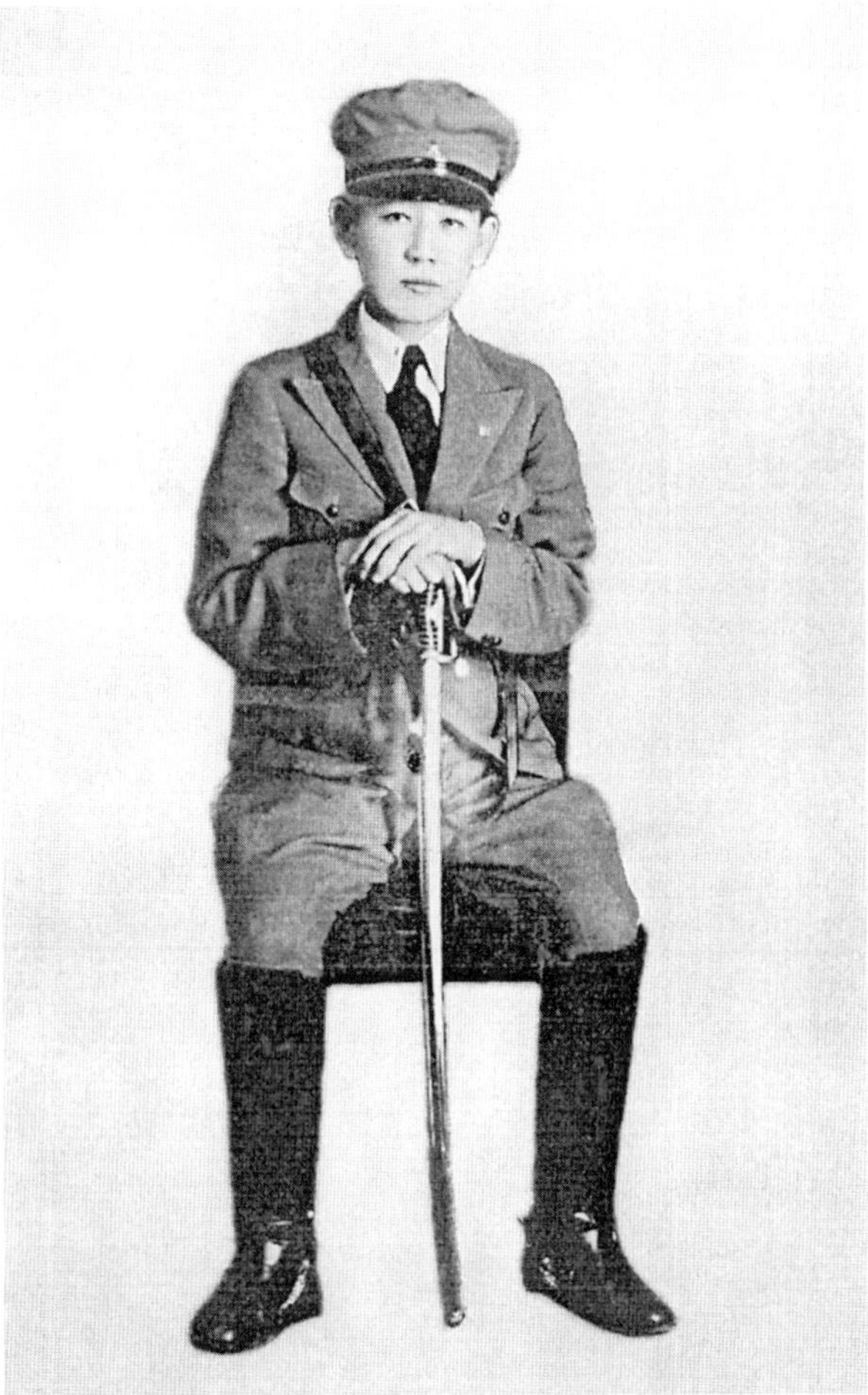

図 3-2 「男装の麗人　川島芳子嬢」
『朝日新聞』1933 年 2 月 22 日　掲載許可承認済み。

れ満洲人は、中國を併呑した時代があつた。しかし、現在は、中國人が我れ〲の満洲を併呑してゐるのです。さうかと云つて、中國は中國、満洲は満洲、別物です。わたし達には立派な皇帝があるのです。満洲人は、國民黨や、蔣中正の統治には何處までも服しません」（村松1933, 127）[14]

満洲と中国の関係、そして満洲族と中国人の関係についての満里子の見方は、中華民国政府が示す見解とは全く別であることは一目瞭然である。

村松の小説の他にも、戦時中に顕玗を取り上げた日本のニュース報道や物語はあまたあり、そのため彼女の名声は飛躍的に高まった。顕玗はラジオや、川島の故郷である松本の公会堂で講演をするよう頼まれた。また、『婦人公論』誌に寄稿したこともある。[15]メディアの寵児となった顕玗のニュースは、ありとあらゆる新聞をにぎわした。軍服姿の顕玗の写真を載せた朝日新聞の記事は、単に彼女の出自と政治活動を伝えるものであったが、熱河作戦を報じる日本の新聞メディアに民族ナショナリズムの高揚と異国情緒をもたらした（一九三三年二月二十二日　**図3―2**を参照）[16]。さらに大連で出版されていた英字新聞『マンチュリア・デイリー・ニュース』紙（MDN）が顕玗の活躍を報じることもたびたびあった。[17]中国で顕玗と会ったある若いアメリカ人女性は、川島芳子が国の内外を問わず日本人の間で博した人気に目を見張った。「私が会った内地生まれの日本人の中で、この皇女のことを知らない人はひとりもいませんでした。アメリカ国内でさえ祖国日本からわざわざ雑誌を取り寄せて読んでいるような日本人ならば皆この女性のことを聞き及んでいるのです」(Woods 1937, 29)。

日本人が書いた記事は、おおむね顕玗を、「清朝復興を志す物怖じしない女性」として描いている。記者は、必ず顕玗が清朝皇族の家系に連なる皇女であることに触れるが、彼女の民族性を「満洲人」とか「満洲族」という言葉で現わすことはない。これは思うに、普通の日本人は、学者が考えるほど、満洲族と漢民族との対立を意識していなかったためであろう。その反面彼らは、顕玗が中華民国と戦っていること、皇女として純血であること、また新しい社会的役割を引き受けた女性であることは、大いに書き立てた(例えば、楳本 1957 を参照)。一例を挙げれば、村松は小説の後書きで、川島芳子が戦争や政争で活躍するさまを讃えて、「女傑」と言い表している(村松 1933, 341-343)。

顕玗の生い立ちは、アメリカ人の関心もとらえた。川島芳子は東洋からやって来た生ける伝説であった。当時アメリカでは、フー・マンチューやチャーリー・チャンのような人物が東洋の謎をかもし出している時代であった。顕玗はそれ故、分かりやすい形で大衆の想像力をとらえたのである。一九三〇年代初期に東京で開かれた日米学生会議の折りに、アジア各地を訪れる機会を得たアメリカの学生、ウィラ・ルー・ウッズは天津で愛新覚羅顕玗と出会い、五日間に渡って寝起きを共にした。そしてアメリカに帰国したあと、『プリンセス金　東洋のジャンヌ・ダルク』と題した回想記を著わした。その本の表紙でウッズは顕玗の経歴についてこうまとめている。「数々の偉業を成し遂げたひとりの中国人女性の驚くべき物語。高貴な血に生まれたが、一九一一年の辛亥革命で孤児となる。日本で教育を受けたが、故国の民を救わんと十九で母国中国へ舞い戻る。現在の中国政府に同調はしないものの、日本人の策略もよしとはせず」（Woods 1937）。この若いアメリカ人女性は、金皇女の日常をつぶさに見て、彼女の語る物語に耳を傾けた。ウッズは、顕玗に満洲名があることをどうやら知らなかったようだが、「東洋のジャンヌ・ダルク」のアイデンティティが一筋縄ではいかないことを、はっきりと知っていた。ウッズは顕玗に直接疑問をぶつけている。「北京に姿を見せると、あなたは時に川島芳子嬢と呼ばれ、時に皇女B・H・金と、そして時には女性司令官と呼ばれますね。それは何故ですか」（Woods 1937, 8）。残念なことに、ウッズは顕玗がなんと答えたかを記していない。

顕玗は天津でこの若いアメリカ人女性を心から歓迎し、劇場やダンスホールそして時には、自転車の遠乗りにもつれていった。顕玗はウッズに、熱河作戦などの軍事経験や、タクシー・ダンサー（ダンスホールなどで客と踊る女性）や諜報部員として上海の地下世界に潜伏するなどのスパイ活動について語った。ウッズの回想記には、顕玗の生涯や経歴に関して幾つかの誤りや誇張があるものの、顕玗は「失われた満洲王朝を復興する」という自らの決意をウッズに余すところなく伝えている（Woods 1937, 9）。ウッズの眼には、一九三一年の日中戦争勃発の時、金皇女が「自分を受け入れた国民」と「自らの故国」の間で「はさみうちになっている」ようにみえた。顕玗は、日本人を支持することを選んだのは「自分の両親が中華民国によりいかに虐げられたかということ、又兄弟が殺されたことを思い起こした」からだとウッズに説明した（Woods 1937, 18）。しかし、彼女の言説が真実であったかどうかは、分かっていない。生母と粛親王は、実際顕玗が幼いうちに亡くなっている。兄弟の何人かは、一九八〇年代に上坂冬子がインタビューした時点で、なおも存命であった。とはいえ、顕玗が家族に対する中華民国政府の遇し方についてもらした不満は、一九一一年の革命直後の満洲族の生命が曝された危機的状況を反映している。[18]

顕玗は長く暮らした日本で満洲族であるが故の差別を経験したことはなかったようだ。しかし、自分の中国にいる家族が虐げられたことをウッズに語った理由は、次のふたつではないだろうか。ひとつは、顕玗が中国に残る情報提供者か縁者から、多くの満洲族が置かれた困難な状況のことを聞いていたことである。もうひとつは、人が己の家族、社会の利益、そして名誉を、それらを害そうとする勢力または敵から守る権利があるのは、至極真っ当なことと考えていたので、顕玗は日中戦争時に日本の側に立つことを当然としたからだ。思うに、顕玗もウッズを利用しようとしたのであろう。それはウッズが西洋社会に顕玗の名を広め、その重みを拡大し、復讐という使命を担った満洲族の皇女にして兵士という自己イメージをつり上げることができると顕玗が予測したからである。そして顕玗のこの予感は的中した。

ウッズは、顕玗の政治観が中国人と日本人のそれのどちらの側からも距離を置いている、と書いている。ウッズが共和政体としての中国への支持と日本の侵略に対する反対を表明した時、顕玗は南京政府も満洲国政府も自分の意にかなうものではないとウッズに対し言葉を荒げている。ウッズの回想記はまた、顕玗の溥儀に対する強い批判を述べている。つまり、顕玗はウッズに「陛下はあまりに……あまりに『優柔すぎ』ます。あの方は日本人の言いなりなのです」と語り、さらに語を次いで「私の方は彼ら（日本人）の言う通りにするつもりはありません」と言ったという（Woods 1937, 12）。このように顕玗はウッズを前にして、日本人をあからさまに批判したようである。顕玗が日本人との間に築いていた関係の広がりを考えるとこのことはいささか意外であるが、アメリカで自分の著書が読まれることを考えたウッズが、満洲国の日本人についての顕玗の否定的な見方を殊更に強調しようとした可能性は排除できない。しかしながら、ウッズは顕玗を中華民国と帝国主義日本の公式見解のいずれにも与しない特別な政治目標を抱いた、地理的にも文化的にも日中の境界を行き来した「真に驚くべき女性」と表現している。ウッズは顕玗の住宅を評して、「中国式と日本式が交わった一風変わった家である！　そして人々は顕玗のことを評して、確かに皇族それ自体は満洲族の血筋ではあるが、この皇女は気の置けないアメリカ人のように、全世界のために行動している」と述べた（Woods 1937, 6）。顕玗の複雑なアイデンティティが持つ曖昧さは、ウッズが顕玗のことを「中国の皇女」と呼んだり「満洲族の皇女」と呼んだりするところにも見て取れる。つまりウッズがどちらの呼び名を用いてもよいと信じているところを見ても、その違いには気づいていないと見られる。それがために、ウッズの回想録を読む者は、「東洋のジャンヌ・ダルク」の意味について悩まざるを得ない。いったい顕玗はどちらのジャンヌ・ダルクだったのか。中国人にとってのヒロインなのか、それとも満洲族にとってのだったのだろうか。

この一九三〇年代の顕玗の「東洋のジャンヌ・ダルク」というイメージは、一九四〇年代に入ると、「東洋のマタ・ハリ」というイメージに取って代わられた。顕玗がスパイとして活躍したことその ライフスタイルが、このイメージを盛り立てたことは疑いを入れない（Burke 1947)。事実、一九四六年、在中米国大使館の一武官が国民党軍事委員会に文書を送り、顕玗のスパイ活動の調査をするように依頼している（牛編 1994, 132-135)。スパイとしての顕玗の評判は、諜報機関にとどまらなかった。西洋各国のメディアは、顕玗を東洋のあるいは日本のマタ・ハリと呼んだ。顕玗の処刑を報じている『ニューズウィーク』誌の記事（一九四八年四月五日）は、次にような書き出しで始まっている。「日本人にとって、この女性は『満洲国のジャンヌ・ダルク』であったが、迂闊な中国官憲にとっては『輝く翡翠』であった。つまり大東亜のマタ・ハリとは、上海のキャバレーや阿片窟で踊り子や売笑婦に身をやつした女だったのである」。さらに『ライフ』誌一九四八年四月二十六日号は、北平での顕玗の処刑を挿絵入りで報じているが、「あるスパイの死——中国人は『東洋のマタ・ハリ』を撃ち殺し、刑場の外にその身をさらす」という表題を掲げている。この記事は顕玗の満洲族としてのアイデンティティを伝えてはいるものの、その満洲名を記していない。顕玗をマタ・ハリとする見方はその後も衰えることはなく、例えば方令正の映画『川島芳子』について書かれた『シネ・フォーラム』誌一九九〇年十月号は、顕玗のことを依然「マタ・ハリの如き人物」と呼んでいる。顕玗をマタ・ハリと呼ぶ正にその世評こそが、裁判の行方を暗示していたのである。

満洲のマタ・ハリもしくは中国人の裏切り者――裁判にかけられた金璧輝

一九四五年八月の日本軍降伏からおよそ二ヶ月後に、愛新覚羅顕玗は北平の自宅で逮捕された。国民党政府は、顕玗を反逆者として告訴し次の罪名をあげた。満洲国宮廷では幹部として、日本では満洲国在外学生協会の座長としての役職を務めたこと、無頼漢を雇って満洲国のための定国軍を組織したこと、熱河作戦に参戦して中国と戦ったこと、機密情報を日本に通じたこと、「満洲族を復興する」(「復興満洲族(fuxing Manzhouzu)」)ことを目指し溥儀を北京へ連れ戻そうと企てたことと等である(牛編 1994, 148-150)。

顕玗側も裁判所側も彼女の自白書(zibaishu)では言うまでもなく、一連の尋問調書でも、金璧輝という名を最も多く用いている。しかし顕玗の場合は、名前、民族、国籍の選択に微妙な意味合いが含まれる。ごく初期の公的な通信文や記録では、すべて顕玗のことをChuandao Fangzi(川島芳子の中国語読み)と名指しで書き、その後に括弧に入れて中国名の金璧輝が付記されている(牛編 1994, 8, 15, 19)。つまり次第に中国名が公的な文書でも本名として使用されるようになっている。さらに中国当局間で交わされた通信文の一つは、この名称の切り替えを重視した、とはっきり記している。すなわち「もし同女の日本籍(riji)が確認されたら、一人の戦争犯罪人として裁判にかけられるべきである。もし中国籍(本籍 benji)が認められたら、中国人反逆者として裁かれるべ

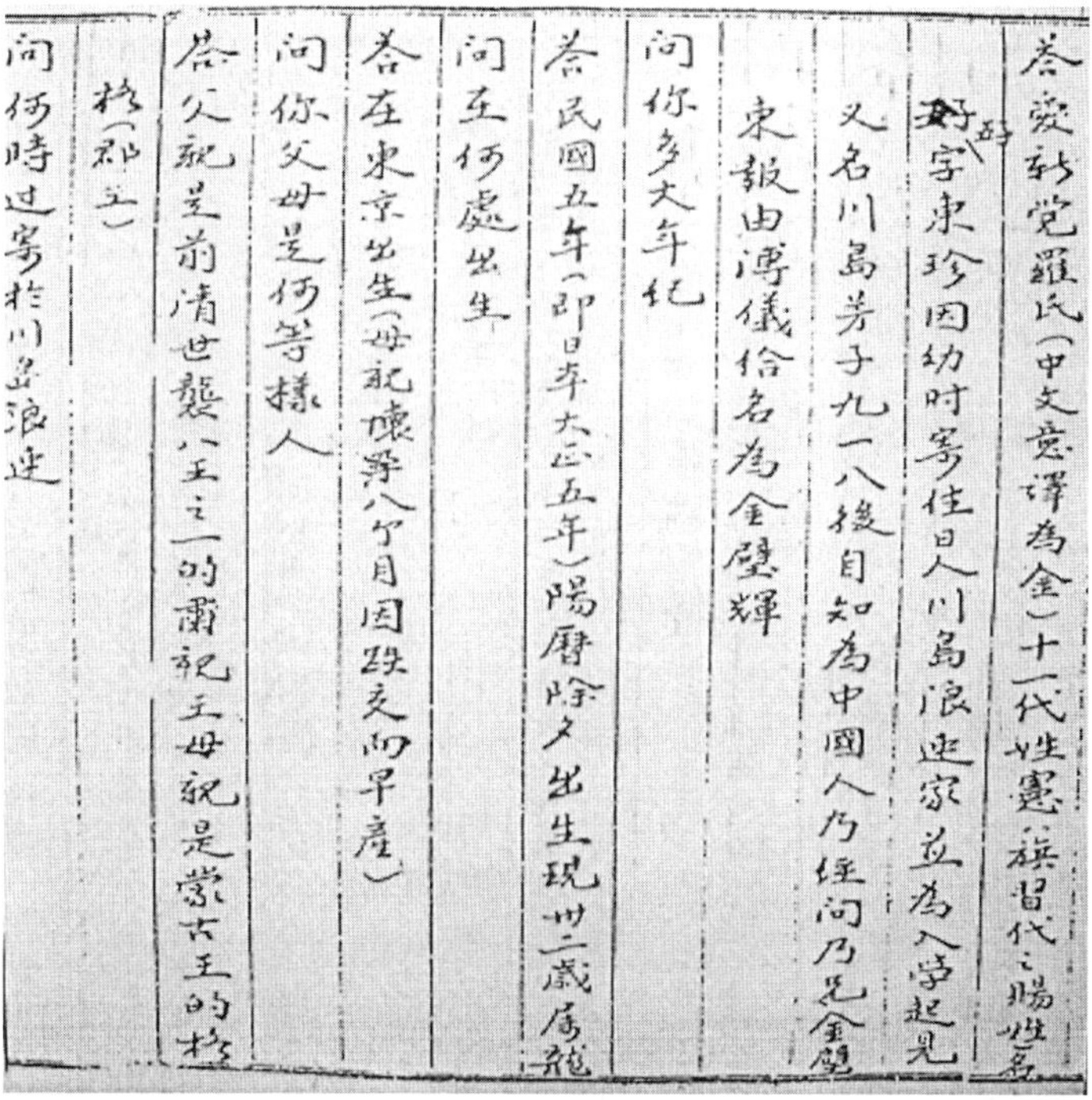
答 愛新覚羅氏（中文意譯為金）十一代姓憲（旗留代之賜姓名）
好（字東珍因幼时寄住日人川島浪速家並為入学起見
又名川島芳子九一八後自知為中國人乃經问乃兄金壁
東 報由溥儀給名為金壁輝
问 你多大年紀
答 民国五年（即日本大正五年）陽暦除夕出生現卅二歳屬龍
问 在何處出生
答 在東京出生（母親懷孕八个月因跌交而早產）
问 你父母是何等樣人
答 父親是前清世襲八王之一的肅親王母親是蒙古王的格
格（郡主）
问 何時过寄於川島浪速

図 3–3 「国防省戦犯法廷による筆記尋問記録」
同書で顕玗は、自ら満洲名、日本名、漢族名を持つようになった経緯を弁じている。（牛編 1994,242）

きである……この点は、漢奸案件処理委員会に提起されている」と（牛編 1994, 97）。

顕玗は、弁護人が、満洲族という民族的出自を持ちながら国籍は日本人であるという点に基づく弁論陳述を構成しようとするまで、自分がどの名前を名乗るかによって法律の解釈が微妙にかかわってくることに気づいていなかった。尋問の際はほぼ毎回、被告である顕玗に、氏名、年齢、出身地そして居住地についての同じ質問が繰り返された。この尋問の最初の頃は、顕玗は自分の中国名、金璧輝だけを使っていた。しかし住所だけは別にして、顕玗の答えは時が経つにつれて異なっていった。一九四五年十二月十一日には冒頭の尋問に答えて、「金璧輝です。三十二歳。北京出身です」と述べているが（牛編1994, 24）、後に、顕玗は旗人としての自らのアイデンティティを強調するようになり、その満洲名を改めて主張するようになった。一九四七年七月十八日の尋問の際は、顕玗は通常の冒頭尋問に対し、いつもとは似ても似つかない答え方をしている。すなわち——

（私の名は）愛新覚羅と申します。中国語では「金（Jin）」を意味します。（私は）顕という名を受け継ぐ者の第十一代です。八旗の者は姓としてこの代々の名（を使います）。私の名は玗で、字は東珍です。日本人川島浪速と暮らしたこともあり、学校に通う便宜上、川島芳子とも名乗りました。九月十八日の事変の後、初めて自分が本当は中国人であると分かりました。兄の金璧東に（自分の出自を）訊ねました。すると、話は溥儀まで通じ、溥儀その人が私に金璧輝という名をつけてくれたのです。[19]（牛編 1994, 242）**（図3—3）**

さらに一九四七年十月十五日の法廷での討論部会における、定例の冒頭尋問に対する答えから、顕玗と弁護人が彼女のアイデンティティをめぐって交渉していたことがよく分かる。まず顕玗は、「私は金璧輝です。三十二歳。日本人です」（牛編 1994, 372）と答えた。翌日には、その答えにひとつの短い言い方を付け加えて、「私は金璧輝。三十二歳です。中国人の血を引いてはいますが、日本人です」と言っている（牛編 1994, 384; 強調は引用者）。つまり筆記自白書、尋問記録、弁論陳述の至る所で、顕玗は、自分が中国人の血統にあり中国人であるという点を決して否定していない。しかし、顕玗の「中国人」というアイデンティティの表現の仕方を見ると、検事側と同じではないことが分かる。つまり、彼女はそれを公民権とは結びつけていないのである。この差は、自分が自らのアイデンティティをどう認識しているか、そして他人が自分をいかように呼ぶか、の両面において、アイデンティティの表現がどれほどとらえどころのないものであるかを示している[20]。

顕玗と弁護人が裁判所側と何度も争ったのは、顕玗自身の中国人、満洲人、そして日本人としてのアイデンティティ間の関係であった。彼らは弁護の焦点をふたつの尋問に絞った。顕玗が有していたのは、中国籍なのかそれとも日本籍なのか、そして戦時中の顕玗の反国民党的かつ親日的活動は、満洲族としての出自を斟酌すれば、罪に問われない範囲と言えるのかという点である。

顕玗は、満洲旗人としてのアイデンティティを事あるごとに顕示しようとした。彼女の弁護人は、弁護側陳述で「満漢関係」という表現を用いたが、顕玗が自らのアイデンティティを表現する時は、「満族」あるいは「満洲人」という言い方はしていない。弁護人たちにとっては、満洲族と漢族である中国人の間の緊張関係は、旗人と漢民族の間のそれと同一であった。しかし顕玗にとっては、旗人意識こそ自分と漢民族を分かつものであった。尋問の間も審理の間も、顕玗は自分が旗人であるという意識を何度も顕わにした[21]。ここで顕玗の筆記自白書と裁判記録の写しから、彼女が自分を

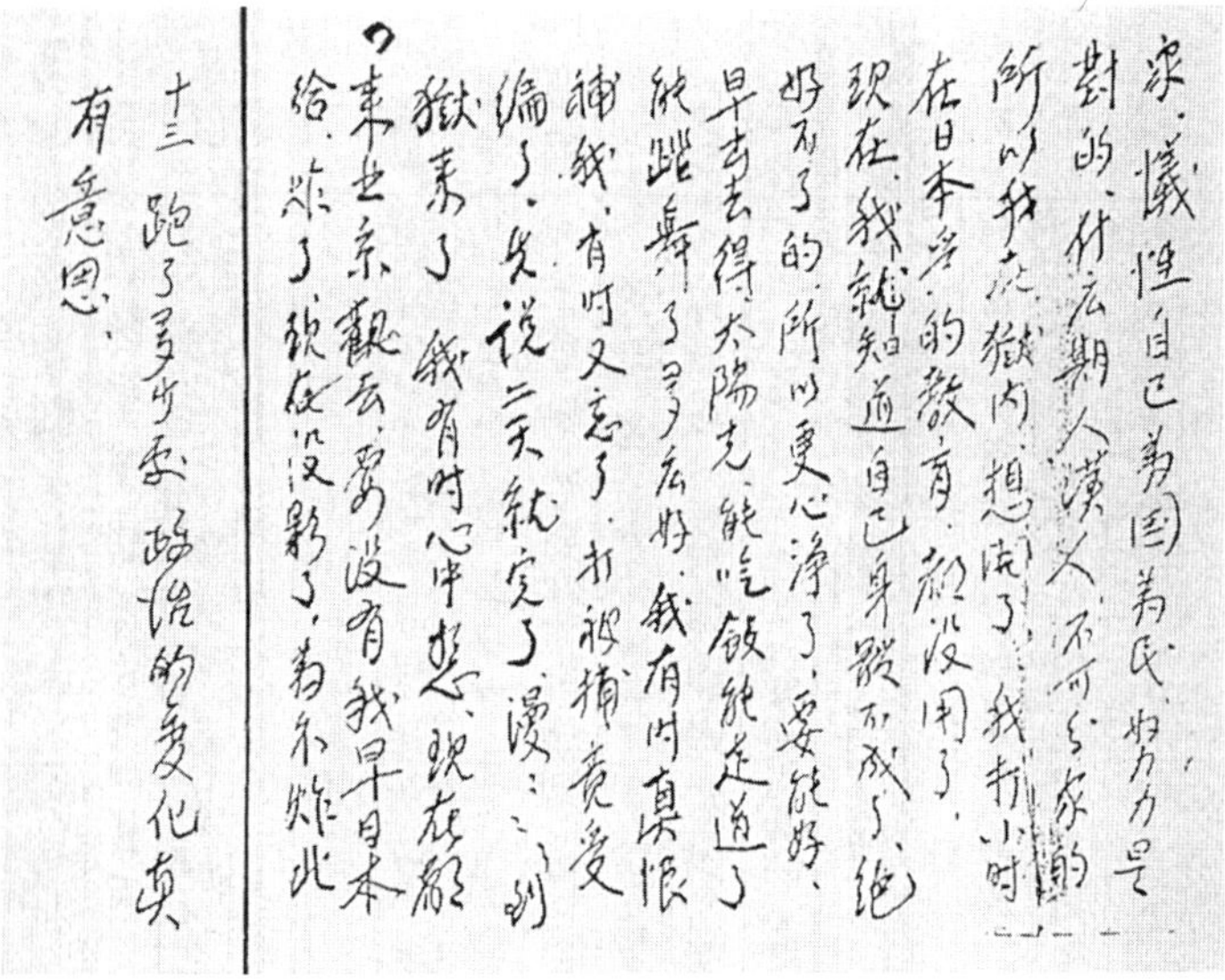
家、儀性自己为国为民、出力力量、
対的、什么期人（漢人）不可与家…的
所以我在獄内、想法了、我於小时
在日本受的教育、就没用了、
現在我就知道自己身败不成了、绝
好不了的、所以更心淨了、要能好、
早去得太陽光、能吃飯能走道了
能蹈舞了多么好、我有时真恨
神我、有时又忘了、我被捕、竟愛
編了、先说二天就完了、漫々、到
獄来了　我有时心中想、現在就
来世永、觀去、要没有我早日本
給、炸了、現在没影了、为不炸此

十三　跑了多少要　路活的变化真
有意思、

図 3–4　顕玗の筆記自白書（中国語による）
「期人」と書いているが「期」の字は間違い。（牛編 1994, 64）

どう認識していたか、また戦時中の活動を正当化するために旗人としてのアイデンティティをどう用いたかをさらに見て行こう。

満洲国建国当初は、顕玗は溥儀が満洲族父祖の地に戻ってきたことを、喜んでいたことを認めた。中国の北方は皇帝が、南方は蔣介石が統治したら良いとの夢想すらしていたのである。しかし、ほとんどの旗人が凄惨な日々を送る状況を見て、復興というその夢を完全に失ってしまった。結局、日本人は漢民族か旗人のどちらかを支援しようという意図もなく、ただ皇帝を利用しようとしているだけだと思い知ったのである。この筆記自白書の最後を読むと、顕玗が漢族の中国人と旗人の間の関係をどう理解していたかがよくわかる。「（私が）漢人なのか旗人なのかはどうでもよいことです。（このふたつの集団は）分かちがたい家族なのです。これは、私が獄中にいた間にようやくたどり着いた結論です」（牛編 1994, 46-65; 65 の引用）（**図3—4**）[22]。顕玗がここで述べたことを心から信じていたかどうか、我々は知り得ない。しかし顕玗は、彼女の筆記自白書を読む者が欲しているものとは、満洲族と漢族をひとつの「家族」と見なすことだと十分承知していたようである。

ここで顕玗が旗人と漢人はひとつの家族であると述べたことは、いかにも唐突である。と言うのも、彼女は他の場所では自分の旗人としてのアイデンティティを使って満洲国を支持したことを正当化するのが常であったからだ。初期の筆記自白書で顕玗は、旗人というアイデンティティがいかに自分の政治見解に影響を与えたかを説明して、次のように述べている。

> 旗人は自分たちが何者であるかを強く意識しています。私は自分自身に納得がいかないことがよくありました。自分が無力で腹立たしかったのです。いつでも故宮を再建し皇帝を玉座にお連れしようと思っていました。皇帝が北京にいて、そして中国南方が蔣議長（蔣介石）のものとなり、両者が力を合わせてより多くの産業を急速に振興するなら、（中国を）侵略しようとする者はいないでしょう。これこそ若い頃の私が夢想したことです。（牛編 1994, 58）

満洲国を盛り立てて清朝のかつての栄光に返り咲かせたいと思ったのか、と問われた時、顕玗はこう答えた。「私は旗人です。もちろんそうありたいと思っています。しかし、旗人には何の才能もありません。皆、役立たずなのです」。審問官が、宣統帝（溥儀）を支援することで清朝復興が可能だったのではなかったか、とほのめかすと、彼女はさらに食ってかかって、「旗人に十分な力があったならば、（我々は）清朝を国民党に明け渡すことなどなかったでしょうに」と述べたという（牛編 1994, 190, 192）。繰り返し「旗人」という言葉を口にし、旗人社会の脆弱さを評することは、顕玗自身が「満洲族」に言及する独特のやり方であった。さらにこの手口は大いなる自尊心とそれに劣らぬ程の自己嫌悪の混交という、二十世紀の満洲族の民族的アイデンティティの自己認識の鍵となる要素をも示すものであった（Shao 2002, chap.2, chap.5 を参照）。

しかし顕玗は、自らを弁護するためだけではなく、自分自身と自分を問い質す側の他者である漢族の中国人とを峻別するために、旗人というアイデンティティを利用することもあった。ある時、顕玗は自分の父親の名を告げるように求められた時、その名前は覚えていないと答えた。尋問官が驚きを隠せず「自分の父親の名前を知らないなんてことがありうるものか」と聞くと、「我ら旗人は、自分の父親を名前で呼んだりなどはしないのです」と答えた（牛編 1994, 170）。しかし、顕玗はその特異な暮らしぶりや服装のことを弁明しなければならない時には、自分の中のある他者を説明するため、旗人と日本人の両方のアイデンティティを用いたのである。「男装をしたのは、川島浪速の考えだったか」と聞かれて、「我ら旗人女性の多くは男と同じものを着るのです」と答えている（牛編 1994, 176）。後に日本籍を持つ中国人であると主張するようになると、この男装趣味は日本人女性の間で流行していたから、と述べている（牛編 1994, 326）[23]。

顕玗は、自分自身と祖先、それに祖先の出生地との関係を強調することによって、旗人としての自己帰属意識をあらわにしている。民族的アイデンティティは、しばしば近親概念や祖先崇拝、そして祖先の生誕を詩的に描いたりして形作られる（Eller 1997; Smith 1986）。顕玗は、なぜ溥儀が東北中国を統治すべきと思ったのか、なぜ仮想であったかも知れぬ日本軍の北京空襲計画を押しとどめたのか、そしてなぜ日本の軍事活動を支援するために熱河に向かったのか、といった質問に答える時はいつも自分の祖先崇拝の気持ちを繰り返し口にしている。顕玗が言うには、溥儀は自分の主人だからこそ、支援したとのことだった。そして、自分の先祖代々の遺産が北京にあるために日本軍がその地を爆撃することは許せなかったのであり、祖先が長白山脈の出であったからこそ復興運動を支援するために熱河と満洲へ向かった、と述べている（牛編 1994, 28, 181, 188, 192, 273）。つまり、顕玗は自分の旗人としてのアイデンティティを漢民族とは異なる「我々意識」として捉えていたこと、また――満洲族と漢民族を「ひとつの家族」と見なす初期の所説にもかかわらず――この二集団の間の関係を、緊張をはらんだあるいは敵対的とすら言える関係として受け取っていた、ということが見て取れる。顕玗は事あるごとに、自分が皇族の直系であるばかりでなく、八旗の成員であることを強調した。これは、戦時中に中華民国政府に抵抗した自らの活動を正当化するための手段であった。この点で、顕玗の活動は、当時の満洲族のアイデンティティ形成にあたって八旗体制が残したものを白日の下にさらすことになっただけでなく、八旗の人々のうちの一部を中華民国から疎外させることにもなった。

顕玗の弁護人も、顕玗の戦時中の活動の動機を日中間の抗争ではなく満漢対立として説明できるならば、減刑されうると信じていた。弁護人の一人はこう論じている。「検事の告訴状によれば、被告が満洲王朝の復興を目指したのは自分の父の遺志を継いだためであり、川島（浪速）一族の教えのためであります。満洲王朝復興というこの概念は、内乱問題に過ぎず、漢奸との罪には当たらないはずです」と（牛編 1994, 413）[24]。こうした論議の根底にある考えは、顕玗は満洲人であるがゆえに、その戦時中の活動は己の父祖が築いた清朝を転覆させた政府に向けられたもので、中国そのものではない、従ってそれを中国に対する反逆として断罪すべきではないということである。しかし検事はこの主張を棄却し、満洲族の清朝を復興させることは中国に対する反逆と同じものだ、と論じた。

他方、顕玗は中国人としてのアイデンティティをも全面的に否定することはなかった。時には、愛国心の意味するところを自分がいかように理解しているか、国民国家（nation-state）に対する個人の責任とは何か、を示すべく、中国ナショナリズムの言辞を受け入れることすらした。たとえば、一九三一年の奉天事件（満洲事変）の頃に中国に戻った理由を尋ねられた時、そのころは若く、中国人としてのアイデンティティに目覚めたばかりで、自身の眼で中国を見たかったからだ、と答えた（牛編 1994, 271, 325）。さらに自己弁護のための「弁白書」では、自分の日本籍を認め、「善良なひとりの中国人」であることを主張するため、自分の「中国人としての血」に訴えることもあった[25]。又戦争中も自分が中国人のために尽くしてきたことを証するため、顕玗と弁護人は何人かの中国人目撃者を捜し出してきて、彼女のおかげで日本軍に投獄されたり裁判にかけられたりすることを免れたのだ、と証言させた。これらの証言者のひとりは、戦時中に北平で地下活動に従事していた国民党中央調査局付の秘書であった[26]。

生涯最期の数ヶ月、顕玗はナショナリズムと愛国心という言説に加えて、一般庶民（老百姓）への慈しみも声高に口にした。日本語で書かれた最後の「自白書」では[27]、自分は「老百姓」主義を信奉している、と述べている。この最後の訴えで、満洲王朝の復興のために一般庶民を踏み台にするつもりはなかった、と主張し、戦時中中国について日本の大衆の面前で演説をするといったいくつかの活動は、中国とその一般庶民に良かれと思ってしたことだ、と述べた。こうして愛国心を全面に出す言い方から一般庶民に訴える言い方に切り替えたことは、国民党政府の法体系に対して顕玗がいささか不満を感じていたことを示しているとも言えるだろう。事実顕玗は最後の上訴で、法廷や捜査機関が裁判中に犯した不正を臆せず明らかにしている。さらに処刑の直前、弁護人にいくつかの手記を残し、その中で自分の処遇にあたる中国政府には失望したと述べ、「我ら中国が真の『五族共和』を達成できることなど、いつになるのだろうか。いつになったら、普通の庶民が本当の幸福の表情を浮かべるのを目にできることだろう」（牛編 1994, 516-517; 中国語訳 518）と問いかけた、と言う。

顕玗は、国民党政府が自分を裁くにあたって一切の望みを抱くことはなかった。彼女は尋問がまじめに行われないことにいらだち、官憲が証拠として数通の書簡、日本語の小説一冊、そして一本の映画しか使っていないことにおののいていた。実際、顕玗が日本籍を主張しても、検事はそれを否定するために確たる証拠を集めようと真剣に配慮することもなかった。顕玗は川島浪速が出した手紙が自分の日本籍を立証するのに役立つと思っていた。しかし検事は川島の手紙にはなんの法的効力もない、とあっさりと退けてしまった。その同じ検事が、顕玗の中国籍が公的に認められていることを立証するため、法的文書を提示することなく、こう述べた。

外国籍を取得しようと望む者は、（原文不明だが、おそらく公民事）課の認可を得るべきである。……本件の被告は、その外国籍を立証する確たる証拠を提示することができない。さらに、同女は（自己の中国籍を放棄する以前に）、公民事課からなんら許可を得ておらず、そのため、戦争犯罪人として審理にかけられた今、外国籍であることを根拠に法律から逃れることはできないのである。（牛編 1994, 494-495）

最後の弁論で、外国籍取得に先立ち中華民国政府公民事課から許可を得るべきであったと通告された際、必須とする件に関し、顕玗は一九一二年に川島の養女になった時、中国の国籍に関する法体系は明瞭ではなかった、と述べ、法的根拠の一部に不服を唱えた。さらに顕玗は「国籍とは何でしょう。そんな法律はあずかり知りません。自分の中国籍を放棄する仕方を知っていたはずなどと誰が言えるのでしょうか」と述べた（牛編 1994, 503）。

旗人か満洲族系中国系日本人か

顕玗が発した問いかけと、彼女と中華民国との一筋縄ではいかない関係を考えると、我々は中華民国時代の研究では長く顧みられなかった問題、すなわち旗人の複雑なアイデンティティの変容という問題につきあたる。つまり、中華民国という新たに建設された共同体の中で必ずしも万人が自らの位置づけを知ったわけではないのである。清朝の崩壊以前は、旗人は八旗体制への帰属意識を明瞭に持っていた。そして旗人官僚はこの八旗体制をしかるべき時期に確認し、旗人の生活における様々な規則を維持するべく努めたのである。しかし、中華民国が成立すると、旗人の皇帝は突如として「外国の皇帝」になってしまった[28]。それでは、如何にしてまた何時、八旗の人々は自分たちが中華民国の市民であって、外国人ではないと理解するようになったのだろうか。そして法体系及び行政上の規約が、如何にして旗人の国籍を規定したのだろうか。

清朝は、一九〇九年三月二十八日、国籍に関する最初の中国法を発布している。これは中国人華僑の国籍問題に関し、帰化政策に従う西洋列強と彼らの外国籍取得を禁じる清朝の間で数々の論争が起こったからである（『大清法規大全』1901-1909, 2: 995; 董 1943, 補遺 60-61 を参照）。そして三年後の一九一二年十一月、創設されたばかりの中華民国政府は、国籍法を公布した。さらに北京政府は、これを一九一四年と一九一五年に修正している。一九二九年には、国民党政府が別の法案を発布した。

しかし、四つの中華民国版にはほとんど違いはなく、どれも血統主義の原則に基づいているのである[29]。国籍法において中華民国と清朝の解釈の違いは、中国籍の喪失に対して、中華民国の方が血筋の正しさにより重きを置いていることである。清国の国籍法は、外国の養父の子となり、その養父と暮らしている者が自己の中国籍を放棄することを容認していたが、一九二九年の中華民国版は、外国籍の養父に関してこうした条項を有しておらず、「外国人の父を持ち、その子として認知されている者」が中国籍からの離脱ができるということを認めているのみである（董 1943, 補遺 28, 66）。

さらに中華民国の国籍法は、中国籍を放棄する前提条件として政府からの許可を得なければならないということを明文化している。そして顕玗が日本籍を証明するためには、日本政府発行の戸籍を提示することが求められた。しかし顕玗は、ついにこうした証明書を手に入れることができなかったのである。一九六〇年代、日本で顕玗の兄弟にインタビューしたある中国人作家によれば、川島浪速は中国の裁判所に手紙を書き、「芳子」はかつて川島家の戸籍に載っていた、と述べたという。そして、川島家がかつてあった信濃尻村（長野県）の三百人を越える住民がこの手紙に署名したという。しかしながら、川島浪速本人は戸籍抄本も謄本も提出することはなかった（朱 発行年なし, 186; 山口 1987, 237）[30]。牛山僧の『秘聞』に収められた自筆の川島浪速の手紙の写しと信濃尻村村長が作成した証明文書から、顕玗の兄弟は多分真実を語っていると思われる。さらに、上坂は顕玗と川島浪速が幾度も手紙を交わして、いかにして顕玗の日本籍を証明する法的文書を捏造するかを相談していたかを語っている（上坂 1984, 203-206）。しかし『マンチュリア・デイリー・ニュース』紙の記事によれば、正式に川島浪速の養女となり川島廉子という名前で日本に帰化したのは、顕玗の妹であったとのことだ。顕玗本人は、日本の国籍など手に入れていないと言う（同紙一九三三年十月十一日）。

興味深いことに、顕玗の中国籍はいかなる法的文書によっても立証できず、中華民国国籍法から論理的に推論できるだけである。顕玗の国籍をめぐる混乱は、清朝の崩壊直後数年間は、国籍についての明確な概念が欠落していたからであるが、民族的・国民的アイデンティティは常に揺らぐ、という事実にも起因すると考えられよう。実際顕玗と弁護人が、ある個人の自国に対する責任とそのために発生する反逆罪を規定するに際し、国籍の重要性を理解したのは、審理も終結に向かう頃であった。この事実から、中国におけるナショナリズムの勃興にもかかわらず、国籍という概念それ自体が顕玗の世代の人々にとって、いかに曖昧であったかが見て取れる。事実、中華民国政府は、華僑の国籍を証明する書類を長い間発行しなかったのである。そのため多くの華僑が追放されたり酷使されたりした、と伝えられている。一九二九年に入っても、辺境地域の住民は中華民国政府の発行する国籍証明を要請しなければならなかったという（『熱河省公署檔』第一二四八号、一九二九年十二月）。このことは、国籍概念とその法的重要性が、初期の中華民国では政府要人の間でさえ脆弱なものであったことを表している。

他方、顕玗は自白及び法廷陳述において、自分が中国人であることを否定したことはなかった（牛編 1994, 384）。しかし、自分の国籍は中華民国ではなく日本にあると述べることにより、顕玗と弁護人は「中国人であること」の定義を拡大解釈しようとした。だが判例を見ると、成立直後の中華民国では、満洲族というアイデンティティがより大きな「中国人」というアイデンティティに従属するものと考えられていた。顕玗と法廷が用いた「中国人（Zhongguoren）」という言葉は、「国（guo）」という文字に根ざした「国籍」に結びつけて考えられることはあまりなかった。それは中国全民族（中華民族あるいは華夏子孫）が等しく共有する炎帝と黄帝以来の一系の血脈の概念はもちろんのこと、満洲族と中国国家の間の分かちがたい相関に基づく歴史遺産に根ざした、〔国民国家とは異なる〕民族国家的アイデンティティと結びつけられることの方が多いのである。この場合の「Zhongguoren（中国人）」という言い方は、民族性と国民性の間に位置する中間的なアイデンティティの表示といえるだろう。弁護の中心点は、顕玗が血統上は満洲族で、歴史と継承という視点から見れば「Zhongguoren（中国人）」だが、法を厳密に解釈すれば日本国民ということにあった。

一九四七年十月二十二日、河北省最高裁判所は、顕玗が戦時中の活動を正当化するために満洲族のアイデンティティを利用することを、中国法廷は一顧だにしない最終判決を下した。顕玗が満洲族の血を引くことは認められたが、彼女を名指す時は中国名と日本名のみが使用された（牛編1994, 423-425）。南京最高裁判所の判決は、被告からの再審請求を却下し前評決を支持したものだが、そこでもその中国名と日本名のみが使用されていた（牛編1994, 435-441; 益井1977, 278-280）。

評決において、顕玗の「漢奸（hanjian）」という犯罪行為は、日本政府のためのスパイ活動、「満洲国傀儡国家」組織への参画、日本の高官及び軍人との親交、満洲国と中国の一連の「傀儡」組織における公的私的な地位の所有などによりなるとされた（牛編1994, 423）。

一九四七年のこの評決で注目すべきことは、一九四六年の起訴状に提示されている満洲族復興のための営為という問責に、言及していないことである。このことは、民族上は満洲族であるためその復興活動は反逆罪の告発にはあたらない、との被告の主張に対し、検事が正面から回答することを避けたからであろう。さらに、顕玗を一中国国民として審理にかけようという中華民国側の根拠を検討する価値もでてくる。評決の中の次にあげる箇所は、顕玗は日本籍を有しその動機は満洲王朝の復興にあるので、反逆罪ではなく戦時犯罪として裁かれるべきとの被告の主張に、真っ向から答えるものである（牛編 1994, 407）。

> 被告金翡翠は、旧清朝の粛親王善耆の娘であり、川島浪速と名乗る日本人の養女となった。被告は一九一六年日本国東京にて出生し養子縁組により日本籍を取得したと主張したが、「血統主義」の原則に基づく中国国籍法第一条に従えば、出生地が中国または国外のどこであれ、当該個人がその出生地の外国籍を取得したかどうかにかかわらず、当該者が中国人を父として生まれる限り、中国人として遇されるべきである。被告の父善耆は、清朝皇帝の退位後日本に移り住む。しかるに同人はその中国籍を失わず、被告は川島浪速の養女となり日本籍を取得するも、上述の国籍法第一項によれば、被告は中華民国の国民として遇されるべきである。特殊犯罪に関する法規第一項第二節によれば、被告の犯罪は（反逆罪に関する）当法廷で裁かれるべきである。（牛編 1994, 423; 強調は引用者）

この評決（死刑）は、顕玗の中国人としての血統、より正確にはその父の中国籍に基づくものであった。

顕玗のめまぐるしく変転するアイデンティティを巡る攻防が最後にもう一転したのは、処刑前に着ていた囚人服を日本の着物に換えたいと申し出た時であった。しかしこの願いは聞き入れられなかった。[31] 顕玗は張平三氏にあてた手紙の中で、「このような政府（国民党政府）が長く続くはずはありません」と日本語で書いている（棋本 1984, 頁数なし）。そして、養父川島浪速にあてた手紙には、若い人々へ中国の将来のために祈るよう伝えてほしいと書いている（牛編 1994, 600）。顕玗は日本人としてのアイデンティティを熱心に訴え、中国への共感を表し、人生の最期の瞬間を過ごす国の中国を中華民国政府から切り離した。

おそらくその複雑な背景のためか、一九四八年三月二十六日の『大公報』紙が掲載した処刑を伝えるふたつの記事の内のひとつは、顕玗が宣告された罪については非難せず、強い哀惜の意を表して、「おそらく同女は悪しき存在であったが、生を終えるその時まで賢明かつ可憐であった」と伝えたのであった。

中国で語り継がれる顕玗

顕玗の人生は極刑にふさわしかったのか、あるいは顕玗を漢奸（hanjian）として裁くのが公平であったかを論じるのは、的はずれというものである。重要なことは、これまで述べてきたように、顕玗が死を免れるために自分のアイデンティティを他者といかに交渉し、そして失敗したかということである。又顕玗が中国でどのように記憶されているかを検討することも重要である。中国人の彼女を見る眼は、国家形成がアイデンティティの再構成にいかに影響するか、公的な歴史は大衆の記憶にいかに限られた影響しか与えられないか、を映し出してくれるのである。

顕玗の中国名と日本名は、今日の中国では「女反逆者」あるいは「女スパイ」に等しい、と言ってよい。この点で、顕玗はマタ・ハリ（ゲルトラッド・マルガレーテ・ゼッレ、一八七六―一九一七）やヴィドクン・クヴィスリング（一八八七―一九四五）といった悪名高き人物と同様の宿命を被っているようだ。例えば、二〇〇〇年の台湾総統選挙の結果は、陳水扁と呂秀蓮ら民進党の候補が勝利を収めたが、中国のインターネットフォーラムにのった台湾海峡情勢に関する討論で、川島芳子の名が口に上った。フォーラムでのポスターでは、台湾独立を主張し日本の台湾統治を評価したと報じられた呂秀蓮が「川島芳子の再来」と非難されているのである。(32) 日本のスパイとしての顕玗のイメージも、同じく忘れられることはないだろう。中国語であれ翻訳物であれ、多くの文学作品において、川島芳子の謎めいた生涯は、スパイ活動を取り巻く謎と秘密のオーラを失うことはない。つまり終戦後半世紀以上たった今も、中国、日本両国で顕玗は脚光を浴びているのである（朱発行年なし；楳本 1984; 山口 1993; 柳 1997）。たとえば一九九七年に出版された歴史小説『中華民国トップの女スパイ』のカバーに印刷された次の文章が、顕玗を取り上げた中国の文学作品の主だったイメージを代弁している。曰く、「（この女は）中国人民の血を浸した邪悪な心と汚れた手を持つ血に飢えた女スパイにして、己の肉体を金に換えて国民党と祖国から重大な機密情報を盗んだ淫売なのだ。小賢しくも世人と自己を害し、ついには自らがなしたことを死で償った女囚である」（柳 1997）と。しかし、川島芳子という名がもたらすイメージは、それを想像する人がどの集団に属するかで実にさまざまなのである。広州の『羊城晩報』紙が掲載した短いニュースは、このことを物語っている。

ウルムチ発「中国でどこにでもある包丁には、悪名高き『川島芳子』の商標が付いている」――ウルムチ地質探査設計院の元職員王世祥は、記者に怒りをこめて「包丁に女スパイなんぞの名を冠しておいて、恥じることはないのだろうか」と語った。数日前、とある住民からもたらされた情報により、記者はウルムチ市のアルタイ路にある北園村卸売り市場へ匿名取材をしに出かけ、苦もなくそうした（「川島芳子」ブランド名の）包丁を行商のスタンドで見つけた。包丁の上にくっきりと刻まれているのは、「川島芳子」という四文字で、傍らに「広東製」とある。店の者に「この川島芳子とは何者か知っているかい」と記者が尋ねると、「日本人に決まっていいるだろ」と答えた。記者が、川島芳子は日本のスパイなんだが、と告げると、この男は鼻で笑って、「それで何が気に入らないのかね。これは菜切り包丁で、別に人様を切り刻むものではなかろう」と言った。[33]（強調は引用者）

元職員が怒りを露わにしていることから、この人物の倫理上の基準に照らせば、川島芳子の名は嫌悪すべきものであることが分かる。しかし行商の者の方は、おそらくあまり学のない者か、あるいは川島芳子に関する公式見解をあまり知らないからなのか、また別の倫理基準に従って彼女を想像していたのである。

とにかくその死後半世紀以上がたった中国では、顕玗はなおも少なからぬ憎悪と侮蔑を掻き立てる人物のようだ。しかし、境界線の指標は、時と場所により変化するので、アイデンティティを理解するもとになる法的、倫理的な規範の客観的な準拠もまた変化するのである。最近では、中国の公的な歴史では害悪とみなされ糾弾された歴史上の人物を、再評価する動きが現れた。[34]顕玗について書かれたものの中で、日本人に協力したことに共感している例は乏しいものの、その動機や持って生まれた性格は、時に再評価の対象になってきている。たとえば、中国各地の少数民族に関する大衆向けのシリーズ物の一巻である、一九九五年出版の東北人気質についての本で、顕玗はあいかわらず「漢奸」と呼ばれている。しかし、誰よりもまず川島芳子について語らずには、東北人女性について述べることはできないとも論じている（楊 1995）。しかし、この本の著者はお定まりの非難や倫理的な悲憤慷慨の調子には染まっておらず、むしろ顕玗――本書では終始一貫して川島芳子その人と見なしている――の、困難に堪え忍ぶ力と満洲王朝を復興しようという政治的理想のために尽くそうとするその志とを賞賛している。著者が顕玗を日本人と協力したかどで断罪しようとはせず、その代わりにその動機を賛美していることを見ても、顕玗の評価に見逃せない変化が起きていることが分かる。とりわけ、この本が学問的な書物ではなく一般読者向けのものであることを考慮すれば、まさにそう言えるだろう。

一九九〇年代に、顕玗に関連するテーマはさらなる変化を遂げ、映画やステージ上で注目を浴びるようになった。一九九〇年には、方令正の監督で、李碧華（Lilian Li）の小説『満洲最後の王妃』を原作とする映画『川島芳子』が、香港で作られた。この映画の中で顕玗は、驚くべき共感をもって描かれている。つまり、この映画の顕玗はふてぶてしく残忍な裏切り者のスパイではなく、変わり行く歴史の流れにあらがうべくもない犠牲者なのである。愛新覚羅顕玗は、日本生まれで戦時中の満映のスターであり、国策映画で中国人女性役を演じることを十八番とした、山口淑子（李香蘭）の生涯を描いた日本のミュージカル『李香蘭』においても、登場する。一九九二年四月、日本の劇団四季が北京で『李香蘭』を上演した際、観衆のひとりは次のような意見を述べた。「山口淑子や川島芳子などの亡霊を呼び起こして、我々が見ている前で歌うなり踊るなりさせたところで、日中関係史の正しい理解のために役立つのだろうか」（王 1992, 11）。

この問への答を、有名な作家で優れた文化人でもある王蒙が一九九二年の「人、歴史、李香蘭」

と題した記事で、次のように述べている。このエッセイは憤慨する友人に向けて書かれたものだが、歴史が変転する渦中で人生の方向を舵取る個々人の無力さに、（文化大革命でひどく辛酸をなめた）王は共感を示しているのだ。王が強調している考え——それは中国で十分受け入れられていると はとうてい言い難いが——は、敵味方の線引きが明瞭と考えられていた第二次世界大戦においてさえ、グレー・ゾーンがあったというものである（王 1992, 12）。第二次世界大戦中の中国と日本の間に明確な線引きができるとの考えは、王によれば現代のナショナリズムの産物であり、当時の歴史的な力関係を正確に写したものではないと言う。顕玗のように、どの国民国家に対しても自分と同一視することを時に拒み時にためらい、混迷の中でついにその答えを出せなかった者にとっては、そのような線引きは存在すらしなかったのである。中国のナショナリズムの力が失墜しないとした上で、顕玗が体験した困難な歴史の状況に対するこうした修正論的な見解がどれほど広まるかは、もう少し時間を経てみる必要があるだろう。

結語

顕玗が戦争犯罪人の土肥原健二（一八八三—一九四八）についてどう思うかと訊ねられて答えた言葉は、本章の冒頭にすでに掲げた（牛編 1993, 253）。そこからはアイデンティティの多様さのみならず、個人が社会に対して持つ、さまざまなレベルでの複雑な関係を見て取ることができる。顕玗はあきらかに、移り変わっていく国境を幼少期から何度も越えて行き来した。このことが、異文化間のジレンマと自己のアイデンティティについての内面的構成に、少なからぬ混乱をもたらすに至ったのである。顕玗の生涯と経歴を見ると、個人と社会の関係をより包括的に理解するためには、作られたアイデンティティがいかに理解され消耗されるかをさらに研究することが必要だと痛感される。

もちろん、人はただひとつの一元的なアイデンティティというよりも、いくつかのアイデンティティを組み合わせて有しているのが自然である。だが、民族的・国民的アイデンティティに関する学問的研究は時にこのことを忘れてしまい、次の事実を見過ごしてしまう。それは、国境を行き来する体験を経た個人は、すべてをひっくるめて初めてその人となりが分かるような、複合的なアイデンティティを持っているということである。言い換えれば、体制側の願望にもかかわらず、人はいつでも、特定の民族的あるいは国民的集団のような、はっきりと定義づけられた学問的あるいは公的な分類集団に属するわけではないのである。さらに、こうした分類の名称が意味するものは、広義であれ狭義であれ、時と所が違えば異なってくるのである[35]。例えば、顕玗は、ひとりの旗人女性であるとともに清朝皇帝に連なる満洲族であり祖国が抗日戦只中にある中国人であった。しかし同時に、幼少期と青年期の大半を過ごした国である日本との強い絆をも率直に感じ、日本国籍の所有を主張したのであった。反逆罪で審判に付される前は、こうした数々のアイデンティティを顕玗が一身にまとうことを阻むものは何もなかった。しかし、ひとたび反逆罪の嫌疑で法廷の場に引き出されるや否や、国家形成と国民形成から生まれた法規範に基づく明確なアイデンティティの線引きを求められ、国籍こそが他のアイデンティティを抑えて上位に位置づけられたのであった。反逆罪裁判では、曖昧さが入り込む余地はなかったのである。

顕玗の戦時中と法廷での経験を見ると、民族的・国民的アイデンティティは常に作られるものであり、いついかなる場でも確立されうるものではないということが明らかになる。顕玗は、個人としての責任を国民党が率いる中国の国家に帰属させるのではなく、自分が属する民族集団とその集団への援助を約した外国に帰するものと考えていた。しかし、中華民国は、法律上は顕玗を中国人民と見なして、それがためになによりもまず忠誠を誓うべきと信じる社会——国民国家としての中国——への裏切り者として断罪したのである。個人の自己帰属意識は、法律上の定義だけでなく、本人がどう考え、又他者の視線をどう受け取るかといった様々な要素を合わせて形成される。しかし、近代国家というものは、個人の国民的アイデンティティを特定し決定する権力を保持している。ここに、個人の「最終的な」アイデンティティをどう定めるかをめぐり、必ず争いが生じてくる。特別な状況下、とりわけ国家の安全がかかわるような場合は、法律で民族的・国民的境界線を画定することがあるし、一個人に決め手となるアイデンティティを強要することもあろう。二十世紀前半は、日中間の国境線が不明瞭となったため、「中国人」「満洲人」「旗人」の間の線引きも書き換えることがあった。このため、顕玗は法に直面することなく、複雑な民族的・国民的アイデンティティを使い分けることができたのである。しかし、状況は変わり、自己のアイデンティティを一本化するよう取捨選択を余儀なくされるようになった。前から曖昧であったアイデンティティのいくつかは価値を喪失し、国籍こそが反逆者と戦争犯罪人を選別するための基本的なアイデンティティとなった。顕玗はそれを理解するには、すでに時機を失していた。ここに彼女の手落ちがある。

顕玗は新たに作られた中華民国に自己のアイデンティティを帰属させることを拒む者の一人となった。さらに、国家構成がいまだ完了していない時期に、中国に自らのアイデンティティを定めることを拒否した世代の一人でもあった。つまり、二十世紀前半、満洲での国民的・民族的境界線が移り変わりつつあった時に、それらの境界線を行き来した何千もの人々の一人が顕玗であった。最近日本と朝鮮半島から満洲への移民の生涯をあつかった研究がいくつか出版されている。こうした研究から、我々は民族国家の形成と瓦解の時代におけるアイデンティティ形成の歴史を、深く理解できるようになった（Brooks 1998; Kim 1992; Fogel 1998; Kuramoto 1999を参照）。しかし今日でも、国境を越え国家を移りゆく民族にまつわる問題に関する我々の理解は、中国・日本・朝鮮半島を分け隔てる地理上の境界線によって制約されている。一九三〇年代・一九四〇年代、国境が明確ではなかった時代に、顕玗とその世代が越えたあるいは越えたと信じた境界とは何であったのだろうか。

私が顕玗の様々なアイデンティティを研究したのは、人を分類する公的な「硬い」境界（法的・制度的）と非公的な「軟らかい」境界（文化的・個人的）の間の相互関係の諸相を説明しようとしたからではない。読者に、個人の経験の研究に目を向けることを促し、国民形成と国家建設の時代に、個人が民族的・国民的アイデンティティをどのように交渉したか、ということを知りたいからであった。ここで私が指摘したいことは、次のことである。国家を超えて流れる人と思想を研究することは、国民国家間の厳密な境界を無視することではなく、又民族的・国民的アイデンティティのゆらぎを過大評価することでもない、ということである。境界を越え、ある想像上の社会を拒絶した顕玗でさえ、自らのアイデンティティを定めるためには、法的規範と社会的に容認された民族的・国民的境界に依らざるを得なかったのである。さらに、私は国家を横断する者を、ふたつのカテゴリー、すなわち地理的にそうするものと歴史的にそうするものとに分類できることも指摘したい。華僑のように、地理的に見れば中国の外に居住する者を国民と認めるためには、ナショナリズム的観点からの言辞と中国国民の間で共有される歴史的記憶といった、文化的な装置が必要となる（Duara 1997, 1030-1051）。しかし、顕玗のように歴史的にも幾つかの国にまたがる人物は、帝国時代のように、歴史的状況下で社会の境界が移り変わりつつあるような歴史上の特定の時期においてのみ、自己帰属意識を法に従属させることができる。歴史的に国家間を渡り歩く者を国民とする手続きは、国家構成の際に引かれる明確な境界線の再構成と密接に関係している。つまり、種々のアイデンティティの帰属・自己帰属を我々が理解するためには、制度面での国家形成の研究と、イデオロギー面での国民形成の研究の両方が必要なのである[36]。民族的・国民的アイデンティティは、文化的なあるいは主観的な指標だけではなく（Barth 1969; Anderson 1991; Harrell 1995）、法律と社会規範によっても構成される。これらはたとえある種の想像の産物であっても、客観的な指標としても用いられるのである。最近はナショナリズムを否定したり国民的アイデンティティは全く政治的な作り物であると主張されることがよくある。これは国民国家を形づくる要素の中で、想像によって構築されたものは従来考えられていたほど強固ではないという前提に基づいている。しかし、国民国家では、それを想像力でとらえることにより、法的かつ社会的に容認される倫理規範たる境界線が明確になる。顕玗の生涯は、満洲族は決して民族統治権を持つことができず、中国人という国民の中の一民族集団として生きてゆくほかはない、ということをはっきりと示したのである。

注

・**図3―1、3―3、3―4**　『川島芳子的驚人秘聞』牛山僧編（1994）の表紙には、連絡先に関する情報がなく、出版社名の香港経建集団有限公司が記載されているだけである。この写真集に収められた三枚の写真を使う許可を得ようと、手を尽くしてみたが、出版社を特定することはできなかった。

・**碑銘**　牛編 1994, 253。土肥原健二（一八八三―一九四八）は、軍の諜報機関の長であったときの瀋陽事変（満洲事変）（一九三一年九月十八日）などの中国での日本の一連の活動と華北の独立運動に関わりを持った日本陸軍軍人であった。極東軍事裁判において有罪となり、一九四八年に処刑された。

（1）顕玗の生誕日は定かではない。『日本史大事典』第二巻四六二頁によれば、一九〇七年三月二十三日となっている。満洲皇族譜の満洲国版（愛新覚羅宗譜一九三八年）にあたってみたが、彼女の名と生年月日を見つけることはできなかった。日本の墓石には、年齢四十二の前に「推定」の二字が刻まれている。渡辺 1972, 271 と上坂 1984, 245-246 を参照。

（2）英語で満洲国の名称を書く時は、たいてい Manchukuo とするか拼音の綴りで Manzhouguo とするが、満洲国外務省は、英語の国家名称はManchoukuoと綴らなければならない、と主張した。*Bulletin Extra*, 一九三二年十月一四日を参照。本章では、巻全体のスタイルに合わせてManchukuoとした。

（3）愛新覚羅顕玗判例の法廷正本の写真オフセット版は、牛山僧（筆名と思われる）編1994のもので、これには尋問記録、顕玗の筆記自白書、中国当局との間の書簡、評決、弁護人の上告書及び面接記録などが含まれる。

（4）清朝の軍事基盤は八旗制度であり、これは八種の満洲族、八種の蒙古族、そして八種の漢族の旗からなる社会的・政治的・軍事的組織である。旗人の身分は世襲により維持される。八旗の駐屯地は、清朝の領土内の戦略的な場所に配置された。八旗制度についての詳細は、定1992; Elliott 2001を参照。

（5）例えば、一九三〇年代初期の中国人学者は、東北地区は古代から中国の不可分の領土であると論じていた。Li Ji（Li 1932）及び傅思年（傅1932）による東北研究を参照。さまざまな民族集団からなる統一された中国国家（中華民族Zhonghua minzu）という概念は、漠然とではあるが、二十世紀初期国家救済運動の談話や著作において広く支持されるようになった。

（6）*Orphan Warriors* 所収の満洲族の一家族を扱ったパメラ・クロスリーの伝記研究（Crossley 1990）は、ひとつの事例である。民族分類に関する論考のTamanoi 2000は、個人による民族の概念化を分析するために日誌を用いた好例である。

（7）粛親王は、満洲族の最高位にある八皇子の内の一人の十代目の子孫であった。高位の満洲族としては例外的に、宣統帝の退位よりも革命軍との戦いを主張し、清朝への忠誠を身をもって示した一人である。しかし一九一二年に皇帝が退位すると、旅順（ポート・アーサー）への流刑に処せられた。また満蒙独立を支持する資金を調達するために、私財を売却したこともあった。川島浪速の清朝復興運動と粛親王との関係は、中国政府の注目するところにもなった。『清代檔案資料総編』（故宮博物院明清檔案部編1978-, 204-205, 212）に収められている、東三省総督の趙爾巽から各地に広がった彼の部下たる官吏にあてた電信文、並びに趙と袁世凱の間の電信文を参照。善耆は自分の子どもを全員日本に送って教育を受けさせている。子息のひとりである愛新覚羅憲均による、中央檔案館(2000, 708-722) 所収の口供書を参照。

粛親王についての詳細な情報は、『満蒙研究彙報』に収められた川島浪速の著作に見られる(川島 1915-1916)。私が見たのは、第二分冊の六七―七一頁、第三分冊の九二―九七頁、第七分冊の六六―七三頁で、すでに出版されたものの一部に過ぎない。

(8)『大公報』紙一九四八年三月二十五日を参照。「紅炉上一点雪」は、日露戦争で戦死した川島浪速の弟の墓石に刻まれた碑文である(渡辺 1972, 271; 上坂 1984, 245-246)。上坂は、墓碑銘に添えられた署名は粛親王のものと指摘しているが、これは銘文が粛親王その人の手によることを語っている(上坂 1984, 246)。顕玗はこの碑文のことを聞き知っていたに違いない。

(9) 一九二八年から五六年にかけての熱河省は、今日の内蒙古、河北省、遼寧省の一部地域にまたがっていた。一九三三年一月、日本は熱河省が満洲国に帰属することを宣言した。一九三三年二月と三月に、日本軍と満洲国軍は熱河の中国軍を攻撃した。そして蔣介石の宥和政策のせいで、熱河はまもなく日本軍の手に落ちた。熱河作戦は塘沽停戦協定をもって終結し、これにより万里の長城と北平の間に非武装地帯が設けられた。中国軍はこの地帯から撤兵しなければならなかったが、日本軍は義和団事変の北京議定書に規定された権利を根拠に駐留することができた。顕玗がこの作戦に従軍したこと、とりわけ安国軍(あるいは定国軍)を組織したことは、評決に連ねられた主たる罪状のひとつであった。顕玗の軍隊は、主に匪賊で構成されていた。熱河作戦への従軍と自らの軍事勢力を拡張せんとする顕玗の強い意志については、孫 1993, 3; 114-118 を参照。見たところ、日本人はこの自称金「司令官」を本気で相手にはしていなかったようだ。『現代史資料』1964, 11; 793 を参照。

(10) 全員が、一九三〇年代・一九四〇年代の日本の有力な軍事・民事上の高位高官である。

(11) 朝日新聞社編 1977, 1186-1187 に所収の古川大航についての短い伝記を参照。

(12) 牛(牛編 1994)によれば、顕玗の遺骨の半分は日本で埋葬され、残りは北京の公共墓地にあると言う。この牛の情報を確認する裏付け情報は見つかっていない。

(13) この小説は、はじめ日本の雑誌に連載された後一九三三年に単行本として出版された。

(14) ここで用いる「満洲人」という表現は、「満洲に住む人々」もしくは満洲族を指す。この言葉は、中国を「併合した」民族と理解することを前提としているので、"the Manchus" という英語の方がこの場合はより適切な訳語となろう。さらに、ここで引用された箇所に先立つ場面で、「満洲人」であるという自分の自己帰属意識は友人たちが「関東人」と自覚していることとはかなり異なっていると満里子が述べる時、その「満洲人」に込める意味は郷土愛よりも強い民族ナショナリズム的感情を伴っている。

(15) 「僕は祖国を愛する」『婦人公論』誌一九三三年九月号。上坂(1984)はこの記事に言及している。二〇〇四年春にコンラッド・ミッチェル・ローソンがこの記事の在処を突き止め、親切にも日本から私のところに送ってくれたので、この特集号を初めて手にすることができた。

(16) この報告書によれば、顕玗は熱河定国軍の司令官の地位に就くよう任命され、日本軍の諜報活動に協力していた。

(17) 『マンチュリア・デイリー・ニュース』紙(MDN)に載った川島芳子についての情報を教えてくれたのは、デービッド・タッカーである。その厚意に感謝したい。

(18) 辛亥革命期に満洲族が多数殺害された事件については、二十世紀初期以降満洲族の手により出版されたいくつかの書籍を参照のこと。例えば、金梁による補遺と共に出版された呉自修の『辛亥殉難記』や『清史稿』におさめられたいくつかの列伝がそれである。Rhoads 2000 も反満活動の証拠を記載している。さらに金啓孮の回想記(金啓孮 1998)は、満洲国建国後、北京で見られた反満感情や反満運動の具体例を挙げている。多くの満洲族及び旗人は、中華人民共和国建国の後の一九五〇年代に、戸籍の民族欄に「満洲族」とは書き入れなかった。これは、二十世紀前半、満洲族であるが故に体験した苦悩のため、自らの民族的アイデンティティを誇ることができなかったことを、いくらかは反映しているであろう。

（19）顕玗は、一九四七年に上海の法廷で証人台に立った。

（20）ここに引用した顕玗の言葉は、審理初期段階で国籍問題について沈黙を守っていたことをどのように弁明しようとしたかを示しているものの、「中国人 Zhongguo ren」という用語の曖昧さと複雑さをも露わにしている。「中国人であること」は様々に表現できるが、「中国人」はどう表現されるのか、このことについては、Tu 1994 と Ren 1996 を参照。

（21）清朝末期と中華民国初期には、旗人は全て満洲族である、との誤解が広く流布していた。実際には、清八旗体制は、満洲旗のみならず、漢族や蒙古族といった他民族からなる旗も含んでいた。前記の注（4）を参照。

（22）顕玗の筆記自白書を見ると、漢字を書くのはあまり得手ではなかったことが分かる。「我が体験の数々」と題した初期の自白書では、「旗人」の初めの漢字を誤って「期人」と書いている。図三―四を参照。

（23）日本では両大戦間、女性ばかりの宝塚歌劇団が男装で人気を博したために、日本女性の間でひとつの流行になった。宝塚レヴューについては、Robertson 1998 のより詳細な記述を参照。

（24）興味深いことに、清朝では「漢奸（hanjian）」と呼ばれる犯罪は、狡猾なあるいは人騒がせな漢族、ないしは宮中の敵方に対しスパイとして働く漢人を指すのに用いられていた。『宮中檔乾隆朝奏折』の回想記を参照のこと（『宮中檔乾隆朝奏折』1982-1988, 7:82, 34:360-362, 41:773-774）。

（25）顕玗の主張によると、「実際私は日本籍の者です。（以前に）このことに触れなかったのは、祖国（zuguo）に良かれと思ってのことです。私は、大国の良き市民です。私の友はしばしば『あなたは日本人じゃないの』と聞きました。確かに私は日本籍の者です。しかし、私の体に流れる血は紛れもなく中国のものです。だから、私は良き中国人でありたいし、祖国とその国民のために何か良いことをしたいのです」である（牛編 1994, 324-325）。

(26) 顕玗の証人は、中央調査局北京支局幹部崔蔚雲（牛編 1994, 572）や高名な京劇役者の梁花儂（牛編 1994, 87, 568）そして中等学校教師（牛編 1994, 340）等である。

(27) 顕玗が最後に判事、弁護人、知人にあてた手記は、全て日本語で書かれていた。顕玗は日本語を書く方が、中国語よりもずっと巧みであった。

(28) 清朝皇室と中華民国の間で一九一一年に締結された和親協定条項の第一項は、中華民国は大清皇帝を外国君主（waiguo junzhu）として遇することを定めていた。

(29) 一九〇九年以前、中国には国籍に関する法律は存在しなかった。国籍に関して国際的な論議がわき起こった時でも、中国人の子女は中国籍の者と見なすという暗黙の規則がまかり通っていただけである。しかし、こうした慣例は、国際的な交渉と法律上の問題が次第に複雑になるにつれ、不十分であることが分かってきた。これが特に問題となったのは、（植民地での帰化政策をとる）西欧列強植民勢力が行使する国籍法の「出生地主義」の原則と清朝の「血統主義」の原則の間で対立が生じた場合である。この不一致を見て、清朝の法曹家は、多くの外国の国籍法は血統主義を主要な原理にとどめながらも、出生地主義と血統主義を結びつけていることに関心を向けた。清朝は、一九〇九年の国籍法でこの様式に従っている。董 1943, 補遺 60-31 を参照。中華民国の国籍法条文についてのより詳細な点は、董 1943 を参照。

(30) 李香蘭は、川島浪速が戸籍簿は関東大震災で消失したと述べた、と記憶しているという。

(31) 山口淑子（李香蘭）の回想記によれば、山口の二人の姉妹は、北京の観音廟にある川島の墓碑を訪れたことがあるとのことである。銘板の前には川島が獄中で着用した衣服と調度品があり、その中には真新しい白い着物があった、という（山口 1987, 236）。『大公報』紙の一九四八年三月二十六日の記事でも、金璧輝が着替えを欲していることには触れているが、生涯最期の時間にどの衣服を着ることを望んだかについては述べていない。

(32) wenxuecity.com 〈http://www.chinese-military.com〉の台湾情勢フォーラム。二〇〇〇年三月十九日

にアクセス。川島芳子の伝記は、「妖艶なスパイ川島芳子」の題を付けた「マイ・チャイナ・フォーラム」〈http://www.book-sea.net〉にも掲載されている。二〇〇〇年四月八日にアクセス。

(33)「『川島芳子』と名づけられた中国製包丁」『羊城晩報』紙。シナ・ニュース〈http://sina.com.cn〉に掲載されている。二〇〇〇年六月七日にアクセス。

(34)こうした歴史上の人物を再検討する動きは、中国のマスメディアでも流行となっている。例えば、二〇〇三年のテレビシリーズ「共和への道」では、売国賊と呼ばれてきた李鴻章の対外政策が再評価され、西太后を有能な女性政治家として描いている。

(35)満洲における民族分類がいかに複雑かを論じた玉野井の*JAS*論文(Tamanoi 2000)は、民族のカテゴリー化が持つ曖昧性に関し、説得力のある例を提示している。「満人」はManchuriansまたはManchusと英訳できる。Manchusという表現は、英文では一六四四年に中国で政権を樹立した清朝の民族集団を指すために、しばしば用いられるようになった。清朝史や満洲族研究の分野では、Manchusやbannerpeopleの方が、歴史的に見てより適切な用語ではないかについて今だ論議が続いているが、一般向けの英語で書かれた出版物では、ManchusとManchuriansは明確に区別されているようである。つまり、前者は民族集団を指し、後者は満洲国出版物、例えば『満洲年鑑』や『政府官報』に見られるように、満洲国に居住する人々を意味する。

(36)国家形成という概念は、制度上の構築とイデオロギー面の構築という意味がある。この論議については、Eller 1997を参照。

参考文献

愛新覚羅憲均 2000.「愛新覚羅憲均筆供(一九五四年七月二十二日)」文書番号 119-2-1169, 1.5. 中央檔案館編『偽満洲国的統治与内幕——偽満官員供述』所収、北京、中華書局、七〇八—七二二頁

愛新覚羅宗譜 1938. 奉天，愛新覚羅修譜処

Anderson, Benedict. 1991. *Imagined Communities: Reflections on the Origin and Spread of Nationalism*. Rev. London: Verso.

『朝日新聞（東京）』一九四八年三月―四月

朝日新聞社編 1977.『現代人物事典』東京，朝日新聞社

Barth, Frederik ed. 1969. *Ethnic Groups and Boundaries: The Social Organization of Culture Difference*. Bergen-Oslo: Universitets Forlaget.

Brooks, Barbara. 1998. "Peopling the Japanese Empire: The Koreans in Manchuria and the Rhetoric of Inclusion" In *Japan's Competing Modernities: Issues in Culture aud Democracy, 1900-1930*, ed. Sharon A. Minichiello. Honolulu: University of Hawai'i Press.

Burke, Jim. 1947. "Japan's Mata Hari." *Life*, 28 July, 19-20.

Cohen, Anthony. 1994. "Boundaries of Consciousness, Consciousness of Boundaries: Critical Questions for Anthropology." In *The Anthropology of Ethnicity: Beyond 'Ethnic Groups and Boundaries,'* ed. Hans Bermeulen and Cora Groves. Amsterdam: Het Spinhuis.

Crossley, Pamela Kyle. 1990. *Orphan Warriors: Three Manchu Generations and the End of the Qing World*. Princeton, NJ.: Princeton University Press.

———. 1987. "Manzhou yuanliu kao and the Formation of the Manchu Heritage." *Journal of Asian Studies* 46.4（November）: 761-790.

『大公報（天津）』1932, 1934, 1937, 1945-1948.

『大清法規大全』1901-1909. N.p.: 政学社

Department of Foreign Affairs, Manzhouguo Government. 1932. *Bulletin Extra*. 14 October.

———. *Information Bulletin*. 1932-1933. Nos. 1-50, September 19, 1932-April 15, 1933.

定宜庄 1992.『清代八旗駐防制度研究』天津、天津古籍出版社

Dittmer, Lowell, and Samuel S. Kim, eds. 1993. *China's Quest for National Identity*. Ithaca, N.Y.; and London: Cornell University Press.

Duara, Prasenjit. 1997. "Transnationalism and the Predicament of Sovereignty, Modern China 1900-1945." *American Historical Review* 102.4（October）: 1030-1051.

———. 2003. *Sovereignty and Authenticity: Manchukuo and the East Asian Modern*. Lanham: Rowman and Littlefield.

Eller, Jack David. 1997. "Ethnicity, Culture, and 'The Past,'" *Michigan Quarterly Review* 36. 4 : 552-600.

Elliott, Mark C. 2000. "The Limits of Tartary: Manchuria in Imperial and National Geographies." *Journal of Asian Studies* 59. 3: 603-646.

———. 2001. *The Manchu Way: The Eight Banners and Ethnic Identity in Late Imperial China*. Stanford, Calif.: Stanford University Press.

Fogel, Joshua. 1998. "Integrating into Chinese Society: A Comparison of the Japanese Communities of Shanghai and Harbin." In *Japan's Competing Modernities: Issues in Culture and Democracy, 1900-1930*, ed. Sharon A. Minichiello. Honolulu: University of Hawai'i Press.

傅思年 1932.「東北史綱——古代之東北」『傅斯年全集』所収、第五巻、台北、聯經出版事業公司、一九八〇年

『現代史資料』1964. 東京、みすず書房

『宮中檔乾隆朝奏折』1982-1988. 台北、故宮博物院

故宮博物院明清檔案部編 1978-.『清代檔案史料叢編』北京、中華書局

Harrell, Stevan. 1995. *Cultural Encounters on China's Ethnic Frontiers*. Seattle and London. University of Washington Press.

金啓孮 1998.『北京城区的満族』瀋陽、遼寧民族出版社

上坂冬子 1984.『男装の麗人　川島芳子伝』東京、文藝春秋

川島浪速 1915-1916.「粛親王」『満蒙研究彙報』1915. 第二分冊 : 67-71; 1916. 第三分冊 : 92-97; 1916. 第七分冊 : 66-73.

Kim, Ki-Hoon. 1992. "Japanese Policy for Korean Rural Immigration to Manchukuo, 1932-1945." Ph.D. diss., University of Hawai'i.

Kuramoto, Kazuko. 1999. *Manchurian Legacy: Memoirs of a Japanese Colonist*. East Lansing: Michigan State University Press.

Lee, Lilian. 1990. *The Last Princess of Manchuria*. Trans. Andrea Kelly. New York: William Morrow.

李碧華 1996.『満洲国妖艶――川島芳子』台北、皇冠文学出版有限公司

Li Ji. 1932. *Manchuria in History*. Peiping: Peking Union Bookstore.

李零 1995.「漢奸発生学」『読書』十月十日、八七―九三頁

柳渓 1997.『民国第一女間諜』青島、山東、青島出版社

Manchuria Daily News (Dalian). 1933-1936.

益井康一 1977.『漢奸裁判史』東京、みすず書房

村松梢風 1933.『男装の麗人　川島芳子伝』リバイバル外地文学選集、東京、中央公論社、リプリント、東京、大空社、一九九八年

『日本史大事典』1992-1994. 東京、平凡社

牛山僧編 1994.『川島芳子的驚人秘聞、国民政府審判金璧輝秘密檔案』香港、経建集団有限公司

Ren Hai. 1996. "Taiwan and the Impossibility of the Chinese." In *Negotiating Ethnicities in China and Taiwan*, ed. Melissa Brown, 75-97. Berkeley: Institute of East Asian Studies, University of California.

Reynolds, Douglas Robertson. 1993. *China, 1898-1912: The Xinzheng Revolution and Japan*. Cambridge, Mass.:

Harvard University Press.

Rhoads Edward J. M. 2000. *Manchus and Han: Ethnic Relations and Political Power in Late Qing and Early Republican China, 1861-1928*. Seattle: University of Washington Press.

Robertson, Jennifer. 1998. *Takarazuka: Sexual Politics and Popular Culture in Modern Japan*. Berkeley: University of California Press.

善耆 1928.『粛忠親王延集』北京、中国社会科学院、近代史研究所図書館

Shao Dan. 2002. "Ethnicity in Empire and Nation: Manchus, Manzhouguo, and Manchuria（1911-1952）." Ph.D. diss., University of California, Santa Barbara.

Smith, Anthony D. 1986. *The Ethnic Origins of Nations*. Oxford, U.K.; New York: Blackwell.

孫邦編 1993.『偽満史料叢書　第二巻　偽満政権』『第三巻　偽満軍事』『第七巻　偽満人物』『第八巻　偽満社会』吉林、吉林人民出版社

Tamanoi, Mariko Asano. 2000. "Knowledge, Power, and Racial Classifications: The "Japanese" in Manchuria." *Journal of Asian Studies* 59.2（May）: 248-276.

田中稔 1979.「父のことども」『田中隆吉著作集』所収、田中隆吉・田中稔編、四四九―四六八頁、田中稔私家版

Tu, Weiming. 1994. *The Living Tree: The Changing Meaning of Being Chinese Today*. Stanford, Calif.: Stanford University.

董霖（William L. Tung）. 1943.『中国国籍法』重慶、国民図書出版社。

楳本捨三 1957.『戦雲アジアの女王　川島芳子の一生』東京、第二書房

———. 1984.『妖花川島芳子伝』東京、秀英書房

王蒙 1922.「人、歴史、李香蘭」『図書』一一月、九―一七頁

渡辺龍策 1972.『秘録　川島芳子　その生涯の真相と謎』東京、番町書房

Woods, Willa Lou. 1937. *Princess Jin: The Joan of Arc of the Orient.* Wenatchee, Wash.: World Publishing Company.
呉自修 1912.『辛亥殉難記』北京、中国社会科学院、近代史研究所図書館
山口淑子 1993.『戦争と平和と歌　李香蘭　心の道』東京、東京新聞出版社
楊軍他編 1955.「『放談』東北人」『閑話中国人』北京、中国社会出版社
朱子家 発行年なし『女特務川島芳子』香港、呉興記書報社

第四章　日満親善を追い求めて

マイケル・バスケット

一九九五年、日本では二つの出来事の節目となる記念行事に沸き返っていた。書籍、雑誌、テレビ番組、ビデオ作品、映画、博物館での展示、その他あらゆるイヴェントが一年を通じて展開された。その二つの節目とは、第二次世界大戦の終結から五〇周年、そして映画生誕百周年である。この二つのアニヴァーサリーを精査してみると、両者がいかに密接に関係していたかという事実が浮かび上がってくる。現代史においてわれわれが思い浮かべる歴史的場面の多くは、実は映像からきているものである。二つの記念行事を結びつける、最も興味をそそられる成果は、一九三〇年代から一九四〇年代にかけて日本人によって運営されていた満洲映画協会（満映）が日本統治下の満洲で元々製作し、その後紛失したとみなされていた〝失われた映画〟の発見と、それが三〇巻セットのビデオとして発売されたことであった。その前年、日本の映画史家、山口猛を含む研究者たちが、ロシアにある国立映像資料館において、三百本以上もの日本映画、および日本が製作に関与したフィルム群を発見していた。それらの多くは、第二次世界大戦の終結とともに失われたと推測されていたものであった[1]。

〃失われた映画〃が日本に戻され、ビデオ発売されると、山口はそのビデオ・セットを純粋な親善行為として公式に中国政府に贈呈しようと計画した。目的は〃映画を製作することを手伝ってくれた中国の人々に、これらの映画をもう一度観てもらう機会を提供する〃ことであった。山口が中国へ向けて旅立つ前に、彼の許に元満映女優である山口淑子から電話があった。彼女はそれらの作品の多くに、中国人としての当時の彼女の名前であった李香蘭として出演していた。彼女は、満映の作品は嘗ての日本による中国への植民地支配を象徴しているが、中国人の多くはそういった歴史を忘れているし、忘却する権利を持っているはずだ、と彼に忠告した。この忠告にもかかわらず山口猛は自身の親善行為を完遂しようとしたが、中国政府はビデオの受け取りを拒絶した。なぜならば、受け取ってしまえば、日本による嘗ての満洲国の政治体制を公式に認めることになってしまうからだ。結局のところ、〃失われた映画〃のビデオは北京の電影局に預けられることとなったが、それは山口が望んでいたような二つの国家間の親善の象徴という位置づけからは程遠かった。彼の訪問の翌日、中国最大の日刊新聞である『人民日報』は「(日本の)文化侵略の影像証拠」というタイトルの記事を掲載したのである(山口 2000, 15, 35-38)[2]。

これは、日中間の映画に関する事柄で〝親善〟という言葉が使われた最初の機会ではない。実際のところ、〝親善映画〟は一九四〇年までに日本の帝国映画政策の一環としてしっかりと確立されていた。日本の映画批評家たちは日本帝国内で製作され出回っていた一連の映画、とりわけ満映によって製作された映画の芸術的価値の低さに概して批判的であった。しかしこれらの映画が持つ〝親善と相互理解〟促進というイデオロギー的役割については肯定的であった。このためつい最近まで、戦後の日本内外の映画史家たちは戦前の映画史家と同様、親善映画というものをまともな研究対象とは見なしてこなかったのである（Cheng, Li, and Xing 1980, 189; Anderson & Richie 1982）[3]。満映の映画に関して言えば、北川鉄夫のように「満映フィルムを見ようとする人の神経がわからないし、満映は日本映画史における恥部である」と言う者もいた（山口 2000, 19）。第二次世界大戦後、満映の映画のほとんどは紛失したか廃棄されたと考えられており、学者たちが関心を示して来なかったことも相俟って、日本映画史において（そして中国映画史においても）大きな隙間を残す形で置き去りにされてきた。しかし、一九九五年に日本が沸きかえったように、これらの映画は失われてしまったかもしれないものの、忘れられてはいなかったのである。あるいは、時の経過というものが、イデオロギー的な避雷針としての映画の力を減じることはなかったと言ってもよい。製作から半世紀を経た後になってもなお、満映の映画は日中両国において激しい論争を巻き起こし続けたのである。

本章では、これらの親善映画をとりまく歴史的言説を三つの観点で検討していきたい。第一には最も馴染みのある言説、つまり一九四〇年代の劇映画とは理想化された日中関係の表象である、という言説を通じて見直してみるという観点である。この言説の中で親善映画を理解しようとするには、ある前提が必要となる――親善という概念は日本が中心となってアジア全体を覚醒させるという日本の汎アジア主義と密接に関連があった、という前提である。しかしこの言説が実行されるとなると、日中間の相互理解という側面よりも、日本が〝皇民化〟促進を通じて文化的、言語的な差異を消去したという側面を強調することになる。親善映画のいくつかは、異民族間のメロドラマという様式を通じて日中の文化をスクリーン上でブレンドさせることによって、日本の植民地支配を正当化してきた。他の作品では、満映のほとんどの作品がそうであったように、地元観客の嗜好性に合わせることを第一とし、イデオロギーを付加することは二次的な形で提供された。どちらにしても、娯楽とプロパガンダの境界線は常にはっきりとしておらず、親善映画の中に散りばめられたメッセージは様々な解釈の仕方を可能とする曖昧さを有していた[4]。本章では映画『支那の夜』（一九四〇年）の主要なシーンのテクスト分析を試みるが、この映画のように最も理想化された形での日本による〝親善〟でさえ、中国人の抵抗が深刻に取り扱われてしまう、といった曖昧さを残すのである。

第二の観点は、初期の日独合作映画『新しき土』（一九三七年）を検討することで、日中間だけの現象としての親善映画という紋切り型の定義を拡大した言説を見てみることである。大陸における親善映画ジャンルが成文化されるよりも二年早く製作された『新しき土』は、日中親善同様、日独親善を異民族間のロマンスという形で描写しようと試みている。そして興味深いことには、それは日本の新しき大地としての満洲征服というサブ・プロットを通じてなされたのである。日本における この作品の製作と受容について、筆者は親善が平行線を辿り、試みとしては失敗に終わったと分析しているが、この分析は日独間に存在していた、そして後には日中間の共同製作においても悩みの種となる、様々なイデオロギー上の断絶と対立を明らかにしていると思う。同様に、日本の映画批評家の大半が、いわゆるナチ映画の美学に批判的であり、さらに日満関係を陳腐なものととらえていたという事実は、イデオロギー上の同盟国としての日独関係のもろさと、大日本帝国にとっての満洲国の重要性という言説のもろさの両方を示唆している(5)。

最後の観点としては、いかに親善という日本の概念が映画というメディアを超え、一九九一年の舞台劇『ミュージカル李香蘭』において日本帝国主義の遺産として受け継がれたか、という点を検討したい。満映最大の映画スターの人生とそのキャリアに基づいて創作されたこのミュージカルは、中国に対する親善という日本のイデオロギーの様々な修辞的隠喩を綯い交ぜにし、それを帝国主義への郷愁という形で再提示することに成功した。このミュージカルでは、親善という言葉は、テーマの中心であると同時に、その宣伝に用いられたキーワードであった。親善メッセージの曖昧さは、ここでは映画ではなく、ミュージカルというメディアの中で再び示されるが、同時に満映における李香蘭の映画的遺産と直接的に繋がってもいる。このミュージカルは娯楽とイデオロギーが混然一体となった親善映画のプロセスを再現するのみならず、李香蘭グッズを生産する零細企業を乱立させることによって大日本帝国を再発見させ、おそらくは部分的に再興させた。次節では、これら三

つの観点での議論を展開する前に、日中親善作品の共同製作が行われた満映を取り巻くコンテクストを紹介したい

善意の場に非ず——満映帝国を築いた男・甘粕正彦

一九三七年八月、日本政府と南満洲鉄道株式会社（満鉄）は、満洲映画協会（満映）と呼ばれる国策会社を共同で設立した。設立目的は中国東北部におけるすべての映画製作と配給を統制することにあった（市川 1941, 128-131; 山口 1989, 41-48）[6]。満映は〃夢の工場〃たることを期待され、実際ハリウッドやチネチッタ、あるいはバベルスバーグのように、満洲国におけるひとつの象徴的な場所となった。満映の映画産業は国際的なレヴェルでの競争にも打ち勝つように計画され、それ故、アジアにおける最大規模にして最新技術の映画制作設備が満洲国内に建設された。ピーク時においては、満映は地元出身のスターたちで溢れ、人気のある映画主題曲の数々を生み出し、独自の映画雑誌類を刊行し、広範囲に亘る付随的な製品が作られるなど、成熟した映画文化を誇り、どの側面をとっても日本本土のものと互角に渡り合うほどであった。満映は外地の日本帝国映画産業の心臓部であり、それを上回る規模を持っていたのは唯一日本内地の映画産業だけであった。満映は日本帝国の映画プロジェクトにおける数少ない成功例であった。つまり満映は、画期的な努力を重ね日本帝国のみならずドイツやイタリアにも映画を輸出できるようになったのである（Harley 1940, 132; 桑野 1942）。

戦後の映画研究の分野では、満映が日本国内の映画産業と似通っていたのは規模の上でしかないとか、内地の気まぐれな欲望に付随していたとかいった意見が主流を占める。しかし、満映は実際には日本国内の映画産業と常に競争し合い、時にはそれに反撥することさえあった。この危険な異端者としての満映は映画産業界のアウトサイダーであった甘粕正彦の登場に拠っている。甘粕は、満映が映画製作の中心地としてはハリウッドや東京と競争できる地位をまだまだ獲得していないと実感し、その影響力を、満洲国国境を越えたところにまで拡大しようと様々に画策した。[7] 日本の映画専門誌『映画旬報』に掲載された「満人のために映画を作る」という一九四二年の記事の中で、甘粕は日本国内の映画産業に対する対抗心を顕わにし、満映を独立した会社として情熱的に擁護している。「満映のことを日本映画界に知らせる必要は少しもない（中略）養成所でも、何も満映がつくる必要はないので、もし日本で立派な本格的な養成所を作つてさへくれれば、満映はいまこれに要してゐる費用はそつくり差し上げてもいゝ。日本がやつてくれないから、仕方なしに満映がやつてゐるといふ状態です」（甘粕 1942）。

一九四〇年代では、日本の映画産業界とその方針に対する批判は別に珍しいものではない。だが、甘粕の表明している批判の度合い、そしてそれが外地の日本帝国の映画マーケットから来ているものであるという点は異例のことである。甘粕がこのような意見を表明できた背景としては、彼が映画産業界における新参者であったというよりも、むしろ無政府主義者の大杉栄を殺害した者としての彼の評判と、彼の軍部との強い絆がある。このため日本映画産業界の人々は甘粕を賞賛と恐れの入り混じった目で見るようになり、彼の激しい批判を沈黙して甘受したようである（武藤 1956, 223-224）。甘粕を取材した日本の映画ジャーナリスト、清水千代太[*1]は明確に言葉を選んで甘粕を描写している。曰く「失禮だけれど、甘粕さんが大変好きになつた。少々私的に過ぎることではあるけれど」（甘粕、1942）。甘粕は、満鉄に乗って満洲国へやってきて、日本の宿に泊まり、日本語だけを話して、満洲国のことがすべて解ったような気持ちになって帰っていく日本人観光客に対して特に批判的であった。加えて、日本から満映に到着する新しい従業員たちは、彼らが日本で享受していた高い地位は満映にあっては必ずしも保証されないことを警告されるのが常であった。つまり甘粕は平等主義をもって人に接したのである（辻 1987）[*2]。

内地から独立しようとした甘粕の方針は物資の自己調達というスタジオ全体としての政策へと発展した。彼は、生フィルムの在庫の安定供給の確保といった、当時、日本の映画産業界を悩ませていた困難の多くから、独立した満洲国としての主権が満映を守ってくれることを期待していた。日本の映画産業界は長年に亘ってその生き残りの鍵をアメリカとドイツからの生フィルムの在庫確保に頼っていた。しかし、一九三八年、日本政府がすべての硝酸セルロース（フィルムの原料）を〝必要とされる戦争物資〟として徴収すると、映画産業界は日本政府に依存せざるを得なくなった。さらに、フィルム在庫の供給に対する統制のために外地の映画作家たちは内地の映画産業界と協力することを余儀なくされた。反日映画製作の拠点として最も有名な地域のひとつであった上海で活躍した中国人映画プロデューサー、張善琨は、日本人に協力する（共同作業を行う）ことによる最大の利益のひとつはフィルム在庫の安定した供給が確約されることである、と述べている。[8] 甘粕は、満映が（満洲）地域で生育できる原料だけでフィルムの在庫を生産するという革命的な方法を〝科学的に〟発見したことによってそのような制約から逃れるということが出来るようになった、と自慢している。「幸ひ満洲は大豆が澤山とれる。これが生フィルムの原料になることが偶然判つた。ゼラチンの製法にも成功した。やがて自給自足の域に達する筈です」（甘粕 1942）。

甘粕や満映が実際に大豆を原料にフィルム在庫を作り出せたのかどうかは定かではないものの、そのイメージ、つまり満洲国においては、必要とされるものは何でも、たとえそれが映画のフィルムであっても育てることができるのだというイメージは強力なものである。これは、満洲国は大日本帝国にとっての穀倉地帯なのだ、という一九二〇年代以来スクリーン上で示され続けてきたイメージと重なるものである。一九三〇年代末までには、日本中の映画観客は、満映という夢の工場が量産したスクリーン上の作り事の数々に慣れ親しんできていた。満映の作品に表象されていた、満洲国では新しいライフスタイルが約束されるというイメージは、一九四〇年代を通じ、戦地の状況が悪化の一途を辿り、日本本土で大規模な人員解雇や物資の不足、飢饉などの状況を生み出すにつれて、映画を見に来た観客の心を磁石のように惹きつけた。殺人者から映画プロデューサーへと自分自身のイメージを再構築した男によって満映が経営されていく以上、夢の工場としての満映の力が過小評価されていくはずもなかった。

内地の映画人たちは誰しもが満映の比較的安定した食糧供給や高い給料に惹かれていた。それに加えて、満映は全映画産業界の中でも仕事を見つけることの出来る数少ない場所のひとつだった。甘粕個人の政治的な立場というものは満映に職を得た者にとってはほとんど関係がないようであった。一九三〇年代初期に熱心に左翼映画運動（プロキノ運動）に取り組み、日本の映画産業界からは政治的危険人物と目されていたような人材であっても満映では場を得ることができた。物質的な豊かさとイデオロギー的な曖昧さの相乗効果によって、満映という組織はその基盤が満洲国という傀儡国家の体制と表裏一体のものだという評判があったにもかかわらず、アジアの主要な映画産業界から最高の才能を持つ者たちの幾人かを誘致することが出来た（山口 1989）。こうして、満映で働く者は満洲国を構成する人々同様、様々な民族により構成されるようになり、彼らの多様な政治的信念も加わって巨大な坩堝と言及されるようになった。日本の俳優、嵐寛寿郎は戦後に受けたインタビューの中で満映の寄せ集めスタッフについて次のように述べている。

> 甘粕大尉、ゆうたらこの人は最右翼や。ところがその下に大森で銀行ギャングやった大塚ナントカという人やら（注・大塚有章氏）、もと共産党の大ものたちがはたらいてますのや。傾向映画のシナリオ書いていた異木《ママ》壮二郎、そのころは原研《ママ》一郎と名前を変えておりました。例の熱演監督・辻吉朗と組んで、誰の目にも左翼やった。この人もいれば、ＰＣＬの木村荘十二監督もいてはる。[*3] はいなアカの残党ダ、ことごとく。
> 根岸寛一はん、前の日活多摩川撮影所長が統領で共産党の失業対策やっとる。甘粕ゆう人は

どないなってんのやろ？　承知の上のことやったら、これは世にも不思議なものがたりや。満洲には白昼ユーレイが出よると、ワテは気味が悪くなった。後年、東映でプロデューサーをやっていた坂巻辰雄はん。敗戦のときにひゅっと雲がくれをしたと思うたら、中共軍の将校の制服を着てあらわれたそうでんな。何や得体の知れない闇の部分が、「満映」にはおました。（竹中 1992）

甘粕は政治的多様性に加え、満映作品で仕事をする中国人の数を増やし、「滿人のために映画を作る」という自身の主張を実現しようと努力した。彼は中国人従業員たちの給料を日本人従業員たちのそれに近いレヴェルにまで引き上げ、一九四五年までには中国人の脚本家、監督、俳優による映画が劇的に増加した。山口淑子に拠れば、甘粕は日本人一行が満映を訪問した際、女優たちに対して自分たちの相手をしろと要求したのに対して、「女優は芸者ではない。芸術家だ」と言って拒絶し、自社の女優たちを守ったという（藤原・山口 1987, 131）。

観客の娯楽への需要と、国策への協力を求める政府の需要の両方を満足させるような映画を製作することが内地の製作者たちにとって徐々に厳しい状況となっていたこの時期、甘粕が満洲国内でとった製作方針は驚くほど革新的なものであった。甘粕はナチス・ドイツの映画担当相であったヨーゼフ・ゲッベルスのように、娯楽と国策を統合することについてのためらい（あるいは束縛）をほとんど持っておらず、「娯楽の中にプロパガンダを注入することは不可能ではない」と公言していた。[9]軽い娯楽映画を求める地元観客の嗜好を鋭く察知していた彼は、満映に対する草の根的な支援を勝ち取るためには、そういった娯楽映画を製作することが決定的に重要であると看做していた。この点で、娯楽と国策は個別のもので調和などしないものと考えていた内地の同業者たちの考え方と比べると、甘粕の方針はかなり逸脱したものであった。甘粕は、日本の映画産業界によってなされたものであることをほとんど感じさせないような映画を満洲国の観客のために製作したのである。

満映は満人に喜ばれる映画を作ればいいので、日本人が珍しがるような映画をつくる必要は毫もない。日本人はとかく、滿洲の變つた物を珍しがつて映画を作るから間違つてくるのです。對象はどこまでも満人であることを忘れてはならない。その上で、餘裕ができれば、日本人向きの映画を作るのも差支えないでせう。（甘粕 1942）

満映を孤立させていたものは日本の映画産業界に対する甘粕の敵対心だけではなかった。そこで製作される映画は日本人の感覚からすると奇妙なものであった。映画とは親善大使であり日本帝国領土内の調和だとまくしたてる、日本の政治家や論客の美辞麗句とは裏腹に、満映の劇映画は日本国内ではほとんど上映されることがなかった。日本の映画批評家たちはたいてい、上映された満映作品を〝物語も演技も製作上の価値も何もかも低品質〟と言って批判した（山口 1989, 130-133）。しかし、満洲国を訪れた日本の映画ジャーナリストは、〝低品質〟である満映作品が地元の観客に絶大な人気を集めていることについて説明がつかず、逆にほとんどの日本映画がそこでは全く不人気であることに当惑させられた。多くの日本人批評家の結論は、この矛盾は日本映画に原因があるのではなく、高度な文化的次元で映画というものを見分けることの出来ない中国人の地元観客が原因なのである、というものであった。

そのような批評家のひとりに光吉夏彌がいる。満映作品についてのエッセイの中で、彼は、汚くて、埃っぽく、息の詰まりそうな満洲国の劇場と観客に強迫観念を持っているように見受けられる。劇場のことを〝満人の人いきれでたまらない〟と表現している光吉は、満洲国における映画の上映環境についての批判をさらに進め、満洲の映画すべてを批判しているのである。彼にとって、地元民たちのための映画、つまり満洲の映画は、そこの住民に見出されるあらゆる欠点を示すものに他ならなかったのだ。

> 映画は、監督、撮影その他は日本人が擔當した滿映の作品で、役者は全部滿人だつた。（中略）演技はなつてゐないし、映画そのものがくだらないその中で、つまらないところで、ワァ、ワァ、笑ふのである。こつちはもちろん笑へやしない。（光吉 1943, 35）

日本の映画雑誌読者に対して、〝我々の〟日本映画と〝彼らの〟満洲映画の違いというものを（後者を貶める形で）絶え間なく思い起こさせる光吉は、満洲映画の〝低品質〟とその人気とが、地元民たちに固有の欠陥と何らかの形で繋がっていることを暗に指摘している。光吉は、満人の観客が満映による映画をどうしてそんなに面白がったのか判らなかったので、いったいこうした映画が地元観客にとって必要なものであったのかどうか、訝しがっている（光吉 1943, 33-54; 矢原 1942）。

光吉の厳しい批評は、親善映画が外地の帝国映画マーケットに対するよりも日本の国内マーケットに的を絞ったものであったことを示唆している。そして、外地と内地の映画観客の嗜好性の明らかな違いは、汎アジア主義の中心にあった〝アジアはひとつ〟というイデオロギーに大きな裂け目があったことを示唆している。アジア人の間に事前に共通の意識など存在していなかった中で、日本の映画製作者たちは民族的にも文化的にも曖昧な存在であった満映の親善映画スター、李香蘭によって新たな共通意識を創出した。つまり、彼女の存在の曖昧さそのものが、日本の映画製作者と観客に、観客は自分たちだけではないという事実を突きつける強力なイデオロギー的な象徴となったのだ。そして、彼女の出演する映画のチケットは、中国人の観客もまた買ったのである。

李香蘭と『支那の夜』——試練の恋としての親善

李香蘭は一九二〇年に山口淑子として中国東北部の撫順市に生まれた。彼女の両親は父が南満洲鉄道株式会社に職を得たのをきっかけに九州から満洲へ引っ越した。淑子の母国語は日本語であったが、会社で従業員たちに中国語を教えていた父から中国語を教わった。程なく彼女は中国語に熟達し、北京にあった女学校でも中国人として〝通用する〟までになった。彼女は一九三八年、中国語のラジオ番組で唄う専属歌手として日本人のエージェントにスカウトされたが、その後すぐに劇映画で中国語の歌を吹き替えるために満映へと連れて行かれた。李香蘭のエキゾチックな顔立ち、素晴らしい歌声、そして日本語と中国語両方を流暢に操る力を見てとった製作者は、すぐに映画『蜜月快車』（一九三八年）に出演する女優として彼女と契約を締結した。一九三九年には、東宝スタジオの重役たちがこの才能を利用しようと計画し、東宝＝満映共同製作による映画『白蘭の歌』（一九三九年）で当時のトップ・スターであった長谷川一夫と競演させた。この作品は李香蘭が長谷川一夫とともに主演することになる大人気の〝大陸親善三部作〟の最初の作品となった。

親善映画は、ロマンス、アクション、そしてメロドラマにミュージカル・コメディといった様々なジャンルを混ぜ合わせたものであった。親善映画はそのプロットはイデオロギー的な誤解を巡って展開されるものの、究極的にはロマンスをもって解決されるという点において伝統的なメロドラマとは異なっている。長谷川一夫と李香蘭が主役を務めた大陸親善映画は中国を舞台とし、日本と中国の間のロマンチックな結びつきを、時に象徴的に、また時には文学的に表象していた。スクリーン上における日本（長谷川——男）と中国（李香蘭——女）の結婚という主題は、日本を頂点とするヒエラルキーである汎アジア主義という美辞麗句に完璧なまでにピタリとはまり、李香蘭を満洲国と日本の国内マーケットの双方においてスターにした（内藤 1941; 田口 1941）。

ある日本の映画雑誌の女性読者は、李香蘭の特質について「美しく、日本語の巧なる蘇州娘李香蘭、これがファンに迎えられぬ筈はないであらう」（内藤 1941, 99）とはっきり述べている。別の男性ファンは特に彼女のエキゾチックな容貌に惚れ込んでいる。そして「君が満洲に俳優として誕生したのは、こゝ三年前、以後君の大陸的な而も妖しげな容姿と美聲に依り現在の人氣を拍した事は實に欣快にたえない。大體君の性格と容貌との観察によれば満洲・支那・朝鮮、和装・洋装我々と関係のある範圍に於ける女性の扮装をさせてもぴつたり似合ひ如何なる役をもやってのける特質を有する事は吾人の認むる所である」と記している（田口 1941, 98）。特に彼女のキャリアの最初の三年間は、日本人であるという山口のアイデンティティは公衆に対して、そして彼女の同僚の幾人かにすら完全に秘密にされ、日本人の多くが実際に李香蘭のことを中国人であると信じていたようである。もっとも、李香蘭に対する中国人の受容についての最近の研究成果によれば、中国ではそうは受け止められていなかったようであるが（Stephenson 1999）。どちらにしても、李香蘭の大日本帝国全体に亘っての観客に対するアピールは、単なる〝満人〟の女優というものを越えて、他のアジア系民族の服装を自由に着こなし言葉も操るという、彼女のカメレオンのような能力であったと思われる。

上記のファン・レターが示唆しているように、この彼女のカメレオンのような魅力は映画雑誌の読者や映画愛好家たちにも気に入られたようだ。彼らによれば、李香蘭の魅力は彼女がどんな民族でも演じられるということではなく、彼女自身が〝皇民化（帝国主義化）〟する能力、つまり日本の言語や慣習に同化してしまう、ということであったようだ。彼女の演じる役柄も彼女の持つこの柔軟性によって設定され、彼女はその時々によって中国人として、台湾人として、そして朝鮮人としてもキャスティングされた。一九四〇年出版の中国語の映画雑誌『満洲映画』に載った見開き二頁のグラビアでは、〝民族協和　李香蘭之変化〟と題され、彼女は文字通り日本のイデオロギー的スローガンであった五族協和を体現していた。このグラビアの左頁には四枚の小さな写真が対角線上に置かれており、李香蘭は日本、モンゴル、朝鮮、そしてロシアの民族衣装をそれぞれの写真で身に纏っており、彼女がポーズを取っている民族の国籍を示す表意文字[*4]が付されていた。右頁にはチャイナ・ドレスを着た彼女の写真がもっと大きな囲みで掲載されているが、そこには彼女の国籍を示す文字は記されていない。大日本帝国の多種多様な民族と文化というものが、ある一つの身体的対象――すなわち、李香蘭によって一つに繋がっていたのである。文化的な同化の表象として、そして親善大使として、彼女はこれらすべての国籍を満洲国という曖昧な場所にもたらしたのである[10]。

このグラビア写真が示しているように、李香蘭とはあらゆる民族と馴染む際限なき同化の象徴であった。異国の文化、慣習、そして言語に適合する李香蘭の才能をもってすれば、日本と他のアジア諸国との相互理解は衣服を替えるのと同じくらい簡単なことのように思われた。彼女の存在そのものが、厄介な民族的、言語的な差異というものを取り除き、アジア民族すべての連帯を実際にも比喩的にも示唆していたのだ。つまり、李香蘭が文化の差異そのものを演じつつ、その概念を克服しようとするのを見ることは、観客にとって自身の願望を映し出すための空白のスクリーンを見ることであったのだ。しかしながら、大日本帝国の内にある多様な民族間の人種的、文化的認識のギャップは事実深刻な問題であり、日本の映画製作者は特別な関心を持ってこのギャップを取り扱わねばならなかったのである。

『支那の夜』は、日中間の誰にもわかるようなある文化的差異についての典型的な作品である。主人公、桂蘭（李香蘭）は日本軍の爆撃によって両親と住んでいた家を失い、上海の裏街で物乞いをするまでに落ちぶれる。観客には、ボロボロの中国服を着て、これ見よがしに汚れた顔をした状態で桂蘭が紹介される。彼女はある日本人の男性に食事をご馳走になり、男性がその見返りを要求したところ、自分は商売女ではなく単に食事に付き合っただけだと主張し、怒った男性が暴力を振るおうとする。[*5] そこに通りかかった商船会社の船長、長谷（長谷川一夫）とその同僚の仙吉は間に入って仲裁しようとする。長谷はその男性に対して、大勢の中国人たちが見ている前で中国人女性を殴ろうとすることが、〃われわれ日本人〃に対する中国人の悪感情を生じさせることを警告し、桂蘭の食事代を代わりに払ってやり、彼女を人ごみに残して立ち去ろうとする。

仙吉――この野郎、助けてもらっておきながら因縁つけに来やがったんだ。
長谷――何だってんだ。
仙吉――うーん、まあ、つまり一口に言えば、助けておいてこのまま行っちまわれちゃ困るっていうんだよ。

長谷――うーん？　呆れ返ったやつだな。金でもよこせっていうのか？
仙吉――違うんだよ。つまりあの人、兄貴だな。自分は兄貴のために、恩になった。つまり兄貴は損をした。兄貴にそんな自分は恩義を受けたくない、受けっ放しになりたくない。だから兄貴の家に行って用事でも何でもする。洗濯でも何でもしてその金を払う、って、こういう話なんだ。
長谷――そんな面倒くさいことはいらねえって言ってくれ。もう行こう。
仙吉――おーい。聞かねえよ。ことに日本人の恩にはなりたくねえっていうんだ。
長谷――何？　日本人だから嫌だ？
仙吉――ああ。こいつ、相当な抗日派の女らしい。(11)

中国人の主人公――つまり、ここでは桂蘭だが――を反日か、アジアにおける日本の大義に対して同調しない者として設定することは親善映画というジャンルにおいてはよくあるプロット上の趣向である。物語を進めるにあたって、主人公間の対立はプロットを進展させる上で必要なことであり、中国人の主人公が抗日から親日へと変貌する様を一層劇的にする。そのため、親善映画においては、主要な登場人物の間の衝突は様々なレヴェルで起こる。最も典型的な衝突というのは、他者の感情を理解しようとして起こるが、これはメロドラマというジャンルにおいては特に顕著である。加えて、親善映画は異民族間の恋愛ドラマであり、文化的、言語的な壁が緊張を生じさせている。興味深いことに、親善映画というものは日本人が理想化した大日本帝国内における民族間の関係を表現したものであったとしても、日本に対するアジアの諸民族の抵抗は十分予期されるものであり、また実際頻繁に起こったということを認識していたのである。親善映画というものは、この点同時期にアメリカ合衆国で製作された善隣外交映画（"Good Neighbor" Film）とはどこか異なる機能を有していた。なぜなら、後者の場合は登場人物の間の衝突はロマンチックな誤解に基づくストーリーに限られており、支配的なイデオロギーに対して疑問を呈することはなかったからだ（Bender 2002）。

親善映画における登場人物の推移の鍵となるのは、アジアの他者（非日本人）はアジアにおける日本の意図に対し反抗しているか、"誤解"しているものの、彼らは日本人により再教育され得るのだ、ということであろう。筆者はこれを"変容啓蒙"と呼ぶが、このモチーフは一九四〇年までには日本の親善映画の重要な要素となった。というのも、このモチーフは様式上、そしてイデオロギー上でもうまく機能するようになったからである。『支那の夜』で、焦点は桂蘭の再教育に絞られている。つまり、汚れを落とされ、適切な教育を受ければ、彼女は自然と日本のイデオロギーを受け入れるようになるという推察が物語の背後に常にある。この映画では、ホテルの宿泊者たちが様々な形で示す心配と、長谷のロマンチックな恋愛感情が日本人の善意を現わしており、これが桂蘭を理解力のある素直な女性へと変質させる鍵となっている。この変質がはっきり描写されるシーンは、桂蘭が土砂降りの雨にずぶ濡れになってホテルに戻ってくる時である。その直前、彼女は高熱にうなされる様な状態から回復したばかりだったから、日本人宿泊者たちはみな彼女のことを大変に心配し、暖かい物（葛湯）を与え、優しく迎え入れる。しかし、彼女はこの日本人の親切心をまやかしだと曲解し、葛湯の入った容器の乗ったお盆をひっくり返す。こらえることの出来なくなった長谷は、桂蘭の襟元を力づくで引っ張ると、その頬を平手打ちにする。崩れ落ちた桂蘭は床に突っ伏す。「桂蘭、僕はとうとう君を殴った。僕の負けだ。自分の力を信じすぎた罰だ。僕は滑稽な自惚れ屋だった。許してくれ。そしてどこへでも、君の好きなところへ行ってくれ」。しかし、ほんの一瞬前までは暴力的な振る舞いをしていた桂蘭は、呆然として長谷を見つめ、ここで抵抗から啓蒙への変容が起きる。「長谷、桂蘭をどこへもやらないで！　桂蘭を許して！（泣き崩れて）私、ちっとも痛くなかった。打たれても痛くありませんでした。嬉しかったんです。嬉しかったんです。私、きっと素直になります。ここへ置いて下さい。長谷さん。私を許して！」。つまり日本人の善意というものが如何なるものであるかを理解させるための桂蘭の再教育は激しい平手打ちで始まったのだ。一九八七年に出版された自伝の中で、山口は自身がこのシーンを忘れられない理由として二つ挙げている。一つは、長谷の役を演じていた長谷川一夫が、実際に力一杯彼女の頬を引っ叩き、彼女を床に倒したという点。もう一つは、終戦後、山口が中国政府に反逆罪の廉で逮捕された時に、上海の法廷で検察側がこのシーンを証拠として示したからだという。山口はこの時、長谷の暴力に対する桂蘭の反応は、日中間にある文化的な差異を表す古典的な描写である、と説明したという。山口に拠れば、当時、日本人男性がこのような形で女性を殴ればそれはほとんど愛情表現とも言えるものであったという。つまり、平手打ちは男の女に対する愛の深さを象徴しており、女は男の暴力に対して愛情を投げ返すことが期待されたのだ、と説明しているのである。山口は、日本人の観客はこのシーンをおそらくそのような意味に取ったはずだが、中国人の観客はこのシーンに貶められたように感じたのだろうと推察している。しかし、解釈の違いは、いつ爆発するか判らない人種問題へと帰結したようだ。

> それは日本人だけにつうずる表現だった。長谷川一夫が山口淑子扮する日本人女性を殴り、そのシーンをみている観客が日本人であれば問題はなかったが、『支那の夜』で日本人男性に殴られたのは、李香蘭扮する中国娘で、それをみて問題にしたのは中国人だった。
> 殴られたのに相手に惚れこんでいくのは、中国人にとっては二重の屈辱と映った。そして、その行動様式を、侵略者対被侵略者の日中関係におきかえてみた一般の中国人観客は、日本人のように一種の愛情表現とみなして感動するどころか、日本人に対する日ごろの憎悪と反撥がさらに刺激された。映画の教宣目的は全くの逆効果で、抗日意識をいっそうあおる結果となったのである。（藤原・山口 1987, 138）

親善映画では、ここに描かれた文化的差異を正確に反映しようという試みはなされなかったが、映画雑誌に掲載された、観客、つまり読者の反応を見ると、中国人の見方に不快感を持つ観客がいたことが判る。たとえば、別の親善映画『上海の月』（一九四一年）を巡る座談会の中で、この作品が中国人観客にもたらした否定的な反応を李香蘭自身が率直に語っている。

筈見――支那の人から、『支那の夜』『上海の月』の評判を聞きましたか。

李――私達が見てもさうですが、支那の方が見てゐて愉快ぢやないでせう。むしろ反感を買ひますからね。

筈見――決して愉快な感じを與へてをりませんか。

李――もちろん、與へてをりません。『上海の月』を滿映の女優さんと見ましたが、その人もぶんぶん怒ってゐました。日本の都合のいゝやうに運んでゐて、支那の人を理解したところがないでせう。（座談會「大陸を語る」1942）

中国や中国人についての無礼な表象にうんざりしているのは、山口が言及した〝満映の女優〟たちだけではない。中国の知識人たちもまた公然と批判的な態度を示し、親善映画では日本が中国を全く理解していない事実に、時に敵意を示している。たとえば、一九四二年出版の日本の映画雑誌『映画旬報』では、「靑」（Xing）とだけ記されたひとりの中国人知識人が、中国っぽい服装をし、中国っぽい話し方をするだけの日本人俳優について、こう述べている。「日本人は中國の長衫を着ればすぐ中國人に扮することが出來ると思つてゐるやうだが、その服裝は殆んど中國人らしきものなく、不體裁極まるものばかりであつた」（「中國を背景とした日本映画はこれでよいのか」その二 1940）[*6]。中国の批評家たちは、中国についてほとんど知識を持たず、またそのことを気にかけようとすらしない日本の映画製作者をしばしば糾弾している。ところが、日本人の映画製作者は、すべて中国人のキャストで製作し、中国人を肯定的な形で描いているような映画、たとえば『東洋平和への道』（一九三八年）は日本では興行的に大失敗した、と弁明しているのである。同様に、吹き替えや字幕によって、中国を舞台に中国人キャラクターが登場する物語を日本人観客に対し親しみやすいものにしようとした様々な試みもまた失敗している（淺井 1942）。

日本人の監督は、言葉の壁のために中国人の俳優を雇うことは難しいと言って、日本人の俳優に短い中国語の台詞を暗記させせることを好んだ。しかし、前に示したように、日本人の俳優が可笑しなアクセントで中国語の台詞を語るという試みは、中国人の観客からは嘲笑の的となるのがおちであった。ある中国人の批評家は、日本人の俳優たちの中国語の語学力の乏しさを公然と嘆いている。曰く「日本人の話す中國語は、失禮であるが餘り上手でなく、観衆は何を云つてゐるのか了解し兼ねる所が多かつた。これは［彼らの中国語能力が］汪洋の日本語を聞いたのと同じ感じであらう(12)」。

日中間の相互理解が不足しているということが親善映画製作の引き金になっているとはいえ、親善映画の円滑な製作と受容を阻害してきたものは、中国を自分なりに知ろうとする欲求が日本人の間に存在しない、という事実であった。これは大きな矛盾である。ところで、親善映画は、日中間の現象として議論されるのが普通である。しかしそれとは全く別なコンテクストにおいて製作された親善映画が存在するのである。

新しき土を包含する——日独親善と満洲

私達は此の映画を『新しき土』と命題した。

私達に取つても日本の映画界に取つてもこれは一つの新しき土である。

この土が肥えた豊かな土壌となつて、此の土から諸々の草木が生ひ立ち、優れた實を結ぶことを祈つて止まない。（川喜多 1936, 67）*7

『白蘭の歌』の公開によって親善映画がひとつのジャンルとして認識されるようになる三年前の一九三六年、所謂〝山岳映画〟で人気を博したドイツの映画監督、アルノルト・ファンクがキャメラマンを伴って東京に到着した。彼の目的は、初の日独合作映画『新しき土』を監督することにあった。数ヶ月前に締結された日独伊三国防共協定を受けて、この『新しき土』のプロジェクトは日独親善を強調するものと見なされ、日独両国政府から公式に支援を受けていた。この映画は、日本及びその帝国の〝正しい印象〟を世界に伝えるために、日本文化の美しさを賛美する一連の日本製〝輸出映画〟の始まりとなるべく期待されていた。さらに『新しき土』は、満洲国における日本軍の存在を公式に認めさせるための共同製作の数少ない例のひとつでもあった。(13)

製作が始まるとまもなく、日本側はファンク監督の持つ日本のイメージが誤っていることに気がついた。しかしファンクは、自分が作りたい映画はドイツの興行マーケットで受け入れられ、西洋の観客にとって好ましいものでなければならない、と説明した。この作品に顧問の形で参画していた、当時の人気映画作家伊丹万作（故・伊丹十三監督の父）は、『新しき土』が単なる紀行映画やナチスのプロパガンダになってしまうことに反対した。結果的には、『新しき土』には二つの異なったヴァージョン——伊丹が監督した日本版とファンクが監督した国際版——が製作されることになった（Hansen 1997）。

ファンクの脚本によるストーリーは輝雄という名前の日本人青年（小杉勇）を主人公としている。彼はドイツに留学し、そこでゲルダ（ルート・エヴェラー）という若いナチスの女性と恋に落ちる。輝雄はゲルダを伴って帰国するが、それは彼の養父の娘であるみつ子との婚約を破棄するためであった。しかし、滞在中に輝雄は自身の日本人としてのルーツというものに惹き寄せられ、その心はゲルダを含めた西欧から次第に離れ、国内へと向かう。結局、みつ子への愛に気がついた彼は、自殺しようと阿蘇山の火口へ向かっていた彼女を救うべく、焼け爛れた岩石の上を這うようにして、彼女の元へと急ぐ。[*8] 最後のシーンで、輝雄と光子は幼子を連れて中国大陸へ移住し、輝雄はそこで大日本帝国の兵士が警護のため見守る中で、満洲国の〝新しき土〟の上で幸せそうに農作業をしている。

この超大作には巨額の制作費、時間、人員が惜しみなく投入されたが、それはこの作品の興行的成功への期待が両国にとって大変大きなものであったことを物語っている。[14] だが、国際的な共同製作作品の成功は、映画の人気度や批評家の好意的批評によって計ることができるのだろうか？　日独両国において良い興行成績を収めたと伝えられていることから、『新しき土』はまずまずの商業的成功の例と看做すことができる。しかし、初めからの覇権争いや口論が災いして二つのヴァージョンの製作を必要とした点から見れば、日独両方にとってイデオロギー的には成功したとは言い難い。事実、公開されるや否や、この映画の国家的アイデンティティは何か、という疑問が白熱した議論の的となった。たとえば、日本人の批評家でシナリオ作家でもある澤村勉は、二つのヴァージョンを比べると伊丹版は「不徹底で、概念的で、散漫である」ものの、それでも日本映画らしいと思える、と述べている。しかしながら、ファンク版について「絶對に日本映画ではない」と糾弾している（澤村 1941, 261-262）。さらに澤村は、スタイルをブレンドしイデオロギーを合体することが、いかに映画を陳腐なものにしてしまうか、ということについて、次のような興味深い見方を提示している。

たしかに日本の風物に相違ないが、その眺めかたは、あまりにもバタ臭く、見世物くさく、いかにももの珍しげである。しかも、そのもの珍しい日本に住む人間を、傍若無人にもファンクは、まるきりドイツ人に變りないもののごとく心得てゐる。敢て言ふ、これは、日本の風物を踏臺にした、あまりにも大々的なナチ宣傳映画だ。ナチ紋章に相似たまんじを掲げてゐるが故に、寺院があたかも日本精神貯藏所のごとく、大佛があたかも絶對の力であるかのごとく描かれる。ナチ犠牲精神を敷島の大和ごころにあてはめ、朝日ににほふ山櫻、潔く散るをいのちの櫻花が、全篇に繰り返し描かれる。サムラヒ精神を謳歌しながら、讃美されてゐるのは、むしろドイツの来診であり、滿洲國を堂々と承認しながら、ノイエ・エルデを要求するのも實はドイツなのだ。（澤村 1941, 261-262）

鉤十字を暗示する卍の使用が、『新しき土』とナチの映画製作とを様式的に結びつける唯一の要素というわけではない。映画の冒頭、キャメラが雲の間を抜けて地上へと降下するシーンは、『意志の勝利』（一九三四年）の冒頭を直ちに想い起こさせる。しかし、日本の批評家の多くは、これらの技術的な側面をイデオロギー的には最も疑問視しつつ、一方でその同じ要素を様式的に秀でたものであると賞賛した。それ故、彼らは富士山と咲き誇る桜の花の屋外ショットに特別な賞賛を寄せている。ファンク版に対する日本人の批評の根底には、外国の映画作家は根本的に日本を理解することが出来ず、せいぜいそれを表面的に扱うだけで、日本と日本文化の本質を陳腐な形で描写するのが関の山だ、という深刻な疑念が横たわっているようだ。後に満映の甘粕の下で働くことになる日本の映画批評家岩崎昶は、どんな外国人でも日本の魂を正確に捉えることは不可能であるということを次のように述べている。

日本のように複雑な国家について過不足なく適切に描写するということは誰にとってもほと

んど不可能な仕事である。この国には、過去と現在、東洋と西洋、自然と近代科学が並存しつつ調和していることからくる複雑さと矛盾が満ちている。たとえ丸一年滞在してその間最も貪欲に観察をしたところで、日本のすべてを説明し、ましてや賞賛に値するような成功をもってこれを提示することなど、どんな外国人にも不可能である。それ故に、『新しき土』が失敗に終わったといってもそれはファンク博士やそのスタッフの責任ではない。それは、始めから判り切ったことであるが、そしてそうは言っても理解は出来るし同情は禁じえないのだけれども、外国人に日本を描写させようという試み自体の愚かさ故のことなのである。(岩崎 1937, 18)

この岩崎の持った印象は特別なものではない。実際、日独共に相互理解という概念を打ち捨ててしまった以上、親善という概念そのものが危機に瀕している状況であった。日本人が外国人(取り分け西洋人)による日本文化の描写について抱く懐疑心と憤怒の気持ちは、単に謂れのないものであるとか、取りとめの無い神経症的症状というわけではない。ファンク自身、相互交流を成し得なかったことへの咎を自ら背負っている。一九三六年に日本の映画産業界の人々との間で持たれた昼食会の席で、ファンクは『新しき土』に出演していた日本の俳優についての彼の意見と、自身の製作方針の裏にある動機について次のように言及している。

時おり、日本人が……日本的なアクセントで英語やドイツ語を喋るのは……好都合なのである。……私の作品において、われわれは原節子嬢に……彼女のスタイルでドイツ語を話させた。……ドイツ語を全く知らない原嬢にとってはこれは大変な仕事であったし、我々もまた……とてつもない困難を抱え込んだ。……しかしながら、我々が外国語のアクセントによるドイツ語を彼女が話すのを聞いたとき、我々ドイツ人にとってはある種の言うに言われぬ魅力がそこにはある。換言すれば……彼女は流暢にドイツ語を話した場合よりもずっとよい印象を残すことが出来たのである。(Fanck 1937)[15]

この言及について、日本の映画観客の側に何がしかの反応があったのかどうか、是非知りたいところだが、残念ながら何も記録は残っていない。一方で、主演女優に対してファンクが示した恩着せがましい態度は映画監督には似つかわしくない。ファンクが山岳映画、つまりドイツの山々を神秘的に写し取った諸作品の映像作家として最もよく知られているという事実を考え合わせれば、ジェニー・ハンセンが述べているように、彼は自作の出演俳優たちを、あたかも風景の一部分として機能する、監督の言いなりになるマネキンにしたかったのかもしれない(Hansen 1997, 62-86)。しかしながら、ファンクの見解には潜在的なオリエンタリズムが見え隠れしている。彼は自分が日本人の俳優を好きなのは話しかける必要がないからだ、と言ったことがある。つまり、以心伝心で自分が何を欲しているか、日本人の俳優は〝ただ、解ってしまう〟というのだ。もしファンクの言葉を信じるならば、ドイツの映画観客もファンク同様、自分たちが勝手に描いた東洋(オリエント)の神秘に最も近い日本を映像の中に見たかったに違いない。だとすると、ファンクが原節子の〝魅力的な〞ドイツ語のアクセントを敢えて直そうとしなかったことを批判することは、中国人が日本人による中国の描写を批判することと似ている。つまり、日独とも似たような陳腐化の過程を辿ったわけだ。オリエンタリストによるアジアへの眼差しはドイツ映画において先例として現れている。とりわけ、一九一〇年代後半から製作された〝エキゾチックな冒険〞映画の人気に示されるように、ドイツの映画監督たちにとって中国は格好の舞台であった。しかし、一九三一年の満洲事変以後になると、満洲を舞台とした *Kampf um die Mandschrei*（満洲の闘争）(1932) や『あかつき』(*Fluchtlinge*, 1932) といったドイツ映画は断固たる政治的色彩を帯びるようになり、アジアを〝新しき土〞として描く映画を製作する帝国は日本だけではなくなったのだ(16)。

ところで、ファンクによる日本の描写をあれこれと批判する論争において、完璧なまでに無視されたのは満洲国を日本の〝新しき土〞と看做すサブ・プロットの部分である。これは全く皮肉としか言いようがない。実際、台詞の上での〝土〞についての唯一の言及は、輝雄が両親の農場に戻って自身のルーツを探すシーンでのほとんど間接的なものである*9。ある朝早く、彼は水田に両手を突っ込み、しっかりとその土の匂いを嗅ぐ。そしてそれを満足げに見つめていた父親がこう言うのだ。「いい土だ。だがもう古くなっている。本当に古くなった土だ」。澤村は、あたかもこの映画における満洲国の描写が問題をはらんだものであることを認識しているかのごとく、こう記している。「結末は、狭い日本の田園をのがれた輝雄とみつ子が、滿洲へ飛躍し、日本の軍隊に平和を保證されながら、トラクタアで新しい大陸の土を、歡喜にみちて耕作してゐる場面であり、これは、この作の重要なテエマの一つとなつてゐるが、滿洲国を承認してゐない國々に於て上映されるやうな場合、この場面は問題だらう」（澤村 1941, 260）と。

親善有限会社――満洲への郷愁を扱ったビジネス

日中親善という話題は、一九九五年、『ミュージカル李香蘭』が再演された際に再び立ち現れた。このミュージカル作品は、山口淑子の半生を高度に理想化した形で示して見せた二時間の派手な作品で、山口自身によって一九八七年に出版された自伝を原作とし、浅利慶太によって脚色、演出されたものである。物語は第二次世界大戦終了直後の上海軍事裁判所で、山口が漢奸罪[*10]の裁判を受けているところから始まる。そして観客を、山口の人生に起こったドラマチックな出来事へと誘うナレーターは〝川島芳子〟である。川島を演じる女優はそうした出来事をフラッシュバックしつつ観客に伝えるが、皮肉にも〝現在〟から見た視点を取り入れた語りを使う。たとえば、あるシーンでは大日本帝国軍隊の制服に身を包んだ一群の俳優たちが、戦時期日本でポピュラーであった『月月火水木金金』を唄いながら行進する。すると、川島はこれをせせら笑うように観客に対して解説をする。曰く「月月火水木金金。……つまり、土日の連休がないんだよね。一日も休まないんだって。日本人の働きすぎはこの辺から癖になってしまったのかな[(17)]」。こうしたユーモアは笑いを取るためだけの目的で取り入れられたものではない。浅利はこのミュージカルが反戦の声明となるよう意図していたのだという。「イデオロギーに左右されることなく、歴史を冷静にみつめ、その真実を構築したつもりです。フィクションではありますが、その中に歴史の真の姿を感じていただければと願っています」（劇団四季編 1992b）。イデオロギーを抜きにした新たな歴史創出という浅利の野心的な試みの問題点はしばしば置いておくとして、彼のプロジェクトが戦前の親善映画の製作者たちのそれとよく似ているという点は指摘しておかなければならないだろう。親善映画の製作者と同様、浅利は日本の帝国主義的イデオロギーをエンターテインメントに仕立てるという途方もない仕事に直面することになった。彼はこの問題を、たとえば〝五族協和〟のようなイデオロギー上問題を孕んだ概念を単純化してミュージカル曲として伝達することで解決した。『満蒙は日本の生命線』や、このミュージカルの主題歌ともいえる、どこか満洲国国歌を思わせる『マンチュリアンドリーム』等、すべて大日本帝国のイデオロギーを耳障りよく、判りやすく押し込めたものである。

五つの民喜び寿ぎ
集い来たりて希望の火をアジアに灯さん
五つの民心は一つに
永遠に誓いし五族協和我らの願い
マンチュリアン・ドリーム

満洲国の理想

マンチュリアン・ドリーム

夢の国[18]

この曲と、そしてこのミュージカル全体を通して顕著なことは、満洲国を〝夢（ドリーム）〟、または〝夢の国〟のように繰り返し表象する傾向があることである。実際、この舞台劇では、台詞でも歌詞でも、大日本帝国自体が同様に忘れられない〝幻〟として語られる[19]。こうした、まさに夢のような隠喩的表現は、満洲国における日本の帝国主義者たちの野蛮な侵略という歴史を忘却の彼方へ追いやり、その代わりに誤ってはいるが悪意はない日本人の〝夢（ドリーム）〟というロマンチックな心象風景だけを残すのである。そのため、慈悲深く優美な歌詞とは好対照に、音楽のほうは勇壮で巨大な帝国を誇示するかのごとくである。筆者が観劇した舞台では、年長の観客が明らかに心を動かされているようであった。舞台上で懐かしい軍歌がこれみよがしに再現されているのに合わせ、その歌詞を静かに口ずさむ人々もいれば、『海ゆかば』が唄われている間すすり泣いている人々もいた。しかし、これより衝撃的であったのは、若い観客層までもがある種の想像上の郷愁に浸っているように見受けられたことだ。二十代と思しき若い女性二人は、一九三〇年代の曲『夜来香』のことを〝懐かしい〟と表現した。どちらの女性も戦争体験などあるべくもなく、彼女らにとってその歌の何が具体的に懐かしいのか、筆者には判らなかった。終演後、ロビーでは年長者、若年層を問わず『マンチュリアンドリーム』や他の曲の一節を口ずさみながら、ＣＤやポスター、プログラムを我先に購入していた[20]。

戦時中の日本の軍歌をアレンジしたミュージカル曲の数々は、真新しい軍服を着て旭日旗を振り回す偽の日本兵たちが舞台で行進するときの力強い曲となった。軍歌や旗や言葉を通じて大日本帝国を視覚的に再現することによって、浅利は帝国のエネルギーを光と音のスペクタクルに蘇らせることに成功した。彼の動機がいかなるものであったにせよ、浅利は山口淑子が戦前に出演した親善映画の製作者と本質的には違わない危険な結論に達している。つまり、ミュージカルは帝国主義者のイデオロギーを娯楽にしてしまうのだ。

親善映画は観客をイデオロギーの罠に陥れるということを知りすぎている山口淑子は、このミュージカルの最初のヴァージョンにいくつかの文句を付けたようだ。彼女曰く「できてきた粗筋を拝見すると『満洲国建国に夢を託した日本』が強調されすぎて『五族協和』『王道楽土』の〝ビバ・マンチュリア（満洲万歳）〟になる心配が出てきました」。山口は承認を与える前に関東軍の野心やそれと戦った中国人たちの勇気といったもの、そして「私は日中の狭間で、どれほど苦しんだか」をもっと十分に描くように浅利に改稿を要求したという（山口 1993, 201-202）。

日本の帝国主義下における中国支配というテーマからすると、『ミュージカル李香蘭』が人気を博したのは日本の観客の間に限ったことだと思われるかもしれない。しかしながら、公演ツアーのプログラムに拠れば、このミュージカル舞台劇は日中国交回復二〇周年を記念して中国政府からの招待を受け、一九九二年、中国の四都市で成功裏にツアーを行なったのだという。さらに、プログラムではこのミュージカルが日中間の〝相互文化交流と親善を促進する〟ことに大きな貢献を果たした、と誇らし気に語られている。中国国内での反応を記した中国の新聞記事は明らかにそれほど熱のこもった書き方はしていないものの、『『ミュージカル李香蘭』大連公演成功！』という見出しは中国人の好意的な反響を物語っているといえよう（劇団四季編 1992b）。つまり、このミュージカルの製作者は、歴史的状況が全く異なるにもかかわらず、五〇年近く前に日本の映画製作者が用いた親善という柔軟なレトリックを成功裏に再利用することが出来たのだ。[21]

『ミュージカル李香蘭』が国際的な成功を収めたということは、ある気がかりな持続性を示唆している。つまり、戦後日本は映画、演劇、音楽、そして真の零細企業が生産する記念グッズに至るまで、そうした様々なメディアから熱狂的な観客と収入を吸い取ることができるということである。事実、日中親善を明白に謳ったこのミュージカルの広告は、親善映画というジャンルの広告と不気味なまでに似ており、中国人を社会の隅に追いやるというストーリーも継承している。このミュージカルは、イデオロギーに染まらない歴史を再構築しようとした浅利の試みが不可能であったことをはっきりと示しており、帝国主義というものは帝国を破壊しない限り終わることはない、というエドワード・サイードの訓戒を思い起こさせる（Said 1993, 9）。

結語

本章では、日本の親善という帝国主義的なレトリックが映画空間・非映画空間の双方において、また時を超越して驚くべき柔軟性と持続性を持っていたことを強調した。この結論で特記したい最初のポイントは、親善映画が日本の戦前と戦後を通じて帝国主義的アイデンティティという概念を創出することに常に関わっていることである。大日本帝国の一部としての満洲国のイメージの中心にあるのは、この地が日本人にとって言葉の本当の意味での〝外国〟ではないというものだ。親善映画は、中国、特に満洲が、日本帝国にとっての穀物地帯であり、帝国日本の国民に様々な機会を提供してくれる場である、という考えを構築するのに一役買ったのである。

満映は、日本の映画産業界やドイツ、ハリウッド、そしてフランスなど他国の映画産業界、及び中国の映画産業界とも常に競い合っていた。甘粕正彦が運営した満映は、満洲国における帝国の魅力的な側面を垣間見させてくれる。すなわち、満映はどのような政治信条を持った人でも仕事を見つけることが出来るという、日本の映画業界の人々にとってユートピアのような場所だったのである。しかし、満映はある面では〝共栄圏〟という日本製のレトリックが完全な絵空事ではなかったことも示唆してもいた。満映では、映画の製作に関わりたいと思っていた中国人に様々な機会を与えた。そして占領者の視点から文化の差異を演ずることのできた山口淑子のような日本人スターにさらに大きな成功を摑む機会を与えた。満映は、それが夢の工場であったが故にわれわれの興味を誘う。ちょうどハリウッドがそうであるように、それは現実だけに基づいた夢ではなく、むしろ曖昧なイデオロギーの寄せ集めに基づいた夢を生産する工場だったのだ。さらに、満洲国は、日本の完全な植民地であった朝鮮や台湾、あるいは半植民地的な上海とも違っていた。つまり政治的にもイデオロギー的にも満洲国は境界線上にあった。つまり、日本からは独立した国であったはずなのに日本と避けがたく結びついている帝国という空間だったのである。

親善映画は、究極的には帝国主義というコンテクストの中の相互作用として理解されるべきものであろう。日独関係においては、満洲国は帝国としての両国を結びつける数少ないシンボルであったためにドイツの映画製作者たちにとっては役に立ったのである。さらに、『新しき土』における〝正しい〟日本の描写を巡る戦いは、西洋に対する日本の帝国主義的アイデンティティの曖昧さを象徴している。ファンクの存在は、日本の映画産業界で働く人々に、この業界がいずれは日本的なものを逸脱し、西欧諸国と伍していける国際的な産業になるとの希望を与えてくれた。しかしながら、ファンクの描いたアジア像はその時点の日本映画によるアジアの表象とかけ離れたものではなかったのである。さらに、『新しき土』は三国同盟の曖昧さを強調し、相互理解のための道具としての親善の欺瞞性というものを顕わにし、結局、よく似てはいるが共存不可能な二つの帝国主義的イデオロギーの対立をまざまざと見せつけたのである。

『ミュージカル李香蘭』のような舞台劇の製作は、親善という概念が究極的に適応性を持っていること、そしてそれが時を越えて様々な政治権力に順応し得ることを教えてくれる。さらに、毎年のように再演を重ねた[22]このミュージカルの人気、そして零細企業によって生産される関連商品の人気は、その生産者が表向きは批判している〝帝国〟の、まさにその遺産から利益を得ている、という道義的な疑問を我々にぶつける。事実、二〇年近い期間、山口淑子は自身の過去を様々なメディアを通じてプロモートし、そのため人々は日本の帝国主義の遺産を記憶し続けたのみならず、その記憶は若い世代の人々にも広がっていった。しかし、こうした舞台劇の人気と有効性は日本人だけが独り占めしたわけではなかった。中国におけるこの舞台劇の成功は、帝国主義の遺産が植民支配者／占領者のみならず被植民者によっても維持された、ということを教えてくれる。

本章で筆者は親善という表象を、満洲国と映画製作に関連したいくつかの局面でしか触れることができなかった。満洲国の外で、そして大日本帝国の領土全体の中で製作された映画が日本の帝国主義文化の全体といかに交わったのか、そして今でも交わっているのかについて、もっと幅広い見地で検討することが必要であろう。こうした分析は、日本の映画文化をより幅広いコンテクストの中で再考していくことを必要とする。これらの研究は、部分的には既にその端緒についていると思われるが、日本の帝国主義時代の様々な神話を取り除き、我々の日本映画と日本帝国主義に関する理解を必ずや深めるであろう。

注

（1）一九四五年にソヴィエト軍が満洲国に侵攻してきた時、満映が保管していたすべてのフィルムはソヴィエト軍によって差し押さえられ、モスクワへと送られた。何本かのフィルムは中国に返還されたものの、ほとんどのフィルムはソヴィエト連邦体制が終焉を迎えるまでモスクワにとどめ置かれた。これらのフィルムは一九八七年頃初めて〝再発見〟された。しかしながらフィルムを特定する作業や著作権を確認する作業に数年が費やされた。日本の配給権を求めて粘り強くロシア側と交渉した山口猛の談話によると、植民地における所有権の概念は極めて複雑な特質を持っているということだ。嘗ての満洲国の政治体制を公式に認めることになるため、公式には中国側も日本側もそれらのフィルムの所有権を主張しなかった（山口 2000, 35-39）。この発見に関するより詳しい記事としては、「甦る幻のキネマ」（『読売新聞』一九九五年一一月二六日、夕刊）、「旧満洲映画丸ごと日本に」（『朝日新聞』一九九四年六月九日）を参照されたい。本章を通じて、筆者は今日では中国東北部として知られている地域で日本の統制下に建国された国を示す言葉として〝満洲国〟という言葉を使っている。これは、歴史文書が〝満洲国〟をある特定の歴史的状況下で作られた場であり概念であるとしているのに倣っている。加えて、筆者は〝満洲〟や〝満洲人〟といった言葉がイデオロギー的に問題のある言葉だということを自覚している。こうした専門用語の背景にあるイデオロギー的な含意についての議論については、Duara 2003 や玉野井（Tamanoi）2000 の論稿を参照していただきたい。一九九五年にテンシャープから出た三〇巻の VHS のセット「映像の証言・満洲の記録」については、石井 1995 を参照のこと。

（2）筆者による翻訳。山口はオリジナルの中国語の見出しを翻訳する際に「文化」という語句を省略している。山口 2000, 15 に採録された『人民日報』一九九五年五月二七日付の誌面を参照のこと。

（3）基本的に、戦後の日本映画史についての初期の研究では、満映についてはごく簡単に触れているだけか、完全に無視しているかのどちらかであった。飯島 1955、田中 1980、岩崎 1961 などを参照のこと。満映についての研究が真剣に行われるようになったのはこの二〇年ほどのことで、初めは坪井 1984、佐藤 1987; 1995、そして山口 1989; 2000 などによる調査があり、後にはハーイ（High）1995、四方田 2000a; 四方田 2000b; 四方田 2001 などの成果がある。満映研究に対する重要な刺激は中国人映画研究者からももたらされた。胡昶・古泉 1990 は満映についての極めて重要な記録であり、これは一九九九年に日本語訳された。

（4）ドイツ第三帝国時代の娯楽映画に関する魅惑的な議論を提供した Eric Rentschler 1996 もまた、どういうわけか相互に敵対するものとして娯楽とプロパガンダを明確に分けることには疑問を呈しているように見受けられる。

（5）Janine Hansen 1997 は日独双方におけるこの映画の製作と受容について詳細に論じている。本章における筆者の意図はハンセンの研究を新たな方向へと展開することにある。この合作映画を三国同盟における映画交換（ちょうど、ドイツとイタリアの間で前年に製作された合作映画『Condottieri』がそうであったように）と親善による共同製作というより大きなコンテクストで見てみることによって、その時代の人々が帝国の枠組みの中でいかにそれらを見ていたのかという立場に沿った形で、この時期の日本映画への理解を確立できればと思っている。詳細については、筆者が UCLA に提出した博士論文である "The Attractive Empire: Colonial Asia in Imperial Japanese Film Culture, 1931-1953" 2000 を参照されたい。

（6）『満洲映画協会』と題された日付のないパンフレットに拠れば、同協会の目的は「国家精神の高揚と国家教育の促進に寄与するべく映画の輸出入、配給を統制し、教育、文化、娯楽映画の製作にかかわる事業を展開する」（5）とある。

（7）甘粕以前には、元日活多摩川撮影所長であった根岸寛一が満映の責任者であった。根岸は満洲国に赴く前は『五人の斥候兵』（一九三八年）や『土と兵隊』（一九三九年）を含む一連の所謂人道的戦争映画の製作責任者という立場であった。根岸の人道主義と甘粕の〝テロリスト、軍国主義〟のイメージとを比べたとき、前者が〝満映の母〟、後者が〝満映の父〟というニックネームとなる（藤原・山口 1987, 133）。根岸の満洲国における活動の詳細については岩崎 1969, 125-163 を参照のこと。

（8）フィルム配給の詳細については、田中 1980, 3: 22-28 を参照のこと。上海における日本の映画政策の協力者にとっての〝動機〟としてのフィルム・ストックについては、張 1942, 25 を参照のこと。

（9）ゲッベルスの娯楽映画政策についての詳細は、Moeller 2000, 106-114 を参照のこと。

（10）「民族協和　李香蘭之変化」1940 を見よ。李香蘭の民族可変性の詳細については、Silverberg 1993, 30, 56 を参照のこと。

（11）『支那の夜』のビデオ版の映像から台詞を再現した。次のようなやりとりの後に引用したシーンが続く。

長谷――君、冷静になりたまえ。君だって日本人だろう。見ろ、支那人が黒山になって見ている。君がこの女を殴れば、理由の解らんこの連中は、日本人に対していい感情を持たなくなるじゃないか。

男　――生意気言うな。俺は詐欺にかかって金を取られたんだぞ。悪い奴を懲らしめてやるんだ。こいつら放っておくと、また日本人を嘗めてかかりやがる。

長谷――そこを、我慢してもらう訳にはいかんか。ねえ、君。今どんな時だか判らないことはない筈だ。ここの支那人は、この上海に来ている日本人から日本人というものを判断するんだ。僕らは、平常以上に自分の行動を慎まねばならぬ責任があると思う。ねえ、君。そうだ、失礼だが、その金は僕に払わせてもらおう。僕も行きかがり上、君も落ち着かないかもしれないが、これも災難だと思って我慢してもらうんだな。

なお、このシーンの分析については四方田 2000b, 108-118 に詳しい。

（12）汪洋は上海を拠点としていた中国人女優で、三本の親善映画に出演、うち二本で李香蘭と共演した。「中國を背景とした日本映画はこれでよいのか」1940 を見よ。

(13) この作品の製作、宣伝に関する詳細について、東和商事編 1942, 93-103 を参照のこと。
(14)『新しき土』は東和商事合資会社、JOスタジオ（京都）、テラ・スタジオ（ドイツ）、そしてアルノルト・ファンク自身の製作会社の共同出資によって製作された。製作費の見積額は六六万円であったが、最終的に要した製作費は七五万円に及んだと言われている（『ニューヨーク・タイムズ』は製作コストについて二一万五千ドルと引用している）。この時期の典型的な日本映画の平均的製作費は五万円であり、この作品の十分の一以下であった。
(15) この文章は文法的に間違いの多い英語で書かれ、出版されたもので、筆者によって元の意味を変えることとなくなるべく忠実に訳し直されたものである。
(16) ドイツの映画作家たちは戦争終結まで明らかに満洲及び中国に眼を向けていたであろうことが、次のような作品タイトルから判る。『世界の涯てに』（*Zu Neuen Ufern*/ *To New Shores*, 1937）、*Das Neue Asien*（*The New Asia*, 1940）、『北京の嵐』（*Alarm in Peking*, 1937）、*Geheimnis Tibet*（*Secret Tibet*, 1943）、*Quax in Fahrt*（*Quax abroad*, 1945）。詳しくは Bauer ed. 1950 を見よ。
(17) 劇団四季編 1992*a*, 第二幕、第一場。
(18) 同上、第一幕、第五場。
(19) 〝幻〟という言葉はある種の幻想を起こさせる、あるいは最早存在しないものに言及する際に用いられる。今日では、この言葉は最早存在していない満洲や大日本帝国の様々な所に言及する際によく用いられる。山口猛は満映において製作された映画全体のことを〝幻のキネマ〟と位置づけている。
(20) 筆者が当該舞台に接したのは一九九五年三月一一日の東京、青山劇場での公演である。文化歴史学者である四方田犬彦は同じ舞台の一九九九年の公演〔原著では一九九八年と記されているが、四方田の記述では一九九九年が正しい〕に接して大きく異なる印象を持った。彼はこの舞台について、歴史的背景への言及が多すぎ、〝娯楽的価値〟が減じられていると評している（四方田 2000*b*, 274-278）。ポスト・モダン的現象としての李香蘭／山口淑子に対する消費者のブームについても、四方田は素晴らしい分析を行っている（四方田 2000b, 317-320）。

(21) あるネット上の情報に拠れば、中国での計一六回の公演を通じての有料観客数のトータルは二万二六三〇名であったとされる。同サイトに拠れば同舞台は一九九七年にシンガポールでも上演され、三回の公演のトータルで八〇九〇名の有料観客数を記録したという〔原著には同サイトのURLが掲載されているが、確認したところ既に存在しないためここでは割愛した〕。

(22) 二〇〇三年七月のリヴァイヴァル公演では、ほとんどすべての公演が売り切れとなった。この最終公演の際の広告コピーは「これは私たち日本人にとってけして過去の出来事ではない」と記している。『ミュージカル李香蘭』の次に浅利が手がけたミュージカル『異国の丘』は、第二次世界大戦中にソヴィエト連邦の捕虜となったある日本の小隊を扱ったものである。

訳注

＊1 原著では“An unnamed Japanese journalist”となっていたが、引用された原文には清水千代太であることが明記されていた。

＊2 原著では辻の『中華電影史話』の二五七ページと出典が示されていたが、原著者の用いた版と訳者の手元にある同書（初版）が違うためか、同頁では引用箇所は見当たらなかった。

＊3 原著ではここに木村荘十二の他、内田吐夢、八木保太郎の名前が挙がっているが、出典である『聞書アラカン一代』の、原著者の用いた版と訳者の手元にある同書（徳間文庫版）の版が違うためか、引用箇所に内田、八木の名前は挙がっていなかったため、ここでは省いている。

＊4 それぞれ「日」「鮮」「蒙」「露」という漢字が丸で囲まれた中に記されている。

＊5 原著では男性が貸した金を返すことを迫っている、との解釈をしているが、映像を確認した限りにおいては男性が桂蘭を商売女と勘違いしていたという解釈が妥当である。

＊6　原著では出典について（『北京と日本映画』1942）としているが、確認したところ本文中に表記したものの間違いであった。
＊7　原著の出典では、この文章の執筆者を川喜多和子としているが、正しくは川喜多かしこである。
＊8　原著では特に言及されていないが、舞台設定は熊本の阿蘇山であり、実際に阿蘇山でロケーション撮影されている。
＊9　ここで引用しているシーンはファンク版における当該シーンであるが、伊丹版においては同じ台詞が違った場面で同じ人物（輝雄の父）によって語られている。他にも、前述の鉤十字をイメージさせる「卍」のシーンはファンク版にしか存在しないなど、全体として、ファンク版と伊丹版は単に編集の仕方が違うというだけでなく、使っているテイクそのものが大きく異なっている。
＊10　中国国家に対する反逆者のこと。

参考文献

〈日本語文献〉
甘粕正彦 1942.「満人のために映画を作る」『映画旬報』一九四二年八月一日、三頁
淺井正三郎 1942.「中國人と日本映画」『映画旬報』一九四二年十一月一日、二二頁
飯島正 1955.『日本映画史』第一巻、白水社
石井薫 1995.「幻の映画を求めて――『満映フィルム』入手のいきさつ」『満洲の記録　満映フィルムに映された満洲』集英社、二四六―二四七頁
市川彩 1941.『アジア映画の創造及び建設』国際映画通信社
岩崎昶 1961.『映画史』東洋経済新報社
――編 1969.『根岸寛一』刊行会

エドワード・W・サイード 1998.『文化と帝国主義』一、大橋洋一訳、みすず書房
黄子明 1942.「北京と日本映画」『映画旬報』一九四二年十一月一日、三二―三三頁
川喜多かし子 1936.「豊かな土壌への捨石」『映画之友』一九三六年十二月、六六―六七頁
桑野桃華 1936.「満洲の映画事業概観」『映画旬報』一九四二年八月一日、三六―三九
劇団四季 1992a.『ミュージカル李香蘭』CD PCCH-00019、ポニーキャニオン
———. 1992b.『ミュージカル李香蘭』パンフレット劇団四季
胡昶＋古泉 1999. 横地剛＋間ふさ子訳『満映――国策映画の諸相』パンドラ
佐藤忠男 1985.『キネマと砲聲 日中映画前史』リブロポート
———. 1995.『日本映画史』第2巻、岩波書店
澤村勉 1941.『現代映画論』桃蹊書房
田口正夫 1941.「李香蘭におくる言葉」『映画之友』一九四一年六月、九八―九九頁
竹中労 1985.『聞書アラカン一代――鞍馬天狗のおじさんは』徳間文庫
「中國を背景とした日本映画はこれでよいのか」1940.『映画評論』一九四〇年十一月六〇―六一頁
田中純一郎 1957.『日本映画発達史』Ⅲ、中央公論社
東和商事編 1942.『東和商事合資会社社史』私家版
張善琨 1942.「中華聯合製片公司に對する私観」『映画旬報』一九四二年八月十一日、二五頁
辻久一 1998.『中華電影史話――一兵卒の日中映画回想記 1939-1945』凱風社
坪井与 1984.「満洲映画協会の回想」『映画史研究』No.19
内藤和子 1941.「李香蘭におくる言葉」『映画之友』一九四一年九月、九九頁
ピーター・B・ハーイ 1995.『帝国の銀幕』名古屋大学出版会
藤原作弥・山口淑子 1987.『李香蘭 私の半生』新潮社
「民族協和 李香蘭之変化」1940.『満洲映画』一九四〇年四月、頁記載なし

光吉夏彌 1943.「滿人の笑」『映画評論』一九四三年一月、三四―三五頁
武藤富男 1956.「大杉事件の眞相」『満洲国の断面――甘粕正彦の生涯』近代社
矢原禮三郎 1942.「滿映作品への斷想」『映画評論』一九四二年十二月、四八―四九頁
山口猛 1989.『幻のキネマ満映――甘粕正彦と活動屋群像』平凡社
山口猛 2000.『哀愁の満州映画――満州国に咲いた活動屋たちの世界』三天書房
山口淑子 1993.『戦争と平和と歌　李香蘭　心の道』東京新聞出版局
――――. 1997.『次代に伝えたいこと――歴史の語り部 李香蘭の半生』天理教道友社
――――. 2004.『「李香蘭」を生きて　私の履歴書』日本経済新聞社
四方田犬彦 2000a.『日本映画史一〇〇年』集英社新書
――――. 2000b.『日本の女優』岩波書店
――――編 2001.『李香蘭と東アジア』東京大学出版会
「座談會　大陸を語る」1942.『映画之友』一九四二年一月、二九―三三頁

〈外国語文献〉

Anderson, Joseph, and Donald Richie. 1982. *The Japanese Film: Art and Industry*. Princeton, N.J.: Princeton University Press.
Bauer, Alfred, ed. 1950. *Deutscher Spielfilm-Almanach, 1929-1950*. Berlin-Zehlendorf: Filmblatter Verlag.
Bender, Pennee. 2002. "Film as an Instrument of the Good Neighbor Policy, 1930s-1950s." Ph.D. diss., New York University.
Chang Hu and Gu Quan. 1990. Manying: Guoce dianyin mianmian guan（Manei: Views of national policy films）. Beijing: Zhonghua shuju chuban.
Cheng Ji-hua, Li Xiaobai, and Xing Zuwen. 1980. *Zhongguo dianying fazhanshi*（A developmental history of

chenese film）. Beijing: Zhongguo dianying chubanshe.

Duara, Prasenjit. 2003. *Sovereignty and Authenticity: Manchukuo and East Asia Modern*. Boulder: Rowman and Littlefield.

Fanck, Arnold. 1937. "On the Exportation of Japaanese Motion Picture Films." *Cinema Yearbook of Japan*, 1936-1937, pp.30-31. Tokyo: Kokusai Bunka Shinkokai.

Hansen, Janine. 1997. *Arnold Fancks› die Tochter des Samurai: National-socialistsche propaganda und japanische Filmpolitik*. Wiesbaden: Harrassowitz Verlag.

Harley, John E. 1940. *World-wide Influences of the Cinema*. Los Angeles: University of Southern California Press.

Hobsbawm, Eric. 1987. *Age of Empire› 1875-1914*. New York: Vintage Books.

Iwasaki, Akira. 1937. "The Japanese Cinema in 1937." *Cinema Yearbook of Japan*, 1936-1937, pp.30-31. Tokyo: Kokusai Bunka Shinkokai.

Moller, Felix. 2000. *The Film Minister: Goebbels and the Cinema in the "Third Reich·"* Londan: Editions Axel Menges.

Rentschler, Eric. 1996. *The Ministry of Illusion*. Cambridge, Mass.: Harvard University Press.

Said, Edward. 1993. *Culture and Imperialism*. New York: Vintage

Silverberg, Miriam. 1993. "Remembering Pearl Harbor, Forgetting Charlie Chaplin, and the Case of the Disappering Western Woman: A Picture Story." *Positions* 1.1（Spring）: p.30, p.56.

Stephenson, Shelley. 1999. "'Her Traces are Found Everywhere'：Shanghai, Li Xianglan, and the Greater East Asian Film Sphere." *Cinema and Urban Culture in Shanghai› 1922-1943*, ed. Zhang Yingjin. Stanford, Calif.: Stanford University Press.

Tamanoi, Mariko Asano. 2000. "Knowledge, Power, and Racial Classifications: The 'Japanese' in 'Manchuria.'" *Journal of Asian Studies* 59.2（May）: pp.248-273.

第五章　支配された植民者たち
満洲のポーランド人

トーマス・ラウーゼン

我々の国民思想の地平を拡げてみようではないか。哨兵線を越えて幅広い道を切り拓こうではないか。ポーランド性が生き、また、生きようとしているすべての場所に手を差し伸べようではないか。必要ならば、このポーランド性を昏眠状態から覚醒させようではないか。最果ての国境地帯におけるポーランド性の防衛に備えようではないか。海を越えた新しいポーランドを建設しようではないか。これらすべての行動から一つの、近代国民理念を構築しようではないか。そうすれば、我々の力はかつてないほどに成長しはじめるだろう。

ローマン・ドモフスキ『近代ポーランド人の思想』一九〇三年

「満洲」はあらゆる人々を魅了し続ける。ジョン・フランケンハイマー（John Frankenheimer）の『影なき狙撃者』（*Manchurian Candidate*, 1962）、ベルナルド・ベルトルッチの『ラストエンペラー』

(1987)、エディー・フォン(Eddie Fong)の『川島芳子 満州最後の皇女』(*Last Princess of Manchuria*, 1990)といった映画がすでに製作されてきたが、最近では、一九九九年封切りのマグダレナ・ワザルキェヴィッチ(Magdalena Łazarkiewicz)のメロドラマ『世界の果てへ』(Na koniec świata)をもってポーランドも、満洲というテーマに寄与することになった。ワールド・ワイド・ウェブのFriend-of-Poland-DC Yahoo Groupの「ページ」から判断するに、この映画は(さしあたりは)いくつかの映画祭で公開されただけで、観衆はポーランド人に限られているようだ。同ページは、二〇〇一年一月三一日にワシントンDCのポーランド大使館で催された『世界の果てへ』の上映会を次のような紹介文を付けて告知している。


これは道徳、愛、そして狂気の物語。

二〇世紀が始まろうとしている。

舞台はエキゾチックな満洲。

二〇世紀初頭、多くのポーランド人が極東に住んでいた。彼らは中国人やロシア人とともに暮らし、鉄道建設に従事していた。

この映画のヒロイン、テレサは、婚礼の直後、夫のカミルとともに満洲の地に降り立った。心の奥底では、彼女は自分が夫を全く愛していないことに気付いていた。[1]

ワールド・ワイド・ウェブは、予期せざるもの予期されるもの、私的なもの公的なもの、ローカルなものグローバルなものの宝庫である。それは、現在の世界の真の写し絵であるとともに、過去の表象も含むであろう。このウェブページの別の部分にはハルビン市に関する短いテクストが掲示されている。リンクの情報によると、作者はヤロスワフ・ザヴァツキ（Jarosław Zawadzki）某なる人物で、彼はフリーの翻訳家、営業マン、英語教師をしており、ワルシャワ大学中国語学部の修士号を持つという。彼自身の言に従えば「翻訳と教師業で多忙な……何でも屋。趣味はご覧のとおりHTMLとウェブ・グラフィック、そして台湾」ということになる。同ページには次のような記述がある。

ハルビン。一九世紀末、東清鉄道の軌道を建設すべくロシア人に派遣されたポーランド人技師達（この時点では独立国としてのポーランドは存在していなかった）が、今日の中国満洲地方にあるこの騒がしい街を築いたのだった。派遣隊の長であったアダム・シドウォフスキ（Adam Szydtowski）がこの地を東清鉄道会社の本拠地に選んだのは、一八八九年四月一一日のことだった。五月にはポーランド人技師とロシア人兵士の一団が、旧い醸造所のあった場所に到着しているが、ここから町が瞬く間に出現したのだった。ロシアの満洲侵出政策の一環であったとはいえ、ハルビンは、ポーランド人の建築家が設計し、ポーランド人が住み着いた、ほとんどポーランド人の町だった。ゴスポダ・ポルスカ（Gospoda Polska）のようにポーランド人の学校や

文化センターがあった。中国人やロシア人も多く住むようになった。(2)

ハルビンと満洲に居住していたポーランド人人口の実際の数を考慮するなら、控えめに言っても、この文章の歴史的妥当性は疑わしい。その数は決して七千人を超えることはなかったのだから(Jabłońska and Krakowski 1961; Woźniakowski 1976; Symonolewicz- Symmons 1978を参照)。しかし、このウェブ・ページが非常に簡潔な形で伝えているのは、より重要な表象の物語である。ザヴァツキの史的考察とワザルキェヴィッチのメロドラマが展開する舞台は、より現代的な問題、すなわち、失われた帝国、新しい帝国がポストコロニアルという夢の中で「成就」される象徴的な領域、を描き出しているのである。(3)本章の目的は、この領域の断片を正確に提示することである。「満洲のポーランド人」という特殊な事例を通して、いかなる程度において「満洲」が、過去もそして現在もなお満たされるべき空白地であったのか、ということを描きたい。本文中に付された引用符は、「満洲」が単に競合の地であっただけでなく、より大きくより不吉な現象の寓話ともいえる言説であったことを想起させよう。それは膨張と「生存圏」を求める旧い帝国的、植民地主義的願望が今なお生き続ける、という寓話である。

「植民者」としての満洲の住民

「中国を回想すること、イスラエルを想像すること」(Lahusen 2000)という論文で、筆者は近代国家の抽象的な地図作成によって未だ解体されていない共同体的統合経験の記憶に焦点を合わせようと、「ハルビン(あるいは満洲)に対するノスタルジア」という一つの特殊事例を扱った。中国に移民したユダヤ人の経験をユニークなものにしたのは、彼らの集合的な無国籍性に加え、具体的なこの場所、即ちハルビン、満洲での経験であった、と論じたのである。それは、あるユダヤ移民が回想するように、「抽象的な国民の歴史というよりもむしろ、個人の人生」にあてはまるもので、この「訪問者」としての状況は、ある程度、彼等自体もまたしばしば「逗留者」にすぎなかったホスト側の住民にも共有されるものであった。別言すると、ユダヤ人も中国人の隣人達(その大半は満洲に植民者としてやってきた山東地方出身の農民である)も身をゆだねるべき国民国家――近代的な意味での――を持っていなかったのだ。一見したところポーランド人の場合もユダヤ人や中国人と同様のようである。なぜなら、ポーランドは一七九五年におけるロシア、プロイセン、オーストリア間の最終分割により、ヨーロッパの地図上から百年以上にわたって姿を消していたのである。しかし、より綿密に観察すると、二〇世紀前半に、東清鉄道の「治外法権地帯」であるハルビンやその他の中国東北部に住んだポーランド人はユダヤ人や中国人とは根本的に異なった形で移住者の地位を経験したことがわかる。つまり、彼らの大半は、公式にはロシア帝国臣民として中国に到来し、その多くは第一次大戦後の一九一八年に再生したポーランド共和国の市民としてこの地を去ったのである。彼らがその精神と態度において共有したのは、支配する人間(植民者)であり、支配される人間(被植民者)であるという二重の地位であった。ブライアン・ポーターが近著『ナショナリズムが憎み始めたとき――一九世紀ポーランドで近代政治を想像すること』で書いているように、「ポーランド人は、自らを東洋の諸民族に対して文明化の使命を担ったヨーロッパ社会であると認識しながら、同時にかかる『東方の』国(ロシア)による帝国的支配を受けていたという点で、おそらくユニークであった」(Porter 2000, 188)。ポーターが植民者としてのポーランド人に言及するとき、彼はもちろんポーランドの東部「国境地帯」(Kresy)を念頭においている。この地域はかつては、半ば神話化された Polska od morza do morza(海から海――すなわちバルト海から黒海――へ広がるポーランド)の一部だった場所で、リトアニア人やウクライナ人、そしてユダヤ人も住んでいた。

カトリックのポーランド人がユダヤ系ポーランド人といかに関係したかという問題を考えるなら、前者の多くは後者を、「ユダヤ人」であるという理由から、「ポーランド人」とは考えなかった、と言えるだろう。この事実は、多くのポーランド(およびロシア)出身のユダヤ人が、処遇や法があまり抑圧的ではなかった満洲に移民するきっかけとなった。[4] ある元ハルビン移民は次のように回想する。「私の唯一のアイデンティティーはユダヤ人だということでした。そして、高校の卒業証書には私がポーランド市民であるという事実にもかかわらず、はっきりと国籍＝ユダヤ人と書いたのです」（Menquez, 2000, 82）[5]。

ポーランド人は、ロシア人にとっては、単なる「モスクワ大公国のアジア系部族」ではないとしても、「抑圧されているが、あまりにも非文明的でそのことすら理解できない民族」を表象していた（Porter 2000, 185）。しかし、「黄ロシア」（すなわち満洲）では、ポーランド人は、ポーランド民族主義運動の指導者にしてイデオローグのローマン・ドモフスキ（Roman Dmowski）が「最も遠い国境地域」と呼び、その地の征服が「一つの近代的な国民思想」を形成するとした場所の居住者なのであった。

極東のポーランド人、グロホフスキ

満洲に移り住んだポーランド人についての歴史研究の主な著作に、一九二八年にハルビンで出版されたカジミェシュ・グロホフスキの『極東のポーランド人』（Grochowski 1928）がある。同書が出版された経緯は、序章で明らかにされている。それによれば、一九二六年、将来の在外ポーランド人代表会議に応えるべく、「在ハルビン・ポーランド系団体行動委員会」（Komisja Czynna Polskich Organizacji w Harbinie）が設立された。同委員会はハルビンに住むポーランド人の全組織、組合の代表者および主要な商工人からなり、その目的の一つは、ワルシャワでの植民展覧会の準備を支援することだった。また、この委員会の集まりの中で、「満洲と極東においてポーランド人の文化的、言語的特性を保持するだけでなく、祖国に欠けている植民地の獲得を援助するために」移民の諸勢力を結集し、そうした勢力をよりよく組織する時期に来たことが明らかになったという。グロホフスキは続けてこう論じる。この目標を達成するためには、「植民地、及び高度に組織された海外移民送出制度を欠く、あるいは欠いているように見受けられる他の三つの民族の例を採ることが重要である。それはこうした状況の故にポーランドと類似した条件下にある日本、イタリア、そしてドイツである」（Grochowski 1928, 3）。後の章でグロホフスキは、ヴィッツェンハウゼンのドイツ植民学校をモデルとする植民協会の設立をワルシャワの同胞に提案している。

そうした学校はポーランドの通商と植民的拡大の運動を推進する……。この学校の存在によって、ポーランド人の海外移住者の中に商業、工業、文化の有能なパイオニアが生まれ、一方、外国での評判を落としたり、ポーランド社会の海外膨張を妨げるような、落伍者や無能の輩をみることはなくなるだろう。（Grochowski 1928, 205）

もちろんグロホフスキは落伍者でも無能の輩でもなかった。ここに述べる彼の生い立ちは、ハルビンと満洲に関する近年のポーランド語文献（Cabanowski 1993; Kajdański 2000）から集められたものである。(6) ポーランドの小さな町に生まれたグロホフスキは、ルヴフ（西ウクライナ、ポーランド「国境地域」の主要都市のひとつ）の高校を卒業後、ウィーン大学に学んだ。彼は在学中、ルーヴェンやプリブラム、そしてフライブルクの鉱業研究機関でも研鑽を重ね、一九〇一年には鉱業技術の学位を得て、一九〇六年から東アジアで働くようになった。オホーツク鉱山会社に採用された彼は、ウラジオストック・ウスリー地区、シホテアリニ山脈、日本海沿岸、アムール川河口付近の様々な探鉱プロジェクトで活躍した。また、サハリン北部では石油を、オホーツク海とコリマ半島では金を試掘した。一九〇九年、グロホフスキは、上アムール金鉱会社で働きながら、極東ロシアの「少数民族」（ヤクート族、ツングース族、オロチョン族、ゴールド族、ラムート族）を対象に民族誌の仕事をし、ツングース語とヤクート語の辞書を編纂している。また、一九一四年ハイラルに転勤してからは、バルガ地域で北東モンゴル採掘権協会を組織した。この間、グロホフスキの学問的関心は考古学に移っている。バルガがコサックの統領セミョーノフ（Ataman Semenov）と「血まみれ男爵」ロマン・フョードロヴィッチ・ウンゲルン＝シュテルンベルク（Roman Fyodorovich Ungern-Sternberg）（Stephan 1994, 149, 332-333, 337 参照）のかなり冒険主義的な指導による短期間の独立を失った後の一九二〇年、グロホフスキはついにハルビンに落ち着き、ヘンリク・シェンキェヴィチ・リセウム（Henryk Sienkiewicz Lyceum）で教鞭をとった。満洲研究会の発起人のひとりであり、在ハルビン・ポーランド博物館を組織した彼は、一九二二年四月一六日に第一号を出した雑誌『ポーランド週報』（*Tygodnik Polski*）の創刊者でもある。グロホフスキは、一九三七年三月一二日、心臓麻痺のためハルビンで死去している。

グロホフスキは、その著書に加えて、訪れた土地の地質学、民族誌、考古学に関する膨大なノートを残した。几帳面に綴じこまれた八六冊のノートは、期間にして三〇年にも及ぶものであった。今日ワルシャワ国立図書館に収蔵されているこれらの日記類は、植民事業の典型的な例証である。なお、日記からの抜粋は一九八六年エドヴァルド・カイダニスキによって出版されている。彼が探検した地方は、将来の収奪のためにあらゆる角度から精査された。それは、人文地理（民族誌ノート、辞書）から時間的（考古学）、空間的（地質学）洞察におよぶものである。グロホフスキの民族誌的関心が、満洲北部の森林に住む狩猟民族オロチョン族にも及んでいたことはすでに見たとおりである。つまり彼は、プラセンジット・ドゥアラが『主権と本源化──満洲国と東アジアの近代』という近著で言及した「ロシア人」開拓者のひとりだったのである。彼の存在は、日本の満洲占領を正統化すべく「原始的本源性」（primitive authenticity）を探索していた日本人民族誌家たちを刺激したにちがいない（Duara 2003, 180-188）。グロホフスキは民族誌工芸品の個人コレクションをルヴフ博物館に送ろうとしたりもしているが、彼の「原始的本源性」探しには、より直接的な目的があった（Kajdański 1986, 19 参照）。つまり、グロホフスキは北東モンゴル採掘権を在ハイラル皇帝副領事を通して、私的な利益のために獲得したのである。結局、グロホフスキはロシア市民であった。彼は、自分の作った会社をフォート・グロホフスキと命名しているが、それは、おそらくアメリカの西部開拓に触発されてのことだろう。実際、彼は一九一二年から一三年にかけてカリフォルニアとアラスカを旅したことがあったのである（Kajdański 1982, 17-18 参照）。

上アムール金鉱会社は内戦の混乱の中で消滅し、フォート・グロホフスキはこの地域が中国領となったときに放棄されねばならなかった。彼が一九二〇年代、チチハルと東清鉄道西部線の間のターシンアンリン山脈での地質学探査中に発見した石油（この成果は同じくこの地に石油の予兆を見ながら何も得られなかった日本を出し抜くことになった）は、三〇年後、新しい法的所有者によって採掘されるのである。有名なターチン油田を最初に捜し出したのは、実のところグロホフスキであった（Kajdański 2000, 138）。

カトリシズムへの投資

石油その他の植民地資源への欲望ゆえに、またそうした資源を単一の近代国民思想のために活用する手段を持たなかったがゆえに、ハルビンと満洲のポーランド人はもう一つのよく知られた銘柄、すなわちカトリシズムに投資した。カトリック信仰はポーランド自体にとってドゥアラの言う「本源性の体制」（regime of authenticity）の最大部分であったし、今もそうである。(7)

教皇ヨハネ・パウロ二世が一九七九年、母国を初めて公式訪問した際に発した有名な宣言——「キリストなしにポーランドの歴史を理解するのは不可能である」（Porter 2001, 290）——は、次のような短いノートで始まるグロホフスキの極東ポーランド人記述にうまく例証されていよう。すなわち「満洲文字はシリア（パレスチナ）に起源を持ち、ネストリウス派修道士を介して最初はモンゴルへ、その後満洲にもたらされたものである。それは（ヘブライ王国滅亡後の）キリスト時代にパレスチナで用いられたアラム文字から来たものだ」（Grochowski 1928, 8）。つまりこの文脈では満洲のポーランド人は、かの「ネストリウス派修道士」の近代における真の後継者として描かれている。さて、次に記すのは一九二一年、教皇ベネディクト一五世によってハルビンその他の極東地域に派遣された、賓客ド・ゲブリアン司教（Bishop De Guebriant）を歓迎したポーランド人教区信徒の言葉である。

神意が、人知を超えた判断において、我々ポーランド人をして東洋の歴史に特別な役割を果たすよう求められました。ポーランド民族は四世紀間に渡って、アジア系諸民族からキリスト教信仰と西洋文明を胸の中に守ってまいりました。またポーランド民族は、野蛮なる東洋の開拓者でもありました……。［シベリアや極東の］ポーランド人は、西洋文化の唯一の生きた構成要素であります。……我々は司教様に、北アジア、シベリア、トルキスタン、そして、モンゴル北部、満洲北部に住むカトリック教徒の正当な守護をお願いしたいのです。そして、これらの地域におけるカトリック教伝道の指導権を我々ポーランド人とポーランド人聖職者に授けていただきたいのです。（Grochowski 1928, 35-36）

東清鉄道の敷設とハルビン建設の歴史が、中国におけるロシア帝国主義の物語として描かれる反面、この過程におけるポーランド人の役割については幾分矛盾した観点が提示されている。一方では、ポーランド人技師や行政官が、鉄道の編成および建設の最高レベルの意思決定に参与したことが述べられた。（そのうちの一人、アダム・シドウォフスキはハルビン市の立地を決定した人物で、[8]今一人のスタニスワフ・キエルベッチ[9]（Stanisław Kierbedź）は、一八九五年から一九〇三年にかけて東清鉄道協会副理事長であったばかりか、ハルビンのスンガリ［ソンホワチアン］川に架した有名な鉄道橋の建設計画にもたずさわった。）しかし、他方では、初期のポーランド系満洲移民の歴史は、初期キリスト教の歴史――すなわち、迫害と時に敵対的な環境下での遅々として進まぬ改宗の歴史――を彷彿させるものとして書かれている。確かに、ハルビンにおける「初のポーランド系カトリック教区」という章によると、ポーランド人技師や労働者達が極東へ移住したのには、「リトアニア・ベラルーシ」地方でロシア政府がポーランド人とカトリック教徒を迫害したため、そこよりは状況がましだったという事情があったことがわかる（Grochowski 1928, 16）。また同じ章には、ハルビン・ニュータウン（*novyi gorod*）最初の教会を建てるべく、寄付金集めのために、一九〇一年、ハルビンで初めてのポーランド人舞踏会が組織されたとある。実際、ポーランド語で書かれた初の公文書は、ハルビンでのカトリック教会創設を決定した一九〇五年三月一九日の布告であったし、初めてのポーランド系小学校開校の報告書でも、一九〇八年八月におけるポーランド人救世主会士団によるハルビン伝道に言及している。さらに、一九〇九年八月一日には、ポーランド系カトリックの聖スタニスラス教会が開かれている。しかし、カトリシズムとポーランド性の発展にもかかわらず、いまだポーランド性に対する迫害が当時の風潮であった。たとえば、一九一三年、ロシア当局は鉄道部隊の全将校にロシア正教の信仰を持つかさもなくば解任する、という布告を出した。ただ一人、精神疾患を患っていたポーランド人将校だけが、「ルーテル《ママ》教を保持しながら職務を続行できた」のだった（Grochowski 1928, 17, 20, 22, 28）。ロシア国境上の満洲駐屯地内のプリスタン地区やハルビンから七四八キロ離れたハイラルでの教会建設に見られるような、カトリック教のさらなる発展に関連付けて、グロホフスキはこの章を次のような高揚した調子で締めくくっている。

> 満洲、ハイラル、ハルビン、そして――将来においては――他のいくつかの地域での、ポーランド人教会は、バルト海から太平洋へと伸びるこの要塞の連鎖の一部である。こうした地域とその周辺では、真のポーランド人の子孫が集い、祖先の伝統を慈しむ――この伝統とはすなわち、**神を信じ、祖国を愛し、**貧しきもののために身を捧げ、迫害されるもの達を哀れみ、母語に敬意を払い、民族の伝統を愛するということである……。今日、多くの信仰篤き人々は敵による迫害を受けているが、これは教会にとってもポーランド人にとっても何ら新しいことではない。我々の父祖達は、信仰と祖国に対するさらに大きな迫害を見てきた。しかし、神の万能はかつての迫害者を塵芥と化したのである。**だから、今日の迫害者も神の手を感じるときが来るだろうと希望を持とうではないか。**（Grochowski 1928, 35-36; 太字は原書の大文字）

ロシア革命後の極東のポーランド人

事実そのとおり、迫害者が神の手を感じることになったとも言えよう。ロシア帝政は転覆し、ボリシェヴィキが政権を奪取し、戦争が終わり、一九一八年ポーランドは「復活」した。しかしながら、満洲のポーランド人移民に関する限り、一〇月革命に続く出来事は、決して好ましい影響を与えなかった。当初、ポーランド移民の生活はかなり持ち直しつつあった。シベリアでのコルチャークの死後、満洲ではロシア人その他、いわゆる「白系」の人口が激増した。特にハルビンには内戦の難民が押し寄せ、そのことが商業および文化活動の活況を呼んでいた。つまり一九一〇年代末と二〇年代初頭は、多民族ハルビンの黄金期とみなしてよい。しかし、それは間もなく急速な衰退を迎えることになる。「極東のポーランド人団体」という章で、グロホフスキは一九一九年、ハルビンだけで三〇のポーランド人団体があった、と述べる。これらの団体には、ポーランド軍人連合（白軍兵士として戦ったポーランド人）や戦争被災者協会、ポーランド人スカウト、ポーランド女性連盟、ポーランド社会党、そして最も重要な組織、一九〇七年ハルビンで設立されたポーランド人協会（ゴスポダ・ポルスカ――文字通り翻訳するなら「ポーランド人ホステル」）が含まれる。[10] ゴスポダ・ポルスカは、図書館、劇場、小学校を備え、多くの社交、文化、宗教活動を組織した。この協会は、一九一八年の国家再生以前には在満洲ポーランド人を非公式に代表するものであった。その他のポーランド人団体は、大半が軍人協会で、アジへ、ムーリン、ポグラニーチナヤ、ハイラル、チチハル、アンダ、ヘンダオヘジ等々の満洲の僻地につくられた（Grochowski 1928, 74-75）。

ところが一九二二年には、ハルビンのポーランド系団体は一九に減少し、一九二七年にはさらに一四まで減っている。何が起こったのだろうか。一九二〇年九月九日、中華民国が、外交使節を含む旧ロシア体制の諸機関をもはや承認しないと発表したとき、満洲在住のロシア人たちは、治外法権を剥奪され、一夜にして無国籍者になってしまったのだ（Bakich 2000, 56 参照）。彼らはその後すぐ、「ソ連人」か「中国人」にならなくてはならなかったし、さもなくばパスポートのないままだった。ポーランド人について言うと、かつてその市民であった帝政ロシアの消滅と新たにその市民となった国——ポーランド共和国——の出現により、少なくとも象徴的な意味では、選択は明瞭となった。すなわち、その年の内に約二千人の在満ポーランド人がポーランドその他の国へと去ったのだった（Cabanowski 1993, 65-66 参照）。さらに、一九二四年、中華民国と新生ソビエト体制との間で締結された奉天（今の瀋陽）協定はポーランド人の間でさらなる満洲離脱者を生むことになった。この協定は東清鉄道の平等分配原則、すなわち、東清鉄道に雇われているソ連側従業員の数は中国人労働者の数と同じでなくてはならない、という原則を定めたものである。この協定により、どちらの国の国籍も有しないものは職を追われたのである。

グロホフスキはこの極東ポーランド人の脱出を個人的には失敗だったと感じたに違いない。そのことは同書中の非常に感情的ないくつかの箇所に表現されていよう。たとえば、シベリアのカトリックとポーランド人について述べた章では、アジア（ウラルからペルシア国境、中国から太平洋岸に至る）在住の「ポーランド系カトリック」男女を約二〇万人と推計したうえで、これらの移住者の質的な側面にも触れて、彼らは「西欧からの植民者、すなわち英国人、アメリカ人、フランス人等に比べ東洋の厳しい労働と生活環境にはるかによく適応している」と書いている（Grochowski 1928, 167）。また、極東アジアにおけるポーランド的要素の必要を論じた章で、グロホフスキはスペンサー主義的な観点を披露してもいる。

我々は極東に住むヨーロッパ人の中に、祖国の文化のみに起源を持つ文化を注入できなかったために、独自の文化を衰退させてしまった例を知っている。ここではポルトガル人の場合を見てみよう。彼らはマカオという植民地に加え、中国のほとんどすべての港町に相当数居住している。彼らはポルトガル語を保持し、人種の高い純粋性を保っているが、それにもかかわらず、英国人やドイツ人、スカンディナヴィア人、フランス人からもはやヨーロッパ人とはみなされないような性格を持つに至った。そのためポルトガル人女性との結婚は、中国人やモンゴル人との結婚と同じく、ヨーロッパ人にとって不釣合いなものだと考えられている。であるから、極東で生まれ育ったポーランド人は、知的成熟期に純粋なポーランド人性の源泉から文化的知識を汲み出せるように、少なくとも三年から五年間はポーランドに帰国し学ぶべきである。このことは男子だけでなく、脱民族化する傾向の高い女子にも当てはまる。女子が帰国し学ばなければ、職業上あるいは金銭上の義務に忙殺される家長にかわって、いったい誰が家族の中でポーランド精神を保持し、若い世代をポーランドの慣習と文化の中で教育する義務をおい、また、祖国の理想を育んでいくというのか……、ポーランド語も一応話すが、英語やフランス語の方がうまく、ロシア語が一番得意、ポーランドと関係するものは何もなく、ポーランドがまるで「イタリア」ででもあるかのように、エキゾチックなイメージしかもっていないような、そんな母親に育てられた子供は一体どうなるのだろうか。(Grochowski 1928, 201)

かつてチチハルとハルビン駐在のポーランド外交官で、後に社会学者としてアメリカに住んだコンスタンティ・シモノレヴィッチの回想録の中でも、すでに触れたように同様の論調が伺われる。この書物には、外国人家庭に仕え「イワン」や「ピョートル」、「ミーシャ」といったロシア語名で呼ばれた中国人「少年」について、その下品さ、怠惰さ、無知さを強調する、読むのもつらくなるような文章が連ねられ、また、中国人男性や日本女性の使用人達を含む「現地人」の淫らな振る舞いを書いたあまり当てにならない記述もある。同書の中で、シモノレヴィッチは異人種間結婚にも言及している。「中国人の夫を心から愛し、夫の中に何か隠された長所を常に見出している外国人女性達と会った」とか、あるいは逆に、「中国女性を楽しむのは特殊な趣味といってよい。外国人と中国人は正反対だ。正反対のものは正反対のままだ。それをどうこうすることはできない」とも書いている(Symonolewicz 1938, 10-12)。

結　語――ポーランドと満洲国

さて、『極東のポーランド人』の著者の話に戻ろう。「日本の市場と我が国の経済拡大」と題された最終章でグロホフスキは、ヴィッツェンハウゼンの植民学校をモデルにした学校の設立を再び要請するのであるが、ここで彼はポーランドが日本、ドイツ、イタリアと共有する条件を記している。つまりこれらの国は植民地を持たないか、持っていても小規模で、植民地を獲得する必要に迫られているということである。そして、おそらくこの条件を念頭に置きつつ彼は、本書の終盤で「黄ロシア」モデルに再び触れて、バルガ地方におけるかつてのセミョーノフ統領のパルチザン、トランスバイカル・コサックの二二一ヶ村の例にならった植民地建設を提案する。曰く、これらの村々は「豊かさと独立のうちに生き続けており、バルガには、さらに数百万人の住民を受け入れる場所がある」からだという（Grochowski 1928, 211）。

長寿であったグロホフスキは、一九三二年、日本軍のハルビン入城を目撃している。もっとも、彼がその時どのような感慨を持ったかは知るよしもない。彼は同年の満洲国創設も見ている。ポーランドは、一九三八年、公式にこの傀儡国家を承認したが、最近発表された満洲のポーランド人ディアスポラに関する論文によると、この承認決定は「在満ポーランド人への配慮から進められた」という（Winiarz 2001, 391）。『極東のポーランド人』を通読すると、著者が抱いた植民の夢は、おそらく当時のポーランド政府によっても共有されたのであり、また、実のところ、植民のための「条件」はポーランド、ドイツ、イタリア、そして日本で互いに似通っていたと想像することができる。ポーランドと満洲国の外交関係は一九四一年一二月までは有効であった。日本の真珠湾攻撃後、ポーランド共和国の在ハルビン領事館は閉鎖されることになるが、ポーランド領事イエジ・リテフスキ（Jerzy Litewski）はポーランド人保護委員会（Polski Komitet Opiekuńczy）の設立に成功し、ポーランド・リセウムやゴスポダ・ポルスカを運営し続けることができた。日本人が統制した亡命ロシア人局[11]のリストに登録された多くのロシア人は満洲国軍への徴兵の対象だったが、ポーランド市民は通常徴兵されなかった。しかし、彼らの状況も戦争が続くにつれて悪化し、無国籍者として扱われる者も出てくる。彼自身、かつて満洲に住んだカイダニスキによれば、ハルビンはゴーストタウンか（失われた）幻の都市（miasto zjawa）と化した。そのため、旧来の民族的対立を相殺するような、共通の亡命者的アイデンティティーが形成されたかに見えたという。カイダニスキは満州国最後の年に催されたハルビン・ヨット倶楽部のダンス夜会を次のように回想している。「フォックス・トロットその他のアングロ・サクソン系ダンスは日本当局から厳しく禁止されていた。それで我々はワルツを踊ったわけだが、一番人気は『満洲の丘にたちて』だった[12]。幸運にも日本人は、日露戦争中に作られたこのロシアの曲にどんな歌詞がついているか知らなかった」（Kajidański 2000, 129）。

彼の前任者、グロホフスキはポーランド人の満洲の最期を見届けずに亡くなった。彼の同胞の運命はハルビン、満洲に居ついた他の西洋人亡命者のそれと同様であった。一九四九年七月、三つの鉄道を使って、数百人のポーランド人居留者がソ連経由で送還された。四五〇名はハルビンに残った。一九五〇年代には、二五〇名がポーランドへ帰国し、他の者もオーストラリアやブラジル、イスラエルそしてアメリカなどへと去った（Winiarz 2001, 394）。こうしたポーランド人のうち、エドヴァルド・カイダニスキのような人たちは、本を書き続けた。「海を越えた新しいポーランド」の夢は実現せず、ポーランド人は満洲のバルガ地方に定住することはなかった。しかし、彼らの夢を実現する銀幕はいつでも健在なのである。

注

（1）ウェブサイト“Friends-of-Poland-DC”のアドレスは〈http://groups.yahoo.com/group/Friends-of-Poland-DC/message/67〉。ポーランド語での映画上映については、『世界の果てへ』（Na koniec świata）のウェブサイト、〈http://www.gutekfilm.com.pl/na-koniec-swiata/〉を参照。

（2）二〇〇三年三月、ニューヨークで開催されたアジア学会（the Association for Asian Studies）で、筆者が本章の草稿を報告した時点では、引用元のウェブページ〈http://shayalo.republika.pl/tajwan/armia/harbin/〉はまだアクティブだったが、現在このサイトは閉鎖されている。ただし、下記のリンク先からこの著者の情報を知ることができる。〈http://webprojects.republika.pl/pl_zh.html〉、〈http://webprojects.republika.pl/cn/index.html〉

（3）『世界の果てへ』の監督、マグダレナ・ワザルキェヴィッチは、あるインタビューに答えて、映画を製作せざるを得なかった「私的で、心に秘めたものですらある」動機について語っている。「私はそれを夢見ていた、それゆえこの映画を撮ったのだ」と。『世界の果てへ』（“Na koniec świata”）のウェブサイト〈http://www.gutekfilm.com.pl/na-koniec-swiata/〉を参照。

（4）ハルビンのユダヤ人コミュニティーおよび、ロシアと東清鉄道の関係についてはWolff 1999, 96-109を参照。

（5）ユダヤ人・ポーランド人関係および、ポーランド人の反ユダヤ主義の歴史については、Porter 2000, 37-42, 158-167, 176-182, 227-232を参照。

（6）これらの歴史叙述は、グロホフスキの著作とノート、そして、かつて満洲に居住したポーランド人の回想に大きく依拠している。その中には、一九二〇年代、三〇年代において在ハルビン・ポーランド領事館の幹部外交官のひとりであったコンスタンティ＝シモノレヴィッチの記述も含まれる（Symonolewicz 1932, 1938）。アメリカへの移住後、シモノレヴィッチは著名な社会学者となり、シモンズ＝シモノレヴィッチの筆名で出版した。

（7）近年のプラセンジット・ドゥアラによる定義。次の文章は、ポーランド史においてカトリック教会が演じてきた役割と直接関連するものである。

歴史の対象として認められるためには、ネイションは、その中核が時間の経過によって影響を受けぬものとみなされなくてはならない。この中核は、他ならぬ民族《a people》とその領土の一体性にしばしば関わっている。ネイションの発展においては、歴史的な栄枯盛衰があり、時に一つの民族《a people》がその領土から追放されたり、奴隷化されたり、あるいは別れ離れとなって元来の一体性の意識を喪失することもあるかもしれない。しかし、ネイションの歴史的な運命は、この民族《a people》の一体性と主権の成就あるいは回復にかかっている。国民史は、目指すところが出発点に求められる点で全く目的論的なのである。（Duara 2003, 28）

Porter 2001, 289-299も参照のこと。

（8）この話の詳細な語りについてはWolff 1999, 23-29を参照。ウォルフはシドウォフスキの「ポーランド性」については述べていないし、シドウォフスキの綴りもSzydlowskiからShidlovskiへとロシア語化されている。結局のところ、シドウォフスキはロシア国家の臣民であった。なお、ポーランド・

カトリック教会とハルビンでの信徒団についての史料の詳細は Misurek（1976 and 1977）と Chernolutskaya 2000 を見よ。

（9）ウォルフはキエルベッチを指して、東清鉄道で「最高位のロシア人」と表現した（Wolff 1999, 22）。

（10）ツァー政府が、ゴスポダ・ポルスカその他の在ハルビン民族団体を、歴史的にいかに処遇してきたかについては、Wolff 1999, 105-108 を参照。

（11）亡命ロシア人局（Biuro Russkikh Emigrantov）は、よく BREM という略号で呼ばれる。BREM については Bakich 2000, 61 と Breuillard 2001 を見よ。

（12）シャトロフ作曲（I. A. Shatrov）、ペトロフ作詞（S. Petrov）の『満洲の丘にたちて』（Na sopkakh Man'chzhurii）の歌詞は、一九〇五年二月～三月にあった奉天会戦（日露戦争の最終陸戦）に触れている。「お前はロシアのために倒れ、祖国のために消えていく。我々を信じよ。我々はお前の復讐をするだろう。そして血の目覚めを祝福せよ。」この歌についての、さらなる情報と音声ファイルは、スタンフォード大学のウェブページで入手可。〈http://www.stanford.edu/class/slavic-gen194a/na_sopkakh/〉

参考文献

Bakich, Olga. 2000. "Émigré Identity: The Case of Harbin." *South Atlantic Quarterly* 99. 1: 51-73.

Breuillard, Sabine. 2000. "General V. A. Kislitsin: From Russian Monarchism to the Spirit of the Bushido." *South Atlantic Quarterly* 99. 1: 121-142.

Cabanowski, Marek. 1993. *Tajemnice Mandżurii: Polacy w Harbinie*（Manchurian secrets: The Poles in Harbin）. Warsaw: Muzeum Niepodleglosci.

Chernolutskaya, Elena. 2000. "Religious Communities in Harbin and Ethnic Identity of Russian Emigrés." *South*

Atlantic Quarterly 99. 1: 79-96.

Duara, Prasenjit. 2003. *Sovereignty and Authenticity: Manchukuo and the East Asian Modern*, Lanham. Md.: Rowman and Littlefield.

Grochowski, Kazimierz. 1928. *Polacy na Dalekim Wschodzie* (The Poles in the Far East). Harbin: Harbin Daily News.

Jabłońska, Alina, and Krakowski, Kazimierz. 1961. "Z dziejów Polonii Harbińskiej" (From the history of the Polish emigration in Harbin) . *Przegląd Orientalistyczny* 2. 38: 159-172.

Kajdański, Edward. 1982. *Fort Grochowski*. Olsztyn: Wydawnictwo Pojezierze.

——— . 1986, *Dzienniki syberyjskich podróży Kazimierza Grochowskiego, 1910-1914* (The diaries of Kazimierz Grochowski's Siberian travels, 1910-1914). Lublin: Wydawnictwo Lubelskie.

——— . 2000. *Korytarz: Burzliwe dzieje Kolei Wschodniochińskiej, 1898-1998* (The corridor: The tumultuous history of the Chinese Eastern Railway). Warsaw: Książka i Wiedza.

Lahusen, Thomas. 2000. "Remembering China, Imagining Israel: The Memory of Difference." *South Atlantic Quarterly* 99.1: 253-268.

Menquez, Alexander (pseud.) . 2000. "Growing Up Jewish in Manchuria in the 1930s: Personal Vignettes." In *The Jews of China: A Source Book and Research Guide*, ed. Jonathan Goldstein, 2: 82. Armonk, N. Y. : M. E. Sharpe.

Misurek, Ks. Jerzy. 1976. "Z dziejow duszpasterstwa polonijnego w Harbinie, 1901-1925" (From the history of Polish pastoral work in Harbin, 1901-1925) . *Studia Polonijne* 1: 189-198.

——— . 1977. "Z dziejow duszpasterstwa polonijnego w Harbinie (II) , 1926-1949" (From the History of Polish pastoral work in Harbin II, 1926-1949) . *Studia Polonijne* 2: 307-325.

Porter, Brian. 2000. *When Nationalism Began to Hate: Imagining Modern Politics in Nineteenth-Century Poland.*

New York: Oxford University Press.

———. 2001. "The Catholic Nation: Religion, Identity, and the Narratives of Polish History." *Slavic and East European Journal* 45. 2: 289-299.

Stephan, John J. 1994. *The Russian Far East: A History*. Stanford, Calf.: Stanford University Press.

Symonolewicz, Kostanty. 1932. *Miraże mandżurskie* (Manchurian mirage). Warsaw.

———. 1938, *Moi Chińczycy; 18 lat w Chinach* (My Chinese: Eighteen years in China). Warsaw: Biblioteka Polska.

Symonolewicz-Symmons, Kostantyn. 1978. "Polonia w Charbinie" (The Polish emigration in Harbin). *Przeglad Polonijny* 2: 107-111.

Winiarz, Adam. 2001. "Polska Diaspora w Mandżurii" (The Polish diaspora in Manchuria). In *Polska Diaspora*, ed. Adam Walazek, 386-394. Cracow: Wydawnictwo Literackie.

Wolff, David. 1999. *To the Harbin Station: The Liberal Alternative in Russian Manchuria, 1898-1914*. Stanford, Calf: Stanford University Press.

Woźniakowski, Krzysztof. 1976. "Polonia chińska w latach 1897-1949 i jej życie kulturalno-literackie" (The Polish emigration in China in the years 1897-1949 and its cultural-literary life). *Przegląd Polonijny* 1: 97-109; 2: 53-62.

（訳者付記）ポーランド語人名のカタカナ表記等に関して、ヤヌシュ・ミトコ氏（Janusz Mytko）から多大な協力をいただいた。この場を借りて謝意を表したい。

第六章　植民者を模倣する人々

満洲国から韓国への統制国家の遺産

ソクジョン・ハン

アジア研究者は、ようやく満洲国へ関心を向けるようになった。満洲国を傀儡国家とみなすことは、満洲国の多面的な性格を明らかにするのに大きな妨げとなっている。日本にとって満洲国の建設は、台湾と朝鮮を植民地化することよりも、はるかに複雑なことであった。さらに満洲国は、さまざまな近代化の試みにとって巨大な実験室でもあった。満洲国の一四年間にわたる歴史を搾取、英雄的な民族抵抗運動、あるいは懐古的な歩みとして叙述する「グランド・ナラティブ」は、この広い地域でおこったさまざまな事象を捨象してしまう。しかし、この国の知られざる部分こそ、国家形成の領域において、過去と未来をつなぐ役割を果たしているのである。もうずいぶん前に人類学者は、文化的特性が中心から終焉部分へと伝播されるという理論を提起したが、伝播は文化的特性のみに限定されるものではない。ジョン・メイヤーによれば、現代の「世界体系」(World Polity)は文化的な制度であり、そこでの行為者（民族国家）は、憲法、統計及び資料体系、大衆教育、科学、福祉政策などのさまざまな面において、互いに模倣しているという（Meyer 1999, 129）。ということは、つまり国家経営者の戦略はその複写が可能なものなのである。

かつてゲルシェンクロンは、経済成長における後発国は、先行した国々よりはるかに有利であること、そしてその理由は、後者が試行錯誤を回避することができるからだという、今や有名な理論を発表した（Gerschenkron 1966）。この理論は、国家建設の後発国にも適用できる。満洲国の支配者は、一九三〇年代、先行した国々、つまり欧米諸国や日本の試行錯誤を回避しつつ、国家をつくった。ところで、国家形成は長久な過程、つまり「巨大なアーチ」(Great Arch) として説明されている（Corrighan and Sayer 1985）。英国やドイツ、ロシアでは、国家は数世紀の経験を経て形成され、今や後発国のお手本とも言える近代日本では数十年をかけて国家はつくられた（Raeff 1983; Norman 1940）。しかし、（日本人のみならず中国人指導者を含む）満洲国の建設者は、試行錯誤を一足飛びにし、駆け足で国家をつくりあげたのである。今、ここで国家を建造物に例えると、満洲国国家の基本枠組みは、建国された一九三二年の最初の四ヶ月間に構築された、と言うことができる。そしてこの枠組みは、一九四五年の満洲国終焉時まで持ち堪えたのである。(1) もっとも満洲国は、無の状態からつくられたものではない。新しい国家建設者は、先人のつくった土台を利用したのである。満洲国建国以前は、一九三一年に関東軍によって追い出された張作霖が軍閥体制を敷いていた。そして軍人や官吏などを含む、この旧体制の大部分が、満洲国に引き継がれた。さらに満洲国の法規は、明治時代に作られた青写真の多くを、そのまま利用した。元来、明治国家の形成に深い影響を与えたのはドイツである。日本の指導者は、ドイツの政治制度を学び、改革とは上から行うものと理解していた。ドイツの影響は、内務省や文部省がおこなった社会主義の蔓延を事前に防ぐ社会政策に見ることができる（Pyle 1974, 143）[2]。本章では、非常に重要であるにもかかわらず看過されてきた満洲国の特質を検討する。それは満洲国が、南北朝鮮の国家形成や政策に特に影響を与えたことである。だとすれば、満洲国は、新旧国家、そして西洋とアジアの結節点として理解されるべきである。

南北朝鮮における満洲国の遺産は、数多くの、すでに国民には「なじみ」となった行事に見ることができる。例えば、記念碑の前で行われる戦死者への一分間の黙祷、行進、「時局」に関する講演の聴講、宣伝映画の視聴、ポスター作成、学生弁論大会、集会や大運動会への参加などの国家儀礼があげられる。一九五〇年代以降、何十年にもわたって韓国の人々になじんだ反共を基盤とする国家儀礼は、もともと一九三〇年代の満洲国の国家行事であった。

かつてブルース・カミングスは、北朝鮮をコーポレート国家と性格づけた（Cumings 1993, 202-210）。これは北朝鮮の公式的な言説が、慈愛と忠誠という儒教思想で満たされおり、指導者であった金《キム》日成《イルソン》が、全民族のオボイ（父）と呼ばれていたことにもよる。だが、北朝鮮の指導者は、国家イデオロギーの一種として儒教を取り入れた満洲国を手本にしたに過ぎなかった。青年期に満洲国の国境地帯において反日遊撃隊員として活躍した指導者らは満洲国を熟知していたようである。遊撃隊員は敵と戦う一方、敵のやり方をまねたのである。朝鮮労働党幹部が現在も行なっている各地の工場への視察は、満洲国官僚が行っていた精力的な視察活動を思い起こさせる。金日成自身も、一九九四年現地指導中に死亡した。満洲国官僚は、一ヶ月に二週間は首都や省都から全土へと視察のために派遣された。こうした視察旅行は、毎年行われ、定例化した業務の一つとなっていた。満洲国では、大運動会やマスゲームが好まれていたが、これも北朝鮮の国歌儀礼に取り込まれた。この意味で、ソビエトの影響は、北朝鮮の国家形成では、ある一つの要素にすぎなかったのである（Armstrong 1997, 328）。

北朝鮮における満洲国の痕跡は明白であるが、満洲国と韓国との関係も非常に深い。韓国の国家形成には、米軍による占領、明治国家、植民国家、そして満洲国の四つが影響を与えている。米国は、軍隊や警察の創設の指導に深く関与した（Cumings 1981）。しかしさらに深刻な遺産を残したのは植民国家である。満洲の軍閥がなしたように、日本の朝鮮総督府（一九一〇―一九四五年）は、大部分の官僚や政治家を独立朝鮮へと譲り渡した。さらに国家の理論家の専門用語を用いるならば、総督府とその子孫たる韓国政府も巨大な力を下にむかって行使する「社会の上に立つ」国家なのである。

だが、両者には決定的な違いがある。総督府が支配階級である両班を残置したのに対し、特に朴《パク・》正熙《チョンヒ》による軍事クーデター後の韓国は、強力な社会階級の存在は認めなかった。そのため朴正熙のクーデターが起こる前に、地主階級の力は衰退してしまった。朴正熙政権は、そのかわり実業家階級を育成した。国家は、地主や資本家階級を問わず、国家を脅かす挑戦者を持たなかったのである。このことは、満洲国の初期と酷似している。事実、満洲には強力な地主階級や実業家階級が存在しなかった。満洲国は、国家建設者にとって空洞であり、そのため彼らは「勇敢な新帝国」をつくるというユートピアへのあこがれを持つことができた（Young 1998, 241）。

韓国では朴正熙の評価は、彼の死後高まっている。朴正熙のつくりあげた開発志向の国家は、韓国経済の奇蹟をもたらす原動力になったと称賛された。しかし、これもその原型はといえば、満洲国で行われた、いかなる社会勢力にも妨害されない大規模な国家プロジェクトであった。かくして韓国にも満洲国にも強力な国家が成立した。そして、その力は、深く社会に浸透し、規律を与えた。ただ、このことは偶然ではないのである。

スポンサー付きの儒教

韓国人は、朴正熙政権（一九六一―一九七九）と同様に李承晩《イ・スンマン》政権（一九四八―一九六〇）でも強調されてきた忠誠や忠孝という儒教的イデオロギーにすっかり慣れ親しんだようだ。しかし、朝鮮解放後のこのイデオロギーは、朝鮮時代の儒教とは異なっていた。後者は公的イデオロギーであるだけでなく、倫理や世界観の基礎であったが、李承晩や朴正熙の政権下の儒教はこれほど激しいものではなかった。だが、解放後も儒教は衰えを見せなかった。国家に対する忠誠といった重要な儒教認識は、学生の間に浸透しており、そうした認識は満洲国から部分的に採用されたものであった。儒教を精力的に奨励した満洲国は、五・四運動の際、知識人やその継承者が激しく儒教を攻撃した中国大陸とは、状況が異なっていた。また満洲国は、神道が国家宗教となった一九三〇年代の日本とも異なっていたのである。

満洲国の公的イデオロギーは、儒教やアジア主義、満洲地域主義を融合してつくられた。道徳会のような教化団体は、早くから体制に支えられていたが（Duara 1997, 1034-1037参照）、儒教は、建国から日中戦争勃発にいたる満洲国初期（一九三二―一九三七）に支配的となった。満洲国の公式スローガンの一つは、儒教哲学である「王道」であった[3]。さらに最初の二年間の統治の名称は、階級、性差、国籍といった障壁を越えた儒教的調和を意味する「大同」であった。つまり、満洲国の日本人支配者は、ある意味で儒教という戦略を用いて地方の中国人地主階級の忠誠心を得ていたのである。彼らの協力を得るために、各県公署は、儒教勉強会を組織した。さらに政府はすべての県に孔子廟を建設し、夏と秋に儒教による宗教儀式を全国で実施した。（同じ頃、日本内地と植民地朝鮮では、神道が大きな力を持つようになった。）また、重要な公式集会が開催された後、人々はよく孔子廟を訪れ、少年団の卒業式は、いつも廟で行われた。さらに政府は儒教的な美徳を発揮した人を毎年表彰し[4]、儒教倫理は、学生、教師、公務員の入学、採用、そして昇進の試験科目となった。

この頃、満洲国は、古代と宋時代の中国の英雄である関帝と岳飛をまつる合同式典を行った。日本人支配者は、中国大衆の忠誠心を得るために、中国の英雄を儒教の形式で礼拝することを奨励したのである。孔子や関羽、岳飛の祭祀では、市長や地方行政官、そして学校長が、忠孝の儒教的美徳とその拡充、そして新国家への忠誠心を説いた。だが、日中戦争勃発後は、孔子に対する祭祀は簡略化され、日本化された。参拝者は、孔子の肖像の前で膝まずかず、お辞儀をするようになった。また参拝者は「民族協和」を目的に政府と国民とを結ぶためにつくられた独自の草の根組織である協和会の制服を着用することが求められた。[5] さらに孔子廟での儀式には神道の要素が付加され、重要な儀式は孔子廟ではなく、戦没者の記念碑の前で行われるようになった。もっとも両者とも満洲国の人々の忠誠心を奨励するという点においては、共通していた。満洲国は、日中戦争(一九三七―一九四五)のなかへと押し流されていった。これは、満洲国の歴史における新たな段階であり、ある意味では、国家建設からの逸脱であった。

慰霊の儀式

このように戦没者のための記念碑は、重要な儀式を執り行う場所として、孔子廟にとってかわられるようになった。しかし、祖先や亡くなった兵士の追悼は、朝鮮人にとって家庭の内外における重要な儒教実践の一部であった。一九三五年四月、主だった官吏や軍人が首都・新京に建設された忠霊塔前で挙行された招魂祭に参列した。この式は、立席、精神祈祷、死者奉祀、食糧奉献、祭文奉読の順で行われた。これは特に日中戦争勃発以後、頻繁に挙行されるようになった数多の慰霊祭の一例にすぎない。建国三周年記念日には、「建国慰霊大祭」が大同公園で開催され、皇帝溥儀《ふぎ》は「栄誉を受けて」出席した。翌年の建国記念日には、「一万人の市民や学生」が参加し、旗をふりながら、忠霊塔まで行進した。(6)

戦没した官吏や警察官、兵士のための追悼式は、孔子を祀る行事にひけを取らないほど重要なものとなった。戦前の日本では、靖国神社で戦没者追悼式が行われていたが、それらの式は満洲国で行われていたものとは異なっていた。日本では、全ての戦死者（戦場ではなく、病院で亡くなった者を除く）は、靖国神社に祀られ、決まった日に追悼式が行われた。一方、満洲国では、追悼式が全国各地で随時、開催された。さらに中央政府の各部署、中央警察庁、各軍管区、各省、県公署は忠霊碑建設委員会を組織し、忠霊碑や忠魂塔広場が全国各地に建設された。

一九四〇年、ついに靖国神社の満洲国版である建国忠霊廟が完成した（McCormack 1991, 114）。(7)この廟には「満洲国建国のために犠牲となった」四〇万人が祀られた。そして「慰霊祭」「勇士慰霊祭」「忠霊塔納骨式」「建国のために殉職した勇士のための追悼式」「匪賊の圧制下で死亡した人々のための追悼式」などの式典が、全国各地の忠魂塔広場や寺で挙行された。

日中戦争が始まると、日本の行事にあわせた追悼式も行われるようになった。例えば、満洲国の歴史に直接関係のない日露戦争の戦没者追悼式が、それである。さらに日本陸海軍記念日には、閲兵式や招魂祭が挙行された。一九三八年の秋からは満洲国の人々もまた靖国神社の例大祭に参加した。(8)首都・新京の忠霊塔前には、日本の国技である相撲の土俵が建設されたし、明治最後の元老である西園寺の葬儀は、満洲国で執り行われたのである。日中戦争開戦後は、日本的要素が、満洲国市民の社会生活の隅々まで浸透した。

満洲国建国史の第二段階では、追悼式を重要行事に絡ませるという形式ができあがった。こうなれば市民は、追悼式のただなかで生活したようなものであり、満洲国は、葬儀専門の国家になってしまったようである。例えば一九三八年二月、日本軍のハルビン入城七周年を記念する追悼式が行われた。そして日中戦争のさなかには、慰霊祭の開かれた回数が劇的に増加した。戦死者の骨箱が新京へ運ばれたとき、市民は黒布をかぶせた旗を掲げ、娯楽場は閉鎖された。戦死者が増加するにつれ、こうした行為は日常の一部となった。忠霊塔や慰霊祭は、官吏や軍人、学生に教訓をたれる場となった。こうして儒教と神道の形式が独特の形で混ざり合っていった。省、県、市レベルで行われる追悼式は、年中行事となり、省、県、市公署の長は、つねに祭主の役割を演じた。

この祭主の役割を演じた人のなかに、初代国務院総理となった鄭孝胥《てい・こうしょ》がいた。彼は戦没者のために流麗な散文を書く才能をもった、生まれながらの祭主であった。一九三八年に鄭孝胥当人が死去すると、満洲国政府は、史上初となる国葬を準備するため、皇帝溥儀の名で特別委員会を組織した。鄭孝胥の国葬が行われた日、市民は娯楽を慎むことで、深い哀悼の意を示し、官庁はすべて休務した。学校では協和会主導で望拝式が挙行され、半旗が掲げられた。午前一〇時半、すべての市民が一斉に黙祷をささげた。三年前に鄭孝胥が辞任させられたことなどは、だれも口にしなかった。彼の死は、たんに劇場国家の支柱を提供したにすぎなかったのである。

建国体操

中年以上の韓国人の大多数は、一九六〇年代の再建体操を記憶している。「再建体操、初め。一、二、三、四!」これは韓国各地で早朝に鳴りわたったラジオ曲であった。この曲は、朴正煕による軍事クーデター以後の一九六〇年代、長期間にわたって放送された。[9] 人々は、この命令のような歌で起こされ、半分眠りながら再建体操を行っていた。この「再建」とは、国家あるいは民族を再建することであり、朴正煕政権のスローガンであった。このスローガンに関しては、他にもいくつか作曲され、市民は暗誦を余儀なくされた。ところで再建体操のモデルは、満洲国の建国体操であった。事実、「建国」と「再建」は、「創設」や「建設」を意味する「建」という共通の漢字を有している。満洲国において「建国」は、建国精神や建国記念日から建国大学、建国体操にいたるまで、中心的な言葉であった。建設と再建は、満洲国と韓国にとってキーワードだったのである。

満洲国は、運動と衛生への投資を惜しまなかった。そのため体操と街頭清掃を推進する特別週間が設けられていた。この間、人間の身体は国家の管轄下に入っていたのである。建国から一ヶ月後、満洲は運動会を発案し、後に満洲国全国体育大会に改称された建国記念運動会が毎年五月、開催された。ナチスを模倣しようとした満洲国の支配者は、国民の身体教練に多大な興味を示し、満洲国体育協会をつくった。この支部は、省と県単位で組織され、各省の知事がその長に就任したのである。満洲国体育協会は、研修を目的に職員を日本に派遣し、オリンピック参加の要請さえした。この時、日本とスウェーデンの陸上連盟は、満洲国の陸上連盟を承認していた。満洲国の新聞は、一九三九年にカナダのバスケットボール・チームが、試合のために満洲国を訪れたことを誇らしげに報じた。

満洲国は、スポーツを通じて、国際社会からの承認をどうにかして得ようとした。大都市では、続々と競技場が建設され、人々は首都・新京と吉林間で行われる「京吉駅伝大会」や「市民マラソン大会」、「全奉天サッカー大会」などの体育行事に参加した。そしてレースの出発点は、しばしば忠霊塔であった(10)。

建国と運動、政治とスポーツの間には、不可分な関係があった。例えば、皇帝溥儀の日本訪問(一九三五年四月の初訪問)を記念して、四月六日は「国民体操の日」と定められた。翌年の溥儀の日本訪問一周年を機に、今度は五月二日が、「建国体操の日」とされ、建国体操を広めるための講演が全国各地で行われた。一九三七年以後、三月一日(建国記念日)、五月二日(溥儀の訪日記念日)、九月一八日(満洲事変記念日)の三日は、建国体操の日と定められた。しかし、この三日以外にも建国体操の日は何日もあった。一九三七年、満洲国体育協会は「体育満洲」の名称で、一年間の体育大会の計画を定めた。同年九月には、「体育週間」が設けられ、マラソンや建国体操、球技大会などが実施された。さらに一九三九年には、協和会会員が、一ヶ月間にわたって建国体操を練習した。このように満洲国と韓国の両方で、国の建国あるいは再建は体育を通じてなされたのである。

反共大会など

李承晩および朴正熙政権下では、反共大会や滅共大会が何度も開かれ、韓国人はうんざりしていた。このような大会では、市や周辺地域の官吏に導かれた高齢者や主婦、教師に導かれた学生が競技場に集まり、ぎこちなく反共スローガンを叫んだ。しかし、このモデルもやはり満洲国にあった。もちろん、戦時中日本においても全国の軍予備役や青年同盟などの組織を通じた大衆動員が行われていた。特に満洲事変以降は、雑誌や映画、文学などの新たなメディアを通じ、好戦的愛国主義が広められた。だが、ルイーズ・ヤングによれば、この一九三〇年代の熱狂は、政府の抑圧や市場の圧力を理由に説明することができないという。つまりそれは、自発的なものであった。朝日新聞や毎日新聞の記者でさえ、信念を持って軍隊を支援した（Young 1998, 79）。また、たとえ日本軍の主敵が共産ロシアであったとしても、日本社会にとっては、必ずしもそうではなかった。そのため、日本では反共大会が実施されなかったが、満洲国では、無数の反共大会が開かれた。とにかく満洲国では、人々が日夜動員される機会が多かったのである。この意味で満洲国は、大衆動員が行われた先駆的な場であった。ドイツやイタリアのファシストによる動員は、満洲国を通って、南北朝鮮へと広まったのである。

建国の初期段階、満洲国は外部世界からの認知を得ていないにもかかわらず、その主権を誇示するために、「建国」というテーマを大衆動員のために利用した。例えば、一九三二年三月の満洲国建国を祝うため、首都の住民は、列車や人力車を装飾したり、看板やアドバルーン、電飾やリボン、「建国」のポスター、溥儀や他の建国の父の肖像画を準備させられたりした。二年後の溥儀の戴冠式では、住民は再び国旗掲揚を義務づけられ、国旗を手にして街頭行進をしながら、この記念式典に参加するよう求められた。そのあとには、提灯行列、街頭装飾、花火や民間講演が次々と続いた。それは一四年間続いた満洲国の記念式典の原型であった。建国一年目には建国慶祝大会が全国に広がった。ハルビンでは、建国思想宣伝普及委員会が、特別宣伝週間を設け、それは後日、各地で行われるようになった一週間続く祭礼の先駆けとなった。住民は、複数の大規模な大会に招集され、体育週間や孔子祭祀、戦没将兵のための慰霊祭に加え、溥儀の万寿節記念（二月）、建国記念日（三月一日）、訪日宣詔記念日（五月）、日中戦争記念日（七月七日）、友邦（日本）の満洲国承認記念日（九月一五日）、満洲事変記念日（九月一八日）も祝わなければならなかった。

一九三五年には、これにさらに多くの祭礼が加わった。戴冠式一周年や万寿節、帝制記念博覧会、戴冠後初の建国記念、招魂祭、訪日記念慶祝大会、勅令頒布、第一次防空週間、国民体操日、溥儀による観艦式、全国体育週間などがそれである。祝賀は一年中続いていたのである。一九三六年には、植樹節が追加された[11]。日本の国際連盟脱退や日本軍の入満、日本皇族の満洲国訪問、日本の治外法権撤廃、郵便局の設置一つさえ記念する大会もあった[12]。一九三七年は、特に儀式が多かった。日本の治外法権撤廃を記念する市民祭や日独満三国親善慶祝大会、日中戦争後の時局市民大会、国民精神強調週間、国民精神総動員運動、国旗週間などである。

そして、この日中戦争という新たな戦争のために、国民大会が追加された（数十年後、韓国人は同じ名称の大会を頻繁に開催した）。とりわけ一九三七年初頭以降、満洲国では「反共決起大会」や「反共殲滅国民大会」が席捲した。吉林市の場合、「擁護王道」「赤い悪魔」「共産党は、人類の敵」などのスローガンを中国語、日本語、朝鮮語で記載したポスターが、目抜き通りのあちこちで見られた。これらの反共大会は、中国での新たな状況と関連しており、一九三六年末の西安事変以後の中国共産党と国民党の合作に対する不安感を反映していた。「反共主義」は、満洲国において突然重要な言葉となったのである。満洲国がドイツやイタリア、スペインと調印した条約は「反共条約」と呼ばれた。反共大会は関帝廟で開催されたり、ムスリムや白系ロシア人といった少数民族が主催するのもあった。満洲国政府は、彼らの宗教観を利用して、共産主義の無神論を攻撃したのである。そのため白系ロシア人の大規模なコミュニティのあったハルビンは、反共大会実施のための主舞台の一つであった[13]。

一九三七年の建国記念日は、以前にも増して盛大であった。奉天では、国旗掲揚、国歌斉唱、旗行進が行われた。花電車や花自動車が走り、記念座談会、巡回講演、雄弁大会、展覧会、建国体操大会、記念宗教人大会、敬老会、戦没者慰霊祭などが開催され、飛行機からの宣伝ビラや宣伝小冊子が撒布された。これらの催しは、一週間にわたって行われた。

しかし一九三八年は満洲国国民にとっては災難の年であった。それは日中戦争勃発後の非常時局の年であったため、それまで以上に多くの大会が開催された。年始には、日本式で溥儀の皇宮に向かった遙拝が行われた。二月には反共大会が行われ、友邦（日本）の紀元節が祝われるなど、非常に多くの式典が行われた。二月二六日から三月四日までの一週間は、「建国精神宣揚週間」であった。この期間には、非常時局を鼓吹する多くの行事が実施された。この二日後、孔子祭祀にて「市民講演大会」が行われた。三月末には関羽と岳飛の合同祭祀が、諸都市で挙行され、四月初めには中国戦線での「戦勝記念」写真展覧会が全国各地で開催された。植樹節の期間は、四日間となり、四月末には、靖国神社の招魂祭と前総理である鄭孝胥の国葬が行われた。五月二三日から一週間は、溥儀の訪日宣詔記念週間となった。加えてあちこちで追悼会が開かれた。四月には日本の天長節が祝われ、イタリア使節団記念大会とドイツ・イタリア・スペイン・日本・満洲の五カ国国交樹立慶祝大会が行われた。

六月になると「建国大運動会」と反共大会が始まり、七月には「支那事変」一周年記念、鄭孝胥の安葬式、反共陣営強化のための一千万慶祝大会、消費節約国民運動が相次いで実施された。延吉市では、七月一日から毎朝、国民精神訓話が行われた。八月には殉職軍警のための慰霊祭が実施され、九月には「友邦承認五周年建国体操大会」、長考峰戦捷記念展、満洲事変記念招魂祭が挙行された。一〇月になると連合体育大会、義勇奉公隊結成式、靖国神社の大祭である慰霊祭が、一一月には国威発揚祈願式、漢口陥落慶祝大会、反共週間、防空演習が行われた。そして一二月に建国忠霊廟が、ついに完成をみた。これらの行事の多くは、その後も繰り返された。そして、満洲国の「欧米使節団帰国報告会」、国防婦人会総会、国民貯金運動、建国展覧会、興亜都市同盟大会が追加されたのである。

一九三九年になると、日本訪問後の一九三五年に公布された溥儀の宣詔記念大会は、「宣詔興亜国民大会」に改称された。この大会では満洲国、日本、モンゴル、新疆、華北、華中、華南の七人の代表が、一斉に聖火を持って行進し、火入式を盛大に行った。数万人が集まった七月の国民大会では、反英のスローガンが響き渡った。この年から、「興亜国民大会」「興亜の気概」「興亜青少年訓練大会」「興亜奉献日」など「興亜」という言葉が頻繁に使われるようになった。「興亜」とは、アジア主義の論理的な産物であり、満洲国の公的イデオロギーの一次元を占めていたと言えよう。それゆえ「興亜」は、大東亜共栄圏の出現を予兆しており、太平洋戦争が勃発すると日本帝国のスローガンとなったのである。この頃、日中戦争に送る義勇奉公隊が組織され、建国忠霊廟の前で結成式が行われた。この儀式では、国旗掲揚、皇宮遙拝、敬礼、建国英霊（あるいは「建国にささげられた美しい精神」）に対する黙祷、祝辞、万歳三唱、閉会と手順が踏まれた。こうした手順もまた、韓国人によって、その後数十年間にわたって踏襲された。また、満洲国の青年が、中国戦線に兵士として動員されたことも、注目に値する点であった。[14]

満洲国は従順な学生たちも育てた。彼らは、無数の大会に出席するのに加え、雄弁大会や標語作り大会、皇軍の武運を祈る祈願式を自ら挙行した。建国にあたり、各中学校では「建国精神涵養のために」教育庁が主催する学生雄弁大会に学生を送った。[15] これは、満洲国（そして数十年後の韓国）

で後に実施されることになる学生雄弁大会のモデルとなった。満日学生雄弁大会もまた開始され、一九三七年からは毎年、協和会が青年雄弁大会を主催した。教師もコンテストに呼ばれ、国旗と皇帝に三拝したのち、青年の演説を聞かねばならなかったのである。

一九三七年の日中戦争勃発を契機に、国民大会は日常化したため、満洲国の支配者は、今度は節約キャンペーンをはった。協和会は、「現在の非常時局に経費と手間のかかる旧式の結婚はふさわしくない」として、簡便な「協和会式結婚」を提唱した。[16] 一九四〇年四月一日に公布された「国民精神総動員」の骨子は、無駄遣いや虚礼虚式の廃止であり、新たに定められた「興亜奉公日」(四月三日)には、人々は娯楽や酒を控え、家をきれいに清掃しなければならなかった。この頃、すでに総動員の日が近づいていた。さまざまな催し物の参加に追われていた人々は、節制、質素、そして自制を維持することが求められたのである。

一九七〇年代の継承者

一九七五年五月、「総動員と我が国」と題された国家安全保障についての記事が、一ヶ月間にわたって韓国の新聞紙面を賑わせていた。ペン・クラブはただちに安保に関する決議を採択した。クラブのメンバーである作家は、全国で反共大会の波を引き起こした。五月二日、教授や学生、工場労働者ら数万人が、釜山や大邱、光州、蔚山などの大都市で大規模な反共大会を開催した。同日、警友会や制憲同志会も反共の決意を表明し[17]、さらに農民による各地での決起大会や全国経済人連合会、以北五道民協会が、これに続いた。さらに退役軍人会を含む三八の団体が、総力安保国民協議会を創設し、約一五〇万人の市民が、釜山や晋州、大邱、全州、清州で安保に関する市民の連帯を誇示すべく大会を開催した。知識人もこの波に加わった。崇田大学、亜州工業大学、成均館大学、西江大学、淑明女子大学の教授らは、決意宣言を行った。ソウル大学や延世大学、高麗大学の学生四〇万人が、安保大会に参加し、金日成を模した人形を火あぶりにしたという[18]。

一九七五年五月一一日、ソウル市民一四〇万人が汝矣島広場に集まり、ここでもまた金日成の人形を火あぶりにした。参加者のなかには、「安保」や「反共」と血書する者もいた。政府は、こうした波に乗じて、悪名高い緊急措置九号を布告した。この布告は、朴正熙が終身大統領になることを保障した一九七二年の新憲法である維新憲法について、いかなる抗議も議論することさえも禁じるものであった。この布告によって、学生の政治参加や流言の流布が取り締まられただけでなく、通信社が抗議運動を報じることすら取締の対象となった。布告に違反した新聞社は、閉鎖の憂き目にあったのである。以前には聞いたこともなかった組織であるソウル大学PTAも学生の政治参加を憂慮する声明を発表した。そして、その後約二〇年近く続いた悪名高い「安保募金」が始められた。この制度の下では学生や市民、実業家は国防のために募金することが要求された。すなはち、それは非公式な税金に相当した。さらに高校生や大学生は学徒護国団へと組み込まれ、学校は本質的に軍事キャンプとなり、学生の代表は「司令官」と呼ばれた。忠誠や忠孝といった儒教イデオロギーが、高まる熱情と熱狂によって支持され、国家のスローガンの役割を果たした。そして同じようなスローガンを刻んだ巨大な石が、全国の広場や公園などに設置された。石碑の文字は大体、大統領の筆跡をそのまま写し取ったものである。

韓国の指導者は、一九七五年のベトナムとラオスにおける米国の敗北を権威主義体制の強化や反体制派を攻撃するための機会に転換させた。かくしてわずか一ヶ月で、韓国は兵営国家となってしまった。このため朴正熙政権期の韓国社会は、完璧といっていいほど軍事化されたのである。毎日午後六時には全国に国歌が鳴り響き、各職場や学校で国旗を降ろす儀式が行われ、その間、歩行者は立ち止まり、国歌を拝聴し、国旗への誓いを表せねばならなかった。朴正熙は、また李舜臣《イ・スンシン》将軍を熱心に崇拝した。韓国の公式な歴史によると、李舜臣は一六世紀末に豊臣秀吉が朝鮮侵略を行った際、日本海軍を撃退したと記されている。このため李舜臣の銅像や記念碑は、学校の校庭だけでなく、各地の山の入口に立てられている。李舜臣の銅像（そして評判）は、孔子や関羽、岳飛、そして満洲国のために命をおとした無名戦士など、韓国人にとってのあらゆる理想人物を縫合したものと考えられているのである。驚くべきことに、満洲国で行われていた規律化の方法を厳密に反復できる国家は、朴正熙政権期の韓国以外には見当たらない。そしてこれは韓国が、満洲国で挙行された国民大会、追悼式、戦没者記念碑、学生雄弁大会、標語作り、反共大会、体操、「建設」や「再建」のスローガン、「総力安保」「総動員」をすべて模倣したからなのである。

チャンスの場としての満洲国

二〇世紀初頭、朝鮮の歴史家である申采浩《シン・チェホ》が、朝鮮の民族領域を満洲国へと広げたことで、今や韓国民族歴史学とその歴史意識は、満洲という土地を包合した形になっている。(19) だが奇妙なことに、解放後の韓国の政権は、植民地期における満洲について問うことを長い間避けてきた。この意味で満洲は、認識論的には真空地帯であり、著名人の個人史（ライフ・ヒストリー）のなかにも、満洲の記述が全く欠落しているものが多々ある。例えば、「青年のころ、大きな青い夢を持って満洲に行った」という朴正熙大統領について書かれた数々の伝記は、彼の青年期について何も語っていない（Cho 1998, 101）。しかし、これを逆説的にとれば、満洲は何も書かれていない空白の用紙のようなもので、誰でも「そこに」何を書いてもよかった。それゆえ、一九五〇、六〇年代に輩出した政治家は、自分の伝記を満洲の抗日闘士として描くことが多い。事実としては、大部分の朝鮮人闘士は、一九三〇年代終わりには殺されてしまっていた。そのため体制側に「匪賊」とみなされていた満洲の反日勢力の数は、一九三〇年代後半には、数百に減少していた（Coox 1989, 413; Kato 1989, 98）。最後の抗日勢力であった東北抗日聯軍は、一九三九年の冬に捕らえられ、一九四〇年二月にはほぼ全滅した（Jiang et al. 1980, 528）。

しかし満洲国が建国されると満洲は多くの朝鮮人にとって成功のかけをする場所となった。一九三二年から一九四〇年までの朝鮮人移住者数は、七二万人と推計されており（Kim 1994, 10）、さらに一九三〇年代の朝鮮の新聞が、満洲を窮屈な朝鮮の出口として描いたため、満洲への移民がさらに誘発された。[20] そのなかには、下級警察官になった者もいた（Jones 1949, 69）。のちに韓国のさまざまな分野で指導者となった人々は、満洲国で青年期を過ごした人々である。民族主義を信奉する知識人でさえも、新しい人生を求めて満洲国に移った。例えば、一九一九年三月一日の朝鮮独立運動の際、独立宣言を書いた著名な詩人・崔南善《チェ・ナムソン》は建国大学の学生であった（Allen 1990, 788）。

韓国の大統領になった三人もまた満洲国に住んだ。朴正熙は、満洲国軍の将校であり、崔奎夏《チェ・ギュハ》は満洲国政府の臨時職員であった。極貧であった全斗煥の一家もまたよりよい生活を求めて、国境を越えた。北朝鮮の指導者である金日成は、東北抗日聯軍の一員であり、朴正熙は、満洲国の体制側にいたことは、戦後の朝鮮半島をめぐる政治情勢を象徴していた（Suh 1988, 20）。事実、満洲国は、南北朝鮮両地域における指導者たちを養成する場所だったのだ。

しかし、満洲国にいた朝鮮人が、高い地位に昇りつめたのは韓国軍においてである。満洲国軍の朝鮮人将校は、一九五〇年代には韓国軍の中心的存在となり、一九六一年の朴正熙による軍事クーデターを支えた。[21] 彼らは、関東軍が東京に反旗を翻した満洲事変や国家主導の産業化、匪賊弾圧、大衆動員などの満洲国における歴史的事件を目撃していた人々である。李承晩政権は、満洲国における匪賊弾圧の方法を韓国に輸入した。[22] そして満洲国のあらゆる特徴はそのまま朴正熙政権の特徴となった。それは、端的に言えば、強力な国家を建設し、憚りのない急速な産業化を主導し、軍隊式に臣民を手なずけたということである。この点、朴正熙によるクーデターは、韓国における「満洲人」出現の明かしとなった。(23) 李承晩および朴正熙の両政権に繋がる批評家である李瑄根《イ・ソングン》は、李承晩政権期には軍史編纂と宣伝活動を担当し、朴正熙政権期には国民教育運動と花郎イデオロギーを立ち上げた。(24) 彼は、満洲国の濱江省における協和会の朝鮮人会員であった(Im 2001, 177)。

結語

満洲国は壮大な実験室であった。建国者たちは、民族協和のような理念的なものから、参加を強制される無数の祭礼のような非人間的なものまで、さまざまな着想を自由に試した。そして数々の祭礼は、日本や朝鮮でよりもずっと先に満洲国で行われていた。満洲国でのこうした実験は、急速にすすめられた国家建設の結果と見ることができる。これは、満洲国がその過去から多くを引き継いだために可能となった。そして(ドイツの影響を受けた)明治国家を積極的に模倣した。そしてこのことも解放後に成立した南北朝鮮にとって一つのモデルとなった。満洲国は、ある意味において西洋と東洋、東アジア諸国の過去と未来を結びつけているのである。

注

本稿に対して貴重なコメントを寄せてくれたダッデン氏(Alexis Dudden)に特に謝意を表する。

（1）『満洲国政府公報』（以下、『公報』とする）一九三二年五月四、五、一六日。
（2）明治国家の設計者であった伊藤博文は、一八八八年に新たに皇宮が建設される際、ドイツから室内装飾品を多く輸入さえした（Fujitani 1996, 77-79）。
（3）王道に加え、「民族協和」や「建国精神」が標語となった。後者は、王道に劣らず重要なものであった。満洲国の公的イデオロギーについては、拙稿 "The Problem of Sovereignty: Manchukuo 1932-1937." *Positions*, 12.3, 2004 参照。
（4）文部省は、知事や市長からの報告を基に賞を授与した。『公報』一九三三年二月二〇日。
（5）『盛京時報』（以下、『時報』）一九三〇年二月二〇日。
（6）『時報』一九三五年三月八日、一九三六年三月一日。
（7）『時報』一九四〇年九月一六日。
（8）『時報』一九三八年一〇月二〇日。
（9）韓国軍基地では、今日も形をかえ、この体操が行われている。
（10）『時報』一九三七年六月二四日。
（11）四月の「植樹式」の後、官吏や市民は国中に植樹した。この儀式の際、森林破壊をしたとして国民党政府が批判のやり玉に挙げられた。「一九一一年以降、清の時代にあった森林が荒廃してしまった」という公式声明が市民に発せられた。『時報』一九三七年四月二一日。
（12）『時報』一九三六年六月九日、一九三六年七月二七日。
（13）ハルビンでは、一九四〇年に月一日が反共の日と定められた。『時報』一九四〇年五月四日。
（14）『時報』一九三九年五月一日。
（15）『時報』一九三三年六月一日。
（16）『時報』一九三九年一〇月二五日。

（17）『朝鮮日報』一九七三年五月二日。
（18）『朝鮮日報』一九七三年年五月三日。
（19）申采浩と満洲の再発見については、シュミッド（Shmid 1997）を参照。
（20）例えば一九三〇年代、「満洲と朝鮮人農民」と題された特別なコラムが、朝鮮の新聞に数ヶ月間にわたって連載された。『毎日申報』一九三六年六―九月。
（21）一九五〇年代、満洲閥の人々は韓国軍のなかでも最も高い地位である参謀総長や第一軍司令官、第二軍司令官の要職についていた（Han 2001, 243）。
（22）各地で左翼ゲリラ活動による困難な問題に直面していた李承晩政権は、満洲国で匪賊取締にあたった将校を好んで採用していたようである。
（23）一九六五年の日韓国交正常化の際、日韓両国におけるいわゆる満洲閥の人々が、互いに顔を合わせたということは皮肉なことであった。戦前の日本政治における満洲人脈である、いわゆる岸マフィアは、一九六五年の日韓正常化にかかわった（Johnson 1982, 1212; Halliday and McCormack 1973, esp. chap.5)。国交正常化交渉に携わった日本の外務大臣・椎名悦三郎は岸信介の右腕であった。
（24）花郎は、新羅における戦闘部隊であった。韓国の公式な歴史によれば、同部隊は若者で占められていた。彼らは十七世紀の統一のための戦争の際、自らの命を犠牲にした。そのため、花郎は韓国の陸軍士官学校生にとって模範となっている。陸軍士官学校の校舎は、花郎台と呼ばれている。新羅の首都は、朴正煕の故郷の近くにあったため、花郎イデオロギーは地域により左右されたようだ。これは李瑄根によって明らかにされた成果の一例である。

参考文献

Allen, Chizuko. 1990. “Northeast Asia Centered around Korea: Ch’oe Namsōn’s View of History.” *Journal of*

Asian Studies 49.4.

Armstrong, Charles. 1997. "Surveillance and Punishment in Postliberation North Korea." In *Formations of Colonial Modernity in East Asia*, ed. Tani Barlow. Durham, N.C.: Duke University Press.

趙甲濟 . 1998.「내 무덤에 침을 뱉어라」1、朝鮮日報社

『朝鮮日報』ソウル

Coox, Alvin. 1989. "The Kwantung Army Dimension." In *The Japanese Informal Empire in China, 1895–1937*, ed. Peter Duus, Ramon Myers, and Mark Peattie. Princeton, N.J.: Princeton University Press.

Corrighan, Philip, and Derek Sayer. 1985. *The Great Arch: The English State Formation as Cultural Revolution*. New York: Basil Blackwell.

Cumings, Bruce. 1981. *The Origins of the Korean War*. Vol. 1. Princeton, N.J.: Princeton University Press.

—— .1993. "The Corporate State." In *State and Society in Contemporary Korea*, ed. Hagen Koo. Ithaca, N.Y.: Cornell University Press.

Duara, Prasenjit. 1997. "Transnationalism and the Predicament of Sovereignty: China, 1900–1945." *American Historical Review* 102.

Fujitani, Takashi. 1996. *Splendid Monarchy*. Berkeley: University of California Press.

Gerschenkron, Alexander. 1966. *Economic Backwardness in Historical Perspective*. Cambridge: Cambridge University Press.

Halliday, Jon, and Gavan McCormack. 1973. *Japanese Imperialism Today*. New York: Monthly Review Press.

韓洪九 2001.「大韓民國에 미친 滿洲國의 遺産」『中國史研究』16

Han, Suk-Jung. 2004. "The Problem of Sovereignty: Manchukuo, 1932–1937." *Positions* 12.2.

任城模 2001.「일본제국주의와 만주국 : 지배와 저항의 틈새」『한국민족운동사연구』제 27 권

姜念东等 1980.『伪满洲国史』吉林人民出版社

Johnson, Chalmers. 1982. *MITI and the Japanese Miracle*. Stanford, Calif.: Stanford University Press.
Jones, F. C. 1949. *Manchuria since 1931*. New York: Oxford University Press.
加藤豊隆 1989.『満洲国警察小史』第一法規出版社
김기훈 . 1994.「一九三〇 년대 일제의 조선인 만주 이주정책」（未公刊）
『毎日新報』ソウル
『満洲国政府公報』新京
McCormack, Gavan. 1991. "Manchukuo: Constructing the Past." *East Asian History* 2.
Meyer, John. 1999. "The Changing Cultural Content of the Nation-State." In *State/Culture: State-Formation after the Cultural Turn*, ed. George Steinmetz. Ithaca, N.Y.: Cornell University Press.
Norman, E. H. 1940. *Japan's Emergence as a Modern State: Political and Economic Problems of the Meiji Period*. New York:Institute of Pacific Relations.
Pyle, Kenneth. 1974. "Advantage of Followship: German Economics and Japanese Bureaucrats, 1890–1925." *Journal of Japanese Studies* 1.1.
Raeff, Marc. 1983. *The Well-ordered Police State: Social and Institutional Change through Law in the Germanies and Russia, 1600–1800*. New Haven, Conn.: Yale University Press.
Schmid, Andre. 1997. "Rediscovering Manchuria: Sin Ch'aeho and the Politics of Territorial History in Korea." *Journal of Asian Studies* 56.1.
『盛京時報』奉天
Suh, Dae-Sook. 1988. *Kim Il Sung: The North Korean Leader*. New York: Columbia University Press.
Young, Louise. 1998. *Japan's Total Empire: Manchuria and the Culture of Wartime Imperialism*. Berkeley: University of California Press.

第七章　汎アジア主義

森崎湊から三島由紀夫まで

玉野井麻利子

一九七〇年、兄森崎湊の日記刊行の数ヶ月前、森崎東は驚くべき事件に遭遇した。国際的評価も高く著名な作家三島由紀夫が、東京、市ヶ谷の自衛隊駐屯地構内で、切腹の様式にのっとり自決を遂げたのである。生前、三島は軍隊をもつことを禁じた日本の「平和憲法」に抗して、日本の再軍備を求めていた。(1)三島によれば、日本という国家はアメリカの軍事力に従属することにより、みずからその名誉を傷つけたのであった。死を選ぶことによって、三島は自衛隊員に日本国家に対する決起をうながすことを目したのである。この目的を胸に、彼は何ヶ月も前から死の計画を立てていた。若き同志である「楯の会」の成員とともに、三島は、自衛隊員にむけ檄文を書いた。彼はまた自決の日のために特別な計画をたてた。その一、「楯の会」会員はまず総監を人質に取る。その二、三島が檄文にもとづいた三十分の演説を行う。その三、天皇のために万歳三唱をする。その四、三島はその後総監室におもむき自決する。その五、「楯の会」の森田が介錯する。しかるのち三島の命に殉じて森田も自裁する。ジョン・ネイスンによれば、彼らはこの過程のすべてを、皇居をのぞむパレスホテルの一室で二日間にわたって予行演習したという（Nathan 1974, 271-280 参照）。

こうした細心をきわめた計画にしたがって、三島は、一九七〇年一一月二五日、死を遂げた。しかしすべて計画通りに行ったわけではなかった。彼の演説はわずか七分ほどしかつづかなかった。なぜなら「誰も聴いてはいなかった。もし聴こうとしても、他の連中の野次と罵声で聴きとることはできなかったろう。『降りてこい』。『英雄ぶるんじゃねえよ』。『総監を放せ』。怒った隊員は口々に叫んでいた」からである（ネイスン 2000, 336）。この三島の自殺のために、一九七一年に森崎湊の『遺書』が公刊されると、湊が帝国海軍の三重駐屯地にほど近い海岸で遂げた死の儀式は、日本の広範な読者層をとらえることになった。ただし湊の自殺は一九四五年八月一六日のことである。日本降伏後、関係者に自分を捜さないでくれと言い残して、誰の手も借りず、彼はひとりで死んだ。彼は、三島のように、天皇のために死んだのではなかった。彼らに共通するのはただ、両者の死の方法――つまり切腹という儀式だけである。それ以外にはほとんど相通じるものはない。したがって、湊の家族や友人たちは、日誌の刊行が日本の公衆からうけた予想外の注目に傷ついているようである。

森崎東とともに、湊の日誌を編集した泉三太郎は、森崎湊と三島の人生を同一視するような見解にたいして、否定的な考えを表明している。

おびただしい死を目撃してきた戦中派世代として、生きていれば同年代の森崎湊の死と三島由紀夫の死とを冷静に見くらべてみると、死者を鞭うつのようになるのは忍びがたいが、しかし、理屈をぬきにして、後者の死にはどこかすじの通らないこしらえものの異臭がつきまとうことをいなめない。

同じ死を選ぶならば、やはり森崎湊のように、昭和二十年八月の時点を選ぶことのほうが情理にかなっていたと思う。その時点において、卑怯未練のゆえに、あるいは無節操のゆえに、あるいは無思慮のゆえに生き残ったものは論外として、他の確とした信念があって生き残る道を選んだものは、今日現在の時点において気ままに死に急ぐことの無意味さがわかっているはずである。一度は何かにおのれをかけたことのある真の戦中派にして、もしかりに自らの死を選択する自由が与えられるならば、後者のような女性的な絢爛とした儀式を借りた演劇的な死ではなく、(2)一見平和にして惨忍な現代社会の底深い戦場において、はてしない無言の戦いの野末に刀折れ矢つき、看とる者とてない〝のたれ死〟の執念をこそむしろ選んだであろう。(泉1971, 240-241)

湊を、切腹という様式による自死へと導いたものはなにか? 湊の死を三島を越えるものとする泉の賞賛を証するものはなにか？

　本章で、私はこれらの問いに答えようと思う。そのために、私は、満洲建国大学の学生であった森崎湊の日誌を、一九七〇年の三島の死を考えつつ読んだ。湊の日誌を読むにつれ、湊と三島の生の軌跡の相違が、よりいっそう明らかなものに見えてきた。三島の自殺によって活気づけられたイデオロギーは、小論の主題ではない。しかしながら、森崎湊とは違い、三島由紀夫には汎アジア主義のヴィジョンはなかったのだということを強調しておきたい。三島が死の日に自衛隊員に配布した檄文の一節にはこうある。「日本を日本の真姿に戻して、そこで死ぬのだ。生命尊重のみで、魂は死んでもよいのか。生命以上の価値なくして何の軍隊だ。今こそわれわれは生命尊重以上の価値の所在を諸君の目に見せてやる。それは自由でも民主主義でもない。日本だ。われわれの愛する歴史と伝統の国、日本だ。これを骨抜きにしてしまった憲法に体をぶつけて死ぬ奴はいないのか。もしいれば、今からでも共に起ち、共に死のう。われわれは至純の魂を持つ諸君が、一個の男子、真の武士として蘇えることを熱望するあまり、この挙に出たのである」（ネイスン 2000, 328. ただし原文旧仮名）。三島は日本のため、「我らが愛する国の歴史と伝統」のために死んだ。彼は日本にのみ「より大きな価値」を見出し、東アジアにおける日本の覇権を回復するために、日本軍を再建しようとこころみた。これにたいして、湊は日本について非常に異なるヴィジョンをもっていた。彼にとって、日本は大アジアの一部を構成するに過ぎなかった。満洲へと旅立つ際にはすべてのアジアのひとびとにたいして日本民族が優越するという感情を持っていたものの、この民族的な優越意識はすぐにかげをひそめることになった。それは湊が固執したアジアの民の平等という信念が、彼をして日本人の民族的自負心や、帝国における日本の政策にたいして疑問を抱かせたからである。日本降伏の翌日、彼は日本という国家に抗して自殺した。彼のみるところ、一握りの日本人エリートをのぞけば大東亜共栄圏のあらゆるひとびとの生は、日本によって支配されていたのだ。もっとも、こういう抽象論に終始することは退屈といわれてもしかたない。本章の後半の部分で、私は、湊の日誌を通じ、自論を具体化しようと思う。日本のメディアは、三島由紀夫の死をもって、戦後もっとも重要な出来事のひとつであるかのように持ち上げた。これにたいして私は、三島の死の日を、日本史における真の意味での汎アジア主義という章が最終的に終わりを告げた日として論じようと思う。

森崎湊の日誌

森崎湊は、一九二四年、九州島原の富農の二男として生まれた。私が読んだ日記は一九四〇年にはじまる部分である。(3) そのころ、彼の父は農業に見切りをつけ、ささやかな建築業、運送業をはじめていた。当時湊は地方の商業学校の学生だった。健康で、きわめて優秀（学業成績はつねにトップ）であり、近隣や同輩にも人望があった。彼はまた卓越した読書家であった。同時代の日本の作家や哲学者のものだけでなく、ゲーテやドストエフスキーから魯迅や孫逸仙（孫文）にいたるまで、広く読んでいた。

ここで湊の日記について簡単にのべておこう。森崎東と泉三太郎によれば、湊は二通りの日記を残している。ひとつは教師や軍隊の上官のために（日本の学校での慣習によって）書かれたもので、もうひとつは自分自身のために書いたものである。公刊されたのは後者で、より「個人的な」日記であり、「遺書」と題された。つまり東と泉は、湊の日記を彼らにとっての遺書であるのみならず、現代日本の読者にたいする遺書として読んだのである。ところで彼らは湊の日記を編集するに際しいくつか手を加えている。たとえばこの膨大な日記の一部は省略されているし、旧漢字は改められ、〔湊の作った〕漢詩のいくつかも省略されている。さらに、日記に登場する人物が刊行時にまだ生存していることを配慮し、政治的に微妙な箇所も省略されている（松本 1988, 15-16 を参照）。

さて、ここで湊の日記を読みはじめることにしよう。すると、すでに若年のころより、湊は強い反権力志向を養っていたようにうかがわれる。一九四〇年、真珠湾攻撃の一年前、学科に加え、学生たちは頻繁に軍事訓練をうけていた。以下は、彼がこの軍事訓練にくわわり、四十八連隊の兵営に宿泊したおりの日誌の抜粋である。

十月一日　火曜　曇

本日より向う四日間、兵営宿泊。三泊。四十八連隊。（兵営宿泊感想）半田（配属将校の名前）が感想文を出せといったから半分は嘘を書いて出してやった。まずあの程度におとなしく書いておけばよかろう。ひとつひとつ兵営宿泊が有効であったように書いておいたから。誰があんなに坊っちゃんらしく思うか。兵営とはつまらぬところだ。自分は行きたくない。ろくな人間はおりゃせん。高等教育を受けた人間が、彼らのいわゆる生意気な人間になるのは当然だ。かならずしも上等兵、兵長になるのが真面目、実直のしるしではない。要領のよいいわゆる話せるところの下品な人間が昇進したり精勤賞をもらったりするのだろう。本当に教養ある人が、こんな下品なひわいな人間の中にきたら、どうであろう。いかに恥ずかしく、腹だたしいことだろう。教育も教養もないわいせつな人間に唯々として服従し、罵言も甘んじなければならないのは、いかに苦痛であろう。(森崎 1971, 11. 以下、日記の引用は頁のみ示す)

湊は上官にたいして反抗的であるだけではない。半田に盲目的に服従する同輩にたいしても反撥している。

二年後の一九四二年、湊は、高い入試倍率を突破して、栄えある建国大学への入学を許される。関東軍の参謀本部の高官である石原莞爾の勧告によって一九三七年に創設された満洲建国大学は、民族協和、つまり満洲国に住む諸民族の民族的な調和を体現するものとみなされていた。石原は、そこを、民族を異にする学生たちが同じ釜の飯を食い、ともに学び、満洲国を破壊するような要素にたいしてはともに闘うような場所として想い描いたという(湯治編 1981, 17)。彼は、オーウェン・ラティモアやパール・バックのような著名人を教授として招聘しようとした(同 64)。このため建国大学は、中国本土、台湾、朝鮮、ロシアを含むアジア各地の学生を惹き付けた（湯治編 1981．泉 1971, 236; 満洲国史編纂刊行委員会 1970, 592-632 も参照）。

民族協和イデオロギーは、満洲国政府が公表した多くのスローガンのひとつだった。その趣旨は満洲国建国宣言[4]の次のふたつの文章に表明されている。「三千万民衆ノ意向ヲ以テ即日宣告シテ中華民国ト関係ヲ脱離シ、満洲国ヲ創立ス」「凡ソ新国家領土内ニ在リテ居住スル者ハ皆種族ノ岐視尊卑ノ分別ナシ。原有ノ漢族、満族、蒙族及日本、朝鮮ノ各民族ヲ除クノ外、即チ其他ノ国人ニシテ長久ニ居留ヲ願フ者モ亦平等ノ待遇ヲ享クルコトヲ得」（満洲国史編纂刊行会 1970, 219-221）[5]。満洲国の住民は、漢族、満洲族、モンゴル人、日本人、朝鮮人というふうに分類されていたので、その五つの民族間の協調という意味でこの民族協調のイデオロギーは「五族協和」とも呼ばれた。湊が合格した頃には、これらアジアの民族を異にする、ほぼ四五〇名にのぼる学生が大学に籍を置いていた（満洲国史編纂刊行委員会 1970, 42）。しかしながら、湊の日記には、ふたつの民族的カテゴリーだけが繰り返しあらわれる。日系と満系だ。四五〇名の学生の過半は日系であり、約一五〇名が満系だった。日系とは何者であり、満系とは何者であったのか？　満洲国在住の五族のあいだで彼らはどういう位置を占めていたのか？

日系と満系

湊の日記において、満系とは中国語を話す学生たちをさしている。このカテゴリーは漢民族と満洲族の両方の学生たちを含む。(二〇世紀のはじめには漢民族系中国人の中国東北部への大規模な流入によって満洲族はすっかり中国化していたから、ほとんどの日本人は、少数の文化人類学者をのぞけば、漢系中国人と満洲族との相違がわからなかったのではないだろうか。[6])「満系」には、満洲国出身の学生だけではなく、中国本土の出身者、一八九八年より一九四五年の終戦まで日本の植民地であった台湾出身者も含まれていたのである。満洲国では、日系と満系という用語は、行政府、軍隊、教員などの公的機関の被雇用者や、学生などの分類にもしばしば用いられた。「系」は、「由来」「血統」を意味する。「日系」が、米国やハワイから満洲国に移住した日本人まで含むのはそのためである。ジョン・ステファンはアメリカからやってきた「日系」にとって「満洲は、オーストラリアや北米のように白人が支配する『機会あふれる国』とは異なり、多民族からなる『機会あふれる国』であった」と論じている(Stephan 1997, 3)。つまり、あとに残した係累のほとんどが後年太平洋戦争時には強制収容所に送られるなか、彼らは日本本土からやってきた日本人とともに、「日本の血族」の一部を成すことになった。[7]

満洲国の公的文書に、「満系」はつねに「日系」と対となってあらわれる。「満系」は「満人」もしくは「満洲人」と同様に満洲国における中国語を話すひとびとのことを指し、多数派（満系）と少数ではあるが力を持った日本人集団（日系）とのあいだの厳然たる差別をそれとなく示すのには日本人にとって手頃で都合のいい用語だった。[8]「満系」学生は日本語をへとへとになるまで長時間学んだが、「日系」の学生の中国語（彼らは、これを満洲国の言語という意味で、「満語」と呼んでいた）の学習時間は、はるかに短いものだった。さらに「満系」の工場労働者は「日系」労働者の賃金のわずかに三〇パーセントほどしか受け取っていなかったし（山室 1993, 281）、満洲映画協会では同じ食卓で「日系」が白米のご飯を食べている時に、「満系」は高粱を食べていた（藤原・山口 1990, 119）。つまり、「満系」と対照的に、「日系」は別格扱いの民族だった。

ところが「日系」は、「日本人」のカテゴリーとは違っていた。「日本人」は、合衆国やハワイからの日本人満洲移民を含まない。「日本人」とは日本本土から満洲に移住したひとびとでなければならなかった。「日本人」は、渡満するまで、自分たちにあてはめられる「日系」という言葉を耳にしたこともなかったのである。たとえば石堂清倫は南満洲鉄道株式会社の社員だったが、中国の民族主義者と共産主義「革命」を共謀した容疑で日本の思想警察に拘束されている。彼はこの時、看守に「日系」と呼ばれるまで、自分が「日系」であるなどと想いもよらなかったと、回顧録に書いている。日本人である石堂は、「満系」の囚人たちとともに投獄されてはじめて「日系」になった。「日系」は別の監獄に送られ、「満系」の囚人のための監獄と比較すればはるかに快適であったと、彼は書き留めている（石堂 1986, 253）。いいかえれば囚人のあいだですら「日系」と「満系」とは別々にされていたのである。私が「日系」と「満系」との関係性についてここで議論を繰り広げたのは、ふたつの集団のあいだの力の懸隔こそが、湊を悩ませたものだったからである。彼は汎アジア主義の夢、民族協和を実現しようにも、このへだたりは乗り越えがたいということに気づいた。かくして湊は最終的には満洲建国大学を退学することになる。

日本人としての優越感

しかし当初、満洲に出発しようとしたころの湊は、自分が日本人であることについて、ことのほか強い優越意識を持っていたようである。例をあげるなら一九四二年三月二二日、彼は日記にこう書いている。

ヒットラーは実は非常な日本羨望者のごとくである。さればこそ、多数の学者を派遣して日本を探求せしめているのである。かのヒットラー・ユーゲントを派遣したときも、「日本の国史と国民を見てこい」といったそうである。ヒットラーは自らも非常な熱意をもって日本を研究したが、彼が日本を知れば知るほど、日本羨望、日本畏怖の感がおこるのである（中略）かつてあるドイツ人が自分に問うた。「現代日本の英雄は誰か」自分は言下に答えた。「日本には英雄なるものはない」ドイツ人には、どうしてもこれがわからなかった。日本に英雄はないのである。さらにいえば一億国民ことごとくが英雄である。一人一人その分を守って使命を果しゆくのである。したがって「一億一心」を実現することが可能なのである。(36)

人種的優越についての信念ゆえに、当時の湊は、世界的事変における指導者および教師の地位に、日本を位置づけていたのである。

以下の日誌の記述は、日本人の優越性についての湊の信念をさらに証するものである。

一九四一年一一月三日　白人たちの「自由」のために黄色人黒色人たちはいかなる待遇を受けたったか。彼らはアメリカインディアンにいかなることをなしたか。インド四億の民衆はいかに。隣邦中国の五億の民衆はいかに。無智可憐のインドネシア民族たちはどうだ。ここにあたってアジアを救いただすべき大使命を痛感して身ぶるいするのは誰か。(中略)世界新秩序の構想は、あくまでも万邦協和を理想とした道義的体制である。東亜における各国家民族がそれぞれ安住のところをえ、善隣友好、たがいに援助協力しあって、おのおのその天分をまっとうし、興隆発展するというのがわれわれの庶幾する東亜の新秩序である。すなわちこの新秩序は、いわゆる欧米自由主義国家群のブルジョア支配体制、ソヴィエト・ロシアの独裁官僚体制、およびナチス・ドイツの排他的自己優先体制の三体制に存する覇道的支配とはまったく異なり、万邦ことごとくそのところをえさしめる共栄の理想にもとづいたものでなければならない。

(24-25)

つまり湊は世界を、白人種が、黒人、ネイティヴ・アメリカン、インド人、インドネシア人、中国人、そして日本人などをふくむ他の諸民族を支配する、ひとつのものと了解していた。だが湊は満洲国をどのように見ていたのだろう。一九三七年に勃発した日中戦争をどのように理解したのだろう？　また彼は、一九四〇年代初頭には誰の眼にも明らかなところとなる、中国の民族主義者の活動をどう考えていたのだろう？

上と同じ日付の日誌に湊はこう書いている。「欧米諸国がアジアを植民地化し、支那を搾取の対象となしつつあったのに対し、支那自身もこれに迎合して欧米依存政策をとりきたったことは、東洋永遠の平和を企図する日本の国策と早晩衝突すべき運命にあった」(25)。したがって湊は、中国民族主義者の抵抗の根拠を、中国自身の悪政に求める。すなわち、西洋に従属し、国としての一体化のためにあえて日本を敵視している。換言すれば、中国はみずからの真の敵である欧米帝国主義が見えていない。湊はさらにこうも書く。「日本はもともと支那を討つ意図は毫もないはずである。むしろ支那を欧米の搾取から救って、支那民衆を欧米国家の奴隷的水準から人間的水準に引きあげたい、そうしてともに手をたずさえてアジアをアジア人のアジアにとりもどしたい、二度と戦争のないアジアを建設したいという道義心以外の何物ももつべきではない」(25)。ということは、すくなくともこの時点で、湊にとって満洲国とは、日中間の理念的な関係の表象であり、たんなる日中の協同によって建設されたものではない。つまり湊にとって、日中の不可分の関係性の中から勃興したものだった。なにより、満洲国は、日本が建設しようとする大東亜共栄圏の一部をなすものであった。この日誌で湊は、中国もゆくゆくはその一部となるだろうと述べている。大東亜共栄圏建設につとめるにあたり、日本は、他のアジア諸民族を導く指導者であり、教師であると、湊は記した。湊の日本人としての自負心は、まぎれもない。日本人ないし大和民族は何にもまして純一で優秀であり、その価値と理念をアジアにあまねく広めることを運命づけられているのだと湊は考える。彼にとっては日本人こそが「アジアをすくいただすべき大使命を痛感して身ぶるいする」。しかしここで筆者が検証したいのは、ひとたび彼が「満系」学生と現実に触れあうことで、その人種的優越感をどのように改めていったかということである。

湊の優越感の崩壊

大学入学直後から、湊は「満系」のひとびとに直面し、彼が日誌で「満語」と呼ぶ言語（中国語）を学ばなければならなかった。一九四二年四月八日付の日記に彼はこう記している。

実にいい気持だ。ここにきてよかった。本当によかった。早く授業を受けたい。早く満語が出来るようになって満系の同志と満語で語りたい。どうも満系の人から日本語で話されると自分らはどうも受け身のような気がしてならない。前期二年の日系はたしかに満系の同志におくれている。満系の人は体格もいいが、毅然として独立独歩する気概がその面魂、挙措に現われている。しかるに自分らは稚心いまだ去らぬ。軽薄におもむく傾きもなしとしない。（42-43）

湊は「満系」学生を賞賛するが、自身「日系」学生としては彼らと競争しなければならない。そのようにみずからに期す。

一九四二年四月一三日。断じて負けはせぬ。満系に負けてたまるか。満系は前期二年の日系を馬鹿にしていると聞いた。昨夜ちょっと聞いた。あるいはそうかもしれぬ。馬鹿にされていい者もいる。感情を現わさぬ満系の学生は心ひそかに日系をふみ越えようと期しているのかもしれぬ。それはいい。そう思うだけ満系の学生が奮励向上するならいい。しかしもし偏狭の民族心から対立感情を抱くというのであれば、自分らは是が非でも負けてはならぬ。民族の「協和」というものは決して無原則になれ親しむことではない。（43）

湊にしてみれば「満系」は「われわれ日系」よりも背が高く、大きく、より成熟している。彼らを日常みるかぎりにおいて、相違を克服することは難しく想われる。「満系」は同志ではあるが、湊は民族的な懸隔を見出す。まずいことに、彼らの民族主義的感情を、湊は受けとめようとしない。湊は「日系」と「満系」双方が、同じ原則をわかちもつべきと考えているからだ。だが、彼のいう「原則」とは何を意味するのだろう?

一九四二年四月二四日、湊は協和会に加入した。本稿では協和会の錯綜した性格についての議論は避け、日本の後見のもとにあった満洲国において、国家の後援する随一の大衆組織であったことだけを記しておく(Duara 2003, 60. 平野 1972も参照のこと)。連合国と日本との戦争が進行するにつれ、協和会は日本の兵力のために満洲の資源を徴発する組織となった。この協和会に入会した日、湊は次のように書いている。

> 民族協和は協和のための協和にあらずしてさらに一段高きものへ達するための段階としての協和である。すなわち満州国の国造り、国がためのための協和である。もしどうしても民族の協和ができないというのなら、満州国存立の必要はない。たとえ民族を異にし、風俗、習慣、感情を異にしようと、各民族みな「満州国を思う」という共同の中心に向うならば、それらの差別齟齬を超越して、「協和」はかならずできるものである。「協和」ができないというのはその人が「国」を思わないからである。(45-46)

つまり「原則」とは、民族協和の理念にもとづく満洲国を造るということだ。この原則の実現にあたって、「日系」「満系」の学生は対等な同志であると湊は考える。ここでは、彼の日本人としての優越感と満洲の諸民族の平等という信念とは、かろうじて共存するかにみえるが、いつこわれるかわからない状況だ。

そのかたわら、湊は「満系」、朝鮮民族、ロシア人の学生たちと親交を深めてゆく。彼は、「満系」学生の高鎮啓が、母親にたいする渡辺の底意ある冗談に腹を立てたことについて、高に共感をもって記している。リハチョフが、二度三度どもりながら日本語で「君の親サマだあ、農夫だろう」(53)と湊に訊ねてくれたことをうれしいとも書いている。湊にとって、両親を敬愛することは日本人らしさのたいせつな要素のひとつなのだ。鎮啓とリハチョフはこうした彼の価値観をわかちもってくれるが、「日系」学生でも渡辺はだめだ。湊はまた、朴三鐘の、日本の植民統治下にある故国朝鮮にたいする愛情と郷愁について、心からの敬意をもって記している。湊は満洲建国大学入学以前には、日本人がアジアの指導者として選ばれたものであると考えていた。ところがアジア諸地域からやってきた学生と出会い、湊はひどく混乱しているようだ。彼は書いている。

このごろおれの頭は砂がいっぱいのような気がする。疲れ切っているような気がする。「無感動」とは悲しむべきことである。(中略)「協和会」「建国大学」……一応はわかる。民族を協和し、大満洲帝国の国礎を惟神に定め、永遠の弥栄をつづけてゆく……建国精神の真髄を体得し、大東亜の実践的先覚者、指導者たるべき人材を養成する……こんなものはうわべのものだ。(46)

一九四二年六月九日、湊は、大学入学後はじめて、日誌に「漢民族」の語をもちいている。この日よりあとの日誌にも「満系」はなお現われるが、この日誌の記述にかぎっては、「漢民族」が「満系」にとって代わっている。筆者がすでに暗黙のうちに示してきたように、「満系」「満人」ないし「満洲人」とは、満洲国において中国語を日常語とするひとびとにたいして押しつけられた呼称であった。このことは戦後日本の左派ジャーナリストとして著名な本多勝一の以下の文章によく現われていると思う。本多は一九六〇年代後半に中国を訪れ、満洲国時代帝国日本の権力を直接経験したというある中国人にインタビューをした。この文章はそのインタビューに本多が注釈をつけたものである。

日本人警備兵が、すれちがいざまに「お前はだれだ」ときいた。これは日本の警察や中国人のカイライがよく使う手である。もし「満人です」とすぐに答えれば「挺好《テインハオ》」(あるいは「頂好《テインハオ》」)=「よろしい」の意)とかれらはいった。ところが「中国人」と答えると、これは反日的な〝危険分子〟とみなされ、ひどいときは政治犯として投獄された。投獄はそのまま虐殺を意味することも多かったから、中国人などと答えるものは滅多にいなかった。(本多 1971, 115)(9)

本多は、日本人の力まかせの満洲国支配の現実を知るがゆえに、「満洲人」というカテゴリーを認めず、インタビューを受けてくれた相手を「中国人」と呼んでいる。相手は平頂山事件当時からこの聞き取りの時点まで平頂山に暮らしていた人物である。一九三二年九月一六日、撫順守備隊は抗日ゲリラ襲撃の報復として、これに通じていると疑われた集落の中国人を、女性子どもも含め、ほぼ三千名も殺戮した（Mitter 2000, 112-115 を参照）。つまり、インタビューの対象者が満洲国で生き延びることができたのは、みずからを満洲人と名乗ることによってであった。

満系＝中国人

「満系」とはようするに満洲国にも中国本土にもいる漢民族のことなのだという認識に、湊がどのようにしてたどりついたのかつまびらかではない。彼は書いている。

漢民族はなかなか人に心を許さず友となりにくいが、一度「朋友」となればその信愛の情ははなはだ厚いという。が、なかなかうちとけない。ふだんはたがいに笑ったり冗談をいったりして好意をもっているような恰好をしている。しかしちょっとしたことがあると、たちまちにして冷たい気持、白々しい気持になる。満系の者と何心なくちらりと視線があうようなとき、ふだんは好意をもってくれているように自分が思っている相手でも、何か鋭い、決して油断していない、うかつなことはせんぞ、といったようなものがその白い眼に感ぜられる。（54）

湊は「だんだん満系がいやになってくる」。漢民族と日本人との民族格差のゆえにではなく、湊には手にあまる彼ら独特の民族主義的感情のゆえにである。「裏表があり、厚かましいところもあり、陰険なところもあり、頑迷なところもある」(55)ことが眼につくようになる。湊は二人の「満系」学生が、おごそかに礼拝すべき天皇の宮城や満洲国皇帝溥儀の帝宮にたいして、談笑しながらただかたちばかり頭だけ下げていると書いている(56)。彼はつづけて、山田と張宇賢との口論と、「満系」学生がいちはやく山田に対抗して張と団結したことについて書く(58-59)。彼はまた、抗日運動に加わって建大を除名された二十人の満系学生についても書いている(56)。それらの出来事に湊はひどく動揺し、一九四二年六月二二日にいたっては、彼の不満が爆発したようである。「このままでいったら完全に失敗だ。日系と満系は表面にこそ出さぬが、内部では完全に二分し、対立している。日系の方が協和への熱意が強く、満系はうわべはそうでなくとも、頑固に団結している。大学を出たとたんに、満系は満系ばかり、日系は日系ばかりに分離して、めいめい自分の信ずるところへ進むといったことになるにちがいない」(61)。

それでも湊は、どんな意味でもショーヴィニストなどではなかった。むしろ「満系」学生にたいする嫌悪は、日本および日本人にたいする懐疑とともに、増していったのである。一九四二年七月二二日、建大の学生は休暇をどのように過ごしたかを発表させられた。湊によれば「日系はほとんど全員が、休暇中、飯も菓子も腹いっぱい食って、のん気に遊んでばかりいたようにいう。満系はこれに対して、地方は食料品がなくて非常に困っているという。痛烈な彼らの反抗心、抗議のあらわれではないか」(66-67)という。湊はここにとどまることなく中国と漢民族についての知見を広げ、その過程で中国の民族主義に接近することになる。たとえば、一九四二年六月二六日、彼は「本当に漢民族の未来を考えている青年たちは、みんな延安か重慶に逃げてしまったのだろうか」(62)と書いている。延安は戦時下の共産党の拠点であり、重慶は国民党政府の首都だった。何日か後に彼はこうも書いている。「とにかく何でも勉強せねばならぬ。支那がどんな国か、どんな意志を抱き、どんな運命を負う国か。ロシアがどんな国か。おれは何も知らぬではないか。日本がアジア同胞に対してどんなことをしてきたか。これからどうしようとしているのか。それを明確につかまずして、何ごとも論ずるわけにはいかない。」(69)。ここにいたって湊は次のような結論に到達したようにみえる。すなわち、満洲国は中国から切り離すことができない、その一部である。漢民族は中国の諸民族のなかの多数派である。漢民族には独自の民族主義がある、ロシア民族や朝鮮民族がそうであるように。それらの複数の民族主義は、日本人の民族主義と相容れない。

以下の記述において、彼は「満系」「漢民族」という用語に代えて、「支那人」もしくは「中国人」について記述している。

一九四二年九月二日。

重慶により、延安によって苦闘抗戦する支那人たちも、思えば敬服にたると認めざるをえない。

彼らからいわしむれば、崇高熱烈な志士、闘士であろう。彼らは彼らの使命を自覚し、その遂行のために生涯をささげんとしているのである。しかるに、おのれをかえりみるに、あまりのおぼつかなさに、暗然たらざるをえない。（中略）満州の漢民族と支那本土の漢民族とをきり離して考えることはできない。満州国民もまた中国人であり、しかも祖国愛に強い連中であればあるほど、満州国人であるよりも「中国人」なのである。真にアジアのためになり、われらの理想のために真に同志とすべき士は、悲しくも敵側にまわっているのである。彼らの抗日排日にも大いに敬服するところあらねばならぬ。（70-71）[10]

このころ、日本の中国政策と、これに盲目的に追随する建大当局にたいする湊の不満は急激に鬱積したようである。彼は、学校当局が「中国人学生たちに対し、何らなすところを知らないのだ。この苦しい満系を救うに、ただ日系とごたくたに塾にたたきこんでおくだけである」（71）と不満を述べている。彼はまた「日本人の悪ずれ分子」（92-93）と接する「漢人農民や車夫」のあいだから純朴さが失われたとも嘆いている。これらの文章の中に、もはや湊の日本人としての優越意識を感じることはできない。彼の嫌悪は日本人の権力者にだけではなく、日本人の「悪ずれ分子」にたいしても向けられている。

以下の記述は帰国後のものだが、総じて湊の日本人としての優越意識が消えてしまったことを示すものである。一九四四年一月二六日、湊は列車で大阪からの団体旅行者と乗り合わせた。彼は書いている。

こんな生っ白い、柔弱な、軽薄な、饒舌な人間もやはり「日本人」かと思うと腹が立つ。こんな日本人よりも朝鮮人、支那人の方がましだ。これではあの身心ともに剛勁な朝鮮民族や、支那民族に負けてしまう。こんな狡猾で、饒舌で、怯懦で利己的で……柔らかい手と近視眼と、こせこせした眼つきを持っている人間どもが「大和民族」と傲嘯し、「指導民族」と誇称するのを、われわれは朝鮮民族に恥じ、支那民族に愧ずる。(177-178)

湊の眼には、日本人が民族的優越性を失ったと見える。他のアジア諸民族と同等でさえない。大東亜の諸民族の中でも下等に位置するのだ。

湊、建国大学を辞す

ところで日誌で湊は建大を辞した理由を説明していない。が、泉はこれについて次のような解釈を示している。

アジア諸民族の青年たちによって混成されている建国大学生のなかにも、明治以来の日本の大陸政策に疑問を感じ新しいアジア政策を真剣に考える学生たちが少なくなかった。学生たちは、重慶の蔣介石、延安の毛沢東と日中和平を交渉する決死隊をひそかにつのり、第一陣、第二陣をそれぞれ送ってみたが、いずれも帰らなかった。そこで、森崎湊は自ら第三陣を組織して重慶潜行を計画したが、これを知った大学当局は狼狽し、心臓肥大症(脚気)を理由に森崎に帰省して静養すべしと命じ、熊本県菊池町万田師範方に添書をつけて帰国させてしまった。(泉 1971, 236-237)

だが湊はそれ以前にみずから建大を去ることを決意して、海軍を志願したようである。一九四三年八月一一日には「もうきめたと思った、よしゆこう、兵隊になろう。祖国艱難のとき、戦線に立って討死すれば、男児一代の本懐。もし万死一生をうれば、ふたたび還り来て、真の実学にうちこもう」(94)と記している。湊がやがて貫徹することになる、その決意を解き明かすことはむつかしい。湊は反権威的感情を抱いていた。軍隊にも、学校当局にも、反抗した。兵営生活の経験をふたたびのぞんだのではなかった。中国にたいしては、軍事的にではなく、道義的な、日本の責任というものを大切にしていた。彼は日本人としての民族的自負心を失っていた。なのになぜ、日本海軍に入ろうとしたのだろう。

一九四三年一〇月九日、湊は建大を去り、帰郷した。この時点で彼はまだ心を決めかねており、退学を決する書類を大学には出していなかった。[11] 故郷島原に帰った彼は、父の仕事を手伝いながら、徴兵を待った。そして一九四四年八月に海軍に入隊し、三重県の基地に赴任した。海軍は海軍でも、湊の志望は、海軍の航空母艦から飛び立つ神風の飛行兵になることだった。だが出陣まえに、戦争は終わってしまった。ところが日本の敗戦と満洲の解放を知ったとき、湊は「真の実学にうちこもう」とする代わりに、おそらく彼にとっての「美学」たる死を選んだのである。

湊が日本海軍に入ろうと決意した理由について、松本健一はふたつの可能性を指摘している。ひとつは湊の世代の日本の若者の間に蔓延していた「デカダンス」ないし「ニヒリズム」である。いまひとつは、国家と民族とを結びつけることができずに湊が苦悶していたためである。異なる民族集団とそれぞれの民族主義の衝突という厳しい現実に直面して、国家とはなにか、民族とはなにか、そしてその両者の関係にどんな意味があるのかという探求を湊は断念してしまった。松本はこれを論証するために、湊の日誌から以下の記述を引用している。

一九四三年四月二一日

国家は人為であり、民族は自然である。

国家は覇道であり、民族は王道である。　――孫文『三民主義』――

この思想に支那三千年の悲劇が根ざしたのではあるまいか。他面、きわめて含蓄深い言葉のようでもある。かえって、ここに東洋大同発展の可能性があるような気もする。[12]（松本 1988, 88

の引用による)

この日の日誌で湊は、孫文の思想が、中国には軍事力によって国家を発展させる能力がないことを明瞭にとらえていると、述べている。しかしこれがまさしく、日本が中国の植民地化を正当化する際のレトリックだったことをここに銘記したい。すなわち、中国には国家というべきものがないから日本が中国のために国家をつくってやる――最初は満洲に、やがては大東亜共栄圏に、と。だが湊は、満洲建国大学で二年を送った後に、これは誤りだと身をもって証することになった。日本人が満洲で「彼らとともに国家を経営」しようとしたその民族主義は、中国人の民族主義にはるかに及ばないことを、湊は実感した。[13] それでもなお、彼は、満洲国に住まうひとびとの間に、「自然力」ないしは「自然に順う王道」が出現することを求めた。漢民族とともに、満洲国および大東亜という大アジア空間を、つくりあげていくことができると、彼は信じようとした。

とすれば、彼を悩ませたのは、国家と民族との関係というよりは、民族主義と汎アジア主義との関係という問題だろう。この特異な関係性について、プラセンジット・ドゥアラは、満洲というトランスナショナルな空間は、日本と中国で近代的な民族主義が正統性を獲得した時に形成されたと論じている。それゆえ日本では(そして中国でも)、それぞれの民族主義を構築し維持するために、「トランスナショナリズムのイデオロギーは拒絶され、必要とされ、また好き勝手に使われ」たのである。しかも、日本という国家は「自然に順う王道」をはぐくむかわりに、武力をもって中国人の民族主義を支配しようとした。湊は「自然に順う王道」など幻影にすぎない、いやもっと悪い、虚偽であるということを、論証しようとした。湊は、国家と民族の概念についてそしてその両者の関係について思量しただけではなく、民族主義、汎アジア主義の概念について、そしてその両者の関係性についても思量していた。満洲というトランスナショナルな空間で、湊は西洋の「過度の物質主義と個人主義に代わる精神的なもの」をさがし求めたのである(Duara 1997, 1043)。彼は「自然力」すなはち「民族協和」が大東亜に現出することを期待した。しかしながら中国人の民族主義がまさにその場所で猛威をふるうのを見るにつけ、そのようないまひとつの精神的な選択肢などありえないと、彼は悟ったのだろう。最終的に湊はトランスナショナリズムのイデオロギーを放棄して、日本海軍に入隊するのだが、それは日本のありようを受け入れたからではなく、手短かに言えば、民族協和をはぐくむ代わりに満洲国の人民の抑圧に関与するような国家のありようをいささかなりとも修正したかったのだろう。

海軍入隊を決意したのちにも、湊が大アジア建設のための「自然力」を追い求めているようにみえるのは、そのためである。たとえば国際結婚について彼は次のように評している。

禁止するも悪ければ、混血を奨励するも悪い。すべては天道自然にまかすべきである(中略)もし人為的な政策を設けずんば日本民族が溷濁し、不純化し、敗退するというような危惧があるならば、そんな弱々しい日本民族ならば、天壌とともに栄えるというようなだいそれた望み

は放棄するがいい。(150)

さらに湊は、親しい「満系」「鮮系」の友人たちが日本人の配偶者を選んだら祝福するだろうと述べ、次のように書いた。

一九四四年二月一六日

日本の文化は時々刻々に変ってゆくのではないかと思う。そして日本人の国民性も時々刻々に変っていってよいと思う。従来の日本文化のもつ淡白さ、幽玄さ、清明さをもって、世に冠絶せる最上のものと断ずることはできぬ。それはあくまで一民族としての特異性にすぎぬと思う。(194)

これらの日誌の記述を読むと、湊の民族観の変容がわかる。それはもはや生物学的あるいは原初から変ることのないとされる概念ではなかった。逆にそれは動的な概念であり、ひとつの民族の性格は他の諸民族を受け入れることによって不断に変容しつづけるというのである。民族に境界はないというよりも、境界はつねに穴だらけで、他の諸民族や異文化を取捨選択するものである。

湊による「民族」の解釈は、日本植民地主義のリベラルな批評家である矢内原忠雄(1893-1961)や、民族と国民性について多く語った孫文のそれにも匹敵する(あるいはその上をゆく)ものである。

矢内原は「民族」を、歴史と文化（そこには共通の言語と習慣が含まれる）によってつくられたものと定義する。近代ナショナリズムの構成要素として、「民族」は、「民族自決」の過程をへて、独立した国民国家へと成長することが見込まれる。日本語で「民族自決」といえば、ある民族の成員がその共有する歴史と文化を自覚し、国民国家として独立する必要性を相互に承認することを意味する。したがって、ひとつの「民族」が複数の人種集団を包含することもあれば、単一の民族だけがかならず国家を形成するというわけでもない。他方、ふたつの国家に属しているようなある「民族」が、それぞれの国を出て彼ら自身のひとつの国民国家をつくることもありうる。ケヴィン・ドーク（Doak 1995）は矢内原のいう「民族」を「エスニック・ネイション」と訳している。矢内原同様に湊も、満洲国と大東亜におけるエスニック・ネイションの可能性を信じていたようにうかがわれる。だが中国の民族主義のじっさいに直面し、湊もまた日本国家という武力を選択したのである。しかし湊はまさにその武力を占有する国家をむち打つためにそうしたのではないだろうか。

結語

『遺書』は、湊の入隊の六日前で終わっている。森崎東によれば、湊は海軍入隊後ふたたび日記を書きはじめていた。東はその日記を読んだ記憶があるという。だがそれは一九五一年の実家の火災で焼失したようだ。東の記憶によれば、海軍基地の傍に住んでいた戦争未亡人である、山村ハマエの立場に立って観察し、毎日つづられた日録であったという。湊と友人たちは彼女の家で会合を開き、遺児三人をかかえて窮乏するハマエの暮しぶりをみ、しばしば言葉をかわした。東によると軍隊での訓練について湊はほとんど日記にしるしていない。むしろ、ハマエのような女性たちに苛酷な暮しを強いる日本という国家にたいする、憤りを表明するくだりもあったという。日記ではまた、海軍の最上級の将校たちの堕落をなげいてもいた。彼らは兵士たちに軍紀を押しつけることには熱意を燃やすが、戦争の解決には関心を持たない、と湊は記す。その他、「皇居遥拝だけに熱心で、工員の怪我には全く無関心の経営者のいるような軍需工場なら、ストライキでつぶしてしまえ」という記述さえあったという(14)。

泉同様、森崎東も、兄の日記によせられたメディアの関心に満足してはいない。三島は若い同志にその死の介錯と殉死を命じたが、湊は仲間にはその死につづくことを禁じた。兄を想い、東は書く。「死者は常に若い。あれから四分の半世紀がすぎた今でも、私は自らに問うのである。兄の死は、単なる憂国の死ではなく、心優しさから発する憤激の死、青春の死ではなかったか?」(東 1971)と。彼は、湊の自殺を、日本の国家によって抑圧されたひとびとにたいする純粋な愛情のゆえと信じている。抑圧されたひとびとには、日本の労働者階級の男女、満洲建国大学の「満系」学生、日本の植民地下の朝鮮民族が含まれる。抑圧されたひとびとは、大アジアのいたるところにいた。だから東は、メディアによる湊の日誌のとりあげ方にたいして、辛口にならずにいられなかった。

三島は日本のため、日本の国家のため、天皇のために、天皇によって日本がかつての「強さ」を取り戻すように求めつつ死んだ。三島は、天皇の臣民としての日本人、日本という国家の市民であり万邦無比の民族の一員としての日本人に、みずからを同一化したにすぎない。三島は、日本の軍国主義と軍隊とに痛めつけられた中国人や朝鮮人について、考慮しなかった。ここで、三島が死んだのは一九四五年ではなくて、一九七〇年であったという事実を考えなければならない。一九七〇年代の日本では、多民族国家としての帝国日本が忘却されていた。小熊英二は、三島の著作から『文化防衛論』を引用し、日本を単一民族の島国とみなした典型的な保守派の論客と位置づけている。『文化防衛論』において、三島は、「日本は世界にも希な単一民族単一言語の国であり、言語と文化伝統を共有するわが民族は、太古から政治的統一をなしとげており、われわれの文化の連続性は、民族と国との非分離にかかっている」と主張した（小熊 1995, 358 の引用による）。この引用は、三島が、帝国日本の過去も、戦後の在日朝鮮人、在日中国人の存在も、すっかり忘れ果てていることを示すといえるだろう。

いうまでもなく、日本の侵略に湊が加担したことは否定できない。儀式的な自裁によって、湊は罪を浄めようとしたのかもしれない。しかし、彼が一般の日本人にとって帝国征服の夢醒めやらぬころであった日本降伏の直後に死を選択したことは、さまざまなことを示唆する。東は、後日兄の友人たちから聞いた、湊の「奇行」を報告している。湊はことあるごとに軍紀を破り、軍務を怠りつづけた。とすれば、湊の死を次のように解釈することができるのではないか。湊は死をもって、日本人を目覚めさせようとした。日本の国家の本性というものに。いやどんな国家であれ、プロパガンダによって、市民をたやすく欺くことができるものだということに。彼は日本のために死んだのではない。彼は愛国者ではなかった。彼は、日本人に抑圧された大アジアのひとびとのためにこそ死を選んだのである。

三島の葬儀は、国際的に知られたノーベル賞作家でもある川端康成がとりしきり、メディア、文壇、大衆文化を代表する著名なひとびとが参列した。湊の葬式は、三重で、日本降伏直後の大混乱のなかでとりおこなわれた。その当時でも多くの者が彼の死を愛国主義の表現とみなした。小論では、満洲という大アジア空間における湊を想起することによって、戦後日本にいまなお忘れがたい衝撃を与えた三島の儀式的な死と、湊の死とがメディアによって同一視されたことに、疑問を呈してみた。湊にとって日本は単一民族の国家ではなかった。多くの民族集団からなる帝国だったのである。帝国日本についてはその時代に抑圧された民衆だけがもたらすことのできる批判的な洞察がある。それを忘れてはならないと、湊の日記は教えてくれる。

注

（1）小論では、彼の若さを強調するために、「湊」を呼称としたい。同様に兄についても、姓の「森崎」ではなく「東」を主に用いる。

（2）三島の死に演技的なところがみてとれるのは、たとえば、彼が自分の情報係にあてた遺言の次のような一節である。「小生の遺体に楯の会の軍服を着せ、手には白手袋と軍刀を持たせて、お手数ながら写真をお撮りください。小生の家族は反対するかもしれませんが、小生はどうあっても文人

としてではなく、武人として死んだ証拠が欲しいのです」(ネイスン 2000, 330)

(3) 筆者はその小論“Knowledge, Power, and Racial Classifications: The 'Japanese' in 'Manchuria'”(2000) で、すでに森崎湊の日誌について紹介した。本章では、一九七〇年代に日誌が公刊された際の日本のメディアの扱いへと焦点を変えてみることで、湊についての新たな議論を展開したい。

(4) 満洲国の独立宣言は「建国宣言」と呼ばれる。この表現には問題がある。「建国」とは「国をつくること」だ。いいかえれば、「国をつくった」のは日本人ということである。いずれにしても、そこに住む者の意思は、この独立に反映されてはいない。

(5) 他の箇所 (Tamanoi 2000) で論じたように、満洲の五族を構成するのはつねに、漢、満、蒙、日、鮮だったわけではない。たとえば一九四〇年の満洲国政府による人口調査では、漢族、満洲族、回教徒、蒙古族、日本 (朝鮮民族を含む) を、五族として分類している。

(6) 満洲建国大学教授でもあった大間知篤三は『満洲民族雑記』で、満洲の先住民である「満洲族」は「漢民族」とはまったく違う純粋の民族とみる。つまり、満洲の他の諸民族は、他所から流入し移り住んだひとびとであり、満洲にとっての異邦人であるという (大間知 1982, 149)。このように彼は漢民族と満洲民族との相違を強調し、後者をとくに「満洲旗人」と呼ぶべきだと主張する。

(7) Sano 1997 を参照。佐野は、アメリカから満洲国に移住した「日系」人で、関東軍に応召した。そのため日本降伏後、幾万の日本人兵士とともに、シベリアの強制収容所に抑留されている。

(8) Tamanoi 2000 において、筆者は誤って「満人」「満洲人」「満系」を満洲民族と訳した。ここに誤りを正し、日本語の「満人」「満洲人」「満系」が、人種的ないし民族的カテゴリーを意味するのではないと断っておきたい。それらは満洲と呼ばれる地域に住む、中国語を話すひとびとを意味するにすぎず、「満洲のひとびと」とでも訳すべきである。

(9) 本多の文章は先の章でラナ・ミターが紹介している中国の民族主義者、杜重运の声と共振するものだ。満洲国の中国人について、杜は「東北人」の呼称を用いている。いいかえれば杜にとって満洲国とは中国の一部（あるいは存在しない国）であった。それゆえ杜は、「満洲が中国から領土分割された土地であることを示唆するあらゆる概念を消し去ることに必死になった」のである（本書第一章を参照）。

（10）ここでは日本における漢学の歴史に立ち入ることはないが、二〇世紀初頭の日本では、「支那」が同時代の中国に用いられる場合は、蔑視の意が含まれることが多かった。「支那」は、「救いがたい、好古的な、傲慢な、狡猾な、軍事的には無能な、日本の誠意を理解しない」（Tanaka 1993, 201）国を示唆した。だからこそ戦後中国の知識人が、それぞれの論点は異なるけれど、一様に『支那』という用語には不快感をあらわにする」のである（Fogel 1995, 66-76）。この中国の知識人の批判に呼応して、日本政府は、「中央ないし中心の国」を意味する「中国」を選んだと解釈することができよう。

（11）敗戦二年前とはいえ、湊の本国帰還の旅は困難を免れなかった。彼の出発前日にも日本船が連合軍に撃沈されていた。そのため、日本の植民地下であった釜山港は、来ない船を待つひとびとでごった返していた。この年、十月十日をもって、日本は、日本と朝鮮間、満洲国間の航路を、公用以外封鎖した。港では、帰国者あるいは旅行者である何万もの日本人、朝鮮人が、数夜にわたって野宿していた。悪いことに、湊は帰郷の切符をなくしてしまった。その間も列車は朝鮮、満洲国のいたるところからひとびとを港に運びつづけ、旅客の荷物は収容しきれなくなっていた。日本が航海を再開したとき、湊は出港する船にかろうじて乗ることができ、幸運にも十月十三日に無事帰郷できたのである。

（12）泉の編集によって省かれた部分を孫文『三民主義』によって補うと以下の通りである。

民族とは自然力でつくられたものであり、国家とは武力でつくられたものである、ということになる。それを中国の政治史から証明すると、中国人は、王道とは「自然に順う」（『易経』の「天に順う」からでた言葉）ことであるという。いいかえれば、自然力が王道なのである。王道によってつくられた団体が民族なのである。そして、武力は覇道で、覇道によってつくられた団体が国家なのである。（孫文『三民主義』安藤彦太郎訳、岩波書店、一九五七年、一五頁）

（13）「彼らとともに国家を運ぶ」という文言は、おそらく一八八三年に出版されたシーリーの著作に由来している。この本は、シーリーのいう地球の「空白」地帯への英国の入植の歴史を検証したものである。「空白」であるゆえに、そうした地は英国人が植民するための無制限の自由を与えたのだという（Seeley 1883, 46）。同様に日本人移民は、「満洲」を空白の地域として認識していた。

（14）東の序文には頁番号がうたれていない。

参考文献

Doak, Kevin M. 1995. "Colonialism and Ethnic Nationalism in the Political Thought of Yanaihara Tadao（1893-1961）." *East Asian History* 10:79-98.

Duara, Prasenjit. 1997. "Transnationalism and the Predicament of Sovereignty: China,1900-1945." American Historical Review102.4:1030-1051

Fogel, Joshua. 1995. *The Cultural Demension in Sino-Japanese Relations:Essays on the Nineteenth and Twentieth Centuries.*Armonk,N.Y.:M.E.Sharpe.

藤原作弥、山口淑子 1990.『李香蘭私の半生』新潮社

平野健一郎 1972.「満洲国協和会の政治的展開」『年報　政治学』231-283.

本多勝一 1972.『中国の旅』朝日新聞社

石堂清倫 1986.『わが異端の昭和史』勁草書房

泉三太郎 1971.「編者あとがき」森崎湊『遺書』二三六―二四二頁、図書出版社

満洲国史編纂刊行委員会 1970.『満洲国史』総論、満洲国史編纂刊行委員会

松本健一 1988.『昭和に死す――森崎湊と小沢開作』新潮社

Mitter, Rana. 2000. *The Manchurian myth: Nationalism, Resistance, and Collaboration in Modern China*. Berkeley : University of California Press.
森崎東 1971.「まえがき」、森崎湊『遺書』図書出版社
森崎湊 1971.『遺書』図書出版社
ジョン・ネイスン 2000.『三島由紀夫――ある評伝』野口武彦訳、新潮社（原著 Nathan, John, *Mishima : a biography*. Boston : Little, Brown, 1974.）
小熊英二 1995.『単一民族神話の起源――〈日本人〉の自画像の系譜』新曜社
大間知篤三 1982.「満洲民族雑記」竹田旦編『大間知篤三著作集』第六巻、未来社
Sano, Iwao Peter. 1997. *One Thousand Days in Siberia: The Odyssey of a Japanese-American POW* .Lincoln : University of Nebraska Press.
Seeley, J. R. 1883. *The Expansion of England: Two Courses of Lectures*. London : Macmillan.
エドワード・サイデンステッカー 1986.『東京下町山の手――1867-1923』安西徹雄訳、ＴＢＳブリタニカ（原著 Seidensticker, Edward "Preface." In *Low City, High City: Tokyo from Edo to the Earthquake: How the Sohgun's Ancient Capital Became a Great Modernity, 1867-1923*, vii-ix. Cambridge, Mass.: Harvard University Press, 1983.）
Stephan, John J. 1997. "Hijacked by Utopia:American Nikkei in Manchuria." *Amerasia Journal* 23.3:1-42
Tamanoi, Mariko. 2000. "Knowledge, Power, and Racial Classifications: The 'Japanese' in 'Manchuria.'"
Tanaka, Stefan. 1993. *Japan's Orient : Rendering Pasts into History*. Berkeley: University of California Press.
山室信一 1993.『キメラ――満洲国の肖像』中央公論社
湯治万蔵 1981.『建国大学年表』建国大学同窓会

監訳を終えて

私の母方の祖父は日露戦争の旅順二〇三高地で活躍した農村出身の伍長で、彼の捉えたロシア人捕虜の話をよく語っていた。私の父は太平洋戦争末期に徴用され、終戦直後、ソ連国境の虎林でソ連軍に集団拉致され、シベリアで抑留死した。したがって子供の頃から、満洲のことはロシアとの関連でよく家族で話題となった。私より上の世代では、私のような者はごく普通である。ただし我が家ではロシア人のみで、中国人が話題となることは少なかった。

ともかく日本人の多くが満洲を媒介に、そこの五族やロシア人と家族や知人がなんらかのかかわりを持っていた。しかしユダヤ人やポーランド人との交流を語る人は私の周辺にはいなかった。日本では満洲に関する書籍や資料は年々増加している。翻訳書も少なくない。それは日中関係史や満洲史への関心が高まってきたせいであろうが、本書を読むと、満洲は中国の一部であるというよりは、汎アジア的な広がりをもった研究対象になっていることがわかる。こうした視点からの研究文献は意外に見あたらない。

本書で使われている文献の言語は、中国語、日本語、朝鮮語といかにも汎アジア的であるが、そのほかに英語、ドイツ語、ポーランド語なども現れる。それは満洲、とくに日本支配下の満洲がアメリカのような人種のるつぼになろうとしていたことを示している。いや汎アジアどころではない。当地の当時の日本人はアジアを越えたコスモポリタン的な広がりを持った野望を抱いていたことを示している。

本書はこうした幅広い空間を対象にしている。各章で研究対象となった人物は類書に無いほどの特異なパーソナリティを持ち、そしてユニークな活動を示す。都市計画者やナショナリストでも日本人ばなれをした人物があらわれる。多元的なアイデンティティを持つ満洲生まれのジャーナリスト、皇女、タレントが登場する。朝鮮人、ポーランド人などもいかにも大陸的、コスモポリタン的である。

私はアメリカの日系人が二千人も満洲にいたことを本書で初めて知った。また国交の断絶したポーランド将校が太平洋戦争下のハルビンでひそかに関東軍に暗号解読で協力していたことを私は『Intelligence（インテリジェンス）』9号の論文で追究したが、ポーランド人が多数ハルビンに住んでいたことを本書で知って、将校の活動が可能な条件が当地にあったことが分かった。

編者玉野井麻利子氏の視野の広さとアメリカの研究者の層の厚さがなければ、本書はできあがらなかったであろう。この内容の多彩さが訳者の選定を困難にした。本書全体を一人で訳せる日本人学者は少なかろう。しかし訳者相互の情報交換や版元の協力で、各章にふさわしい訳者を見出すことができた。玉野井氏、訳者と私は版元で打ち合わせの会を開き、メールなどで訳語の統一などの相談を行った。さらにかなりの訳者は、原著者に内容や用語についての個別の問い合わせを行った。

それに対して親切な回答が原著者から届いた。玉野井氏は全体の訳文を丹念にチェックされた上に、「日本語版への序」を寄稿された。

したがって、私の監訳者としての任務は限られていた。私は一人の日本人読者として本書に目を通し、訳者の方々が日本語に移され、玉野井氏が手直しされたものを、ただ読みやすいようにしただけである。

二〇〇八年一月二九日

監訳者

ワ　行

マ　行

ヤ　行

ラ　行

ナ　行

ハ　行

サ　行

タ　行

地名索引

注・参考文献を除く本文から採った。本文中では，現地音や漢字の音読みなどが混在しているが，索引でもそれに準じた。「満洲／満洲国」「日本」「中国」は省いた。

ア 行

カ 行

ワ　行

マ　行

ヤ　行

ラ　行

ナ　行

ハ　行

サ 行

タ 行

人名索引

注・参考文献を除く本文から採った。本文中では現地音や漢字の音読みなどが混在しているが，索引でもそれに準じた。⇒は，同一人物の別名を示す。

ア 行

カ 行

訳者紹介（掲載順）

土屋礼子（つちや・れいこ）　長野県生。大阪市立大学文学研究科教授。メディア史，社会学。一橋大学大学院社会学科博士課程修了。著書『大衆紙の源流』（世界思想社），論文「「帝国」日本の新聞学」（『講座「帝国」日本の学知　第4巻　メディアのなかの「帝国」』岩波書店），共訳書『米国のメディアと戦時検閲』（法政大学出版局）等。 **序・1章**

中嶋晋平（なかじま・しんぺい）　1981年大阪府生。大阪市立大学大学院文学研究科在学中。社会学。 **1章**

谷川竜一（たにがわ・りゅういち）　1976年大分県生。東京大学生産技術研究所技術職員。建築史・都市史。東京大学大学院工学系研究科博士課程中退。論文「流転する人々，転生する建造物」（『思想』2008年1月号）等。 **2章**

山﨑雅人（やまざき・まさと）　1961年神奈川県生。大阪市立大学大学院文学研究科准教授。言語学，満洲語研究。東北大学大学院文学研究科修了。博士（文学）。論文「言語と民族のアイデンティティ」（『現代中国の民族と経済』世界思想社），「満洲語文語の因由文」（『アルタイ語研究』Ⅱ，2008年）等。 **3章**

谷川建司（たにかわ・たけし）　1962年東京都生。早稲田大学政治学研究科准教授。映画史、大衆文化研究。中央大学法学部卒業後，日本ヘラルド映画株式会社勤務を経て独立。1997年第一回京都映画文化賞受賞。2001年一橋大学大学院博士後期課程修了。博士（社会学）。主著『アメリカ映画と占領政策』（京都大学学術出版会）等。 **4章**

中野耕太郎（なかの・こうたろう）　1967年京都府生。大阪大学大学院文学研究科准教授。歴史学。京都大学大学院文学研究科博士後期課程中退。論文「祖国ナショナリズムとアメリカ愛国――シカゴのポーランド移民」（樋口映美・中條献編『歴史のなかの「アメリカ」――国民化をめぐる語りと創造』彩流社，所収）等。 **5章**

小林聡明（こばやし・そうめい）　1974年大阪市生。日本学術振興会特別研究員（東京大学）。朝鮮半島地域研究・メディア史。一橋大学大学院社会学研究科博士課程単位取得退学。著書『在日朝鮮人のメディア空間―― GHQ占領期における新聞発行とそのダイナミズム』（風響社），共著『東アジアの終戦記念日――敗北と勝利のあいだ』（筑摩書房），『戦争・ラジオ・記憶』（勉誠出版）等。 **6章**

川崎賢子（かわさき・けんこ）　文芸評論家，早稲田大学非常勤講師他。日本近代文学・文化。東京女子大学大学院日本文学専攻修了。著書『蘭の季節――日本文学の20世紀』（深夜叢書社），『彼等の昭和』（白水社），共著『岡田桑三　映像の世紀』（平凡社），共編著『戦後占領期短篇小説コレクション』全7巻（藤原書店）等。 **7章**

著者紹介（掲載順）

ラナ・ミター（Rana Mitter） オックスフォード大学近代中国歴史政治学部教授。主要著書に *The Manchurian Myth: Nationalism, Resistance, and Collaboration in Modern China*（2000），*A Bitter Revolution: China's Struggle with the Modern World*（2004），Patrick Major と共に編集した *Across the Blocs: Cold War Cultural and Social Histories*（2003）がある。2004 年，最も学界に対する貢献の多かった若い学者におくられる Philip Leverhulme 賞受賞。

デービッド・タッカー（David Tucker） アイオワ大学歴史学部客員教授。専門は日本の植民地における都市計画及び建築史。主要論文 "Learning from Dairen, Learing from Shinkyō: Japanese Colonial City Planning and Postwar Reconstruction" は Carola Hein 等の編纂による *Rebuilding Urban Japan after 1945* におさめられている。

ダン・シャオ（Dan Shao） ハーバード大学東アジア研究フェアバンクセンターのポスト・ドクトラル・フェローを経て，現在イリノイ大学東アジア研究学部助教授。カリフォルニア大学サンタ・バーバラ校に提出した博士論文を基にした著書 *Borderlanders in Empire and Naion: Manchus, Manchoukuko, Mancyuria, 1909-1985*（仮題）は近日中に出版の予定。

マイケル・バスケット（Michael Baskett） カンザス大学映像演劇研究学部助教授。専門は比較メディア研究。日本文化思想史，映画史。戦後日本の喜劇映画についての論文は Historical Journal of Film, Radio and Television に出版されている。1930 年代から 40 年代の日本帝国の映画史に関する著書は近日中に出版される予定。

トーマス・ラウーゼン（Thomas Lahusen） トロント大学教授。専門はロシア／ソビエト。車ヨーロッパ社会史，比較文学及び映画史。主な著書に *The Concept of the "New Man" : Forms of Address and Society in Nineteenth-Century Russia*（1982），*On Synthetism, Mathematics and Other Matters: Zamyatin's Novel "We"*（1994, Edna Andrews と Elena Maksimova との共著），*How Life Writes the Book: Real Socialism and Socialist Realism in Stalin's Russia*（1997）等がある。"Harbin and Manchuria: Place, Space, and Identity"（*South Atlantic Quarterly* 特別号，2001）の編者でもある。

ソクジョン・ハン（Suk-Jung Han） 韓国東亜大学社会学部教授。1995 年シカゴ大学より社会学博士号を取得。1999 年東亜大学出版会から出版された *Reinterpretation of the Manchukuo state-formation*（韓国語）及び *Positions: East Asia Critique*（2004）に掲載された論文 "The Problem of Sovereignty: Manchukuo, 1932-1937" の著者。

編著者紹介

玉野井麻利子（たまのい・まりこ）
大阪府生。カリフォルニア大学ロス・アンジェルス校人類学部准教授。文化人類学。東京大学大学院国際関係論博士課程中退。1982年ノースウェスタン大学より人類学博士号取得。主著に *Under the Shadow of Nationalism: Politics and Poetics of Rural Japanese Women*（ハワイ大学出版会），*Memory Maps: The State and Manchuria in Postwar Japan*（同，2008年刊行予定）がある。

監訳者紹介

山本武利（やまもと・たけとし）
1940年愛媛県生。早稲田大学政治経済学術院教授（メディア史，インテリジェンス）。一橋大学社会学研究科博士課程修了。博士（社会学）。著書に『近代日本の新聞読者層』(法政大学出版局),『ブラック・プロパガンダ』（岩波書店）ほか多数。

満洲《まんしゅう》—交錯《こうさく》する歴史《れきし》

2008年2月29日　初版第1刷発行 ©

監訳者　山本武利
発行者　藤原良雄
発行所　藤原書店

〒162-0041　東京都新宿区早稲田鶴巻町523
電話　03（5272）0301
FAX　03（5272）0450
振替　00160－4－17013
info@fujiwara-shoten.co.jp

印刷・製本　図書印刷

落丁本・乱丁本はお取替えいたします
定価はカバーに表示してあります
Printed in Japan
ISBN978-4-89434-612-3